JN331254

荊木美行著

令義解の受容と研究

汲古書院

はしがき

『令義解』全十巻三十篇は、養老令の条文に対する官撰の注釈書で、官撰ゆえ、令に準じる法的効力を有していた。この書は、明法博士額田今足の上申により、清原夏野・讃岐永直・菅原清公らが編纂したもので、天長十年（八三三）に完成し、承和元年（八三四）十二月十八日に施行された。その内容については、『令集解』からの復原による七篇もふくめて、こんにちその大部分を知ることが可能であり、これまで日本古代史や法制史の研究者に利用されてきた。

本書は、この『令義解』を対象とする、先人の注解や研究成果を活字化したものである。いずれも、研究史上きわめて重要でありながら、ながらくひとびとの目にふれることのなかったものを取り上げている。題して『令義解の受容と研究』という。具体的には、戦時中、旧神宮皇學館大学でおこなわれた令の共同研究の記録である『令共同研究会記録』・壺井義知著『令義解序表官符詔書解』・同『令義解序抄』を飜刻・紹介している。

『令義解』については、清原夏野自身による序をはじめとして、やはり清原夏野の筆にかかる天長十年（八三三）十二月十五日の「上令義解表」、天長三年（八二六）十月五日の「応撰定令律問答私記事」と題する太政官符、承和元年（八三四）十二月十八日の『令義解』施行の詔、といった史料が残されており、これによって、編者や編纂の経緯をかなり詳細にうかがうことが可能である。上記の本書所収の諸資料は、おもにこれらの史料を対象とした研究で（『令共同研究会記録』は官位令まで及ぶ）、その内容はこんにちでもなお命脈を保っていると思われる。資料の全文を公開して識者の参考に供する理由も、そこにある。本書が、多少なりとも律令の研究に貢献するところがあれば、編著者としてこれにまさる悦びはない。

令義解の受容と研究【目次】

令義解の受容と研究

第一章　神宮皇學館大学『令共同研究会記録』㈠（第一回〜第四回）

はしがき

周知のように、『令義解』全十巻三十篇は、養老令の官撰の注釈書で、令に準じる効力をもっていた。同書は、明法博士額田今足の上申により、清原夏野・讃岐永直・菅原清公らが編纂したもので、天長十年（八三三）に完成し、承和元年（八三四）十二月十八日に施行された。『令義解』の本文については、『令集解』からの復原による七篇もふくめて、こんにちその大部分が知られているが、それとはべつに、序や上令義解表が残されており、これによって、撰者や編纂の経緯をかなり詳細にうかがうことが可能である。

『令義解』を利用するには、まずこの序や上表を読む必要のあることは瀧川政次郎氏の強調されるところであるが、瀧川氏が会長をつとめておられた律令研究会の編輯した『譯註日本律令』第一巻首巻（東京堂出版、昭和五十三年五月）にも、これらの詳細な注釈が掲げられている。しかし、『譯註日本律令』第一巻の刊行以前にも、『令義解』序や上表の研究・注解に力を注いだ研究者は数多く存在している。

筆者は、かねてより、『令義解』研究の歩みについて興味を抱き、その方面の資料を蒐集してきた。本書では、弊架の所蔵に帰した『令義解』関係の資料のなかから、壺井義知著『令義解序表官符詔書解』・同『令義解序抄』・神宮皇學館大学共同研究部『令共同研究会記録』、などを択び、飜刻・紹介することにした。これらの資料が、『令義解』、ひいては律令注釈書の研究に役立つところがあれば、幸いである。

○

まず第一～四章では、戦時中、神宮皇學館大学でおこなわれた令の共同研究の速記録である『令共同研究会記録』を飜刻する。

この資料については、すでに渡邊寛氏が、「神宮皇學館大學における「令」の共同研究―『令共同研究會記録』―」として『皇學館大学史料編纂所報　史料』一二四～一二七（平成五年四・六・八・十月）に、その一部（序そのものの研究）を飜刻しておられる（この飜刻が掲載された『皇學館大学史料編纂所報　史料』は、諸般の理由によって刊行が遅延し、実際に発行されたのは、平成八年二月のことである）。

これは、皇學館大学史料編纂所に所蔵されていた『令共同研究会記録』や『神宮皇學館大學共同研究部要綱』などによったものであるが（いずれも現在、所在不明）、皇學館大学史料編纂所には、『令共同研究会記録』の第一回から第四回の分までしか残されていなかった。そのため、渡邊氏は、これを全四回の記録と誤解されたが、じつは、神宮皇學館大学における令共同研究会は、全部で十二回開催されており、第五回以降の研究会についても、詳細な記録が残されている。

筆者は、偶然の機会に、研究会のすべての記録と、会の当日配布された資料とを一括して入手した。これは、この研究会に皆出席された某氏の旧蔵にかかるものと推測され、研究会にかかわる資料のほぼ全文とみてよいと思われる。

その後、皇學館大学神道研究所に保管される古川真澄氏の旧蔵資料のなかに、おなじものが一括して存在するのを見出したが（閲覧にあたっては、同研究所の牟禮仁教授の高配をたまわった）、筆者所蔵の分と比較すると、若干の出入りがある。そこで、本書では、架蔵の資料によりつつ、あわせて神道研究所所蔵本を参照し、全十二回の研究会の記録と、会の当日配布された資料（第四章①～⑥）を、すべて飜刻することにしたい。

常用漢字は、原則として常用漢字体に改め、それ以外の漢字については正字体としたが、他はおおむね原文に忠実に飜刻することをこころがけた（小書・割注は〈　〉に括って7ポ一行で示した）。ただ、なにぶんにも、粗悪な謄写版印刷による記録で、ところどころ文字の不鮮明な箇所があり、判読に苦しむ場合も少なくない。どうしても判読できない文字については、缺字のままとしたが、前後の文脈から類推するなどして、なるべく缺字を埋めるようつとめた。また、読者の便宜を考慮し、袋綴じ体裁の原本の頁数を「１オ」・「３ウ」などと、鼇頭に示し、改頁箇所に「を施したが、第一回分については、表題のある第一紙を第一丁としたため、速記録に附された丁数とはずれがあることをお断りしておく。

最後に、記録中に引用された史料について一言しておく。これらの史料のなかには、依拠したテキストが不明のものも少なくなく、こんにちわれわれが使用する一般的なテキストとのあいだに字句の相違点がまま見受けられる。そのなかには、筆記者の誤写もふくまれており、ときにそれが研究会の席上話題になることもある。そこで、以下、第一～四章の飜刻では、速記録の引用をなるべく改めず、誤字や脱文が疑われる疑問には、傍らに（ママ）などと、最低限の注記を施すに留めた。本飜刻の引用史料の利用にあたっては、かならず原典にあたって確認されることをお願い申し上げる。

令共同研究会記録　第一回

神宮皇學館大學
共同研究部

（1オ）

日　時　昭和十八年十一月三十日自午後三時至同　六時

場　所　学長室

出席者　山田孝雄　小松泰馬　倉野憲司　新開長英　原田敏明　喜田新六　白尾静二　新美忠之　石村吉甫　高橋峻　川出清彦　佐藤喜代治　森順次　濱口秀夫　岩垂肇

記録者　若松正一　習田達夫　守屋俊彦　片山太郎

（1ウ）

〔山田〕本大学の内での共同研究を開くといふことは元来教授各位の御発意によって起ったものでありますが、自分は大学自体の研究としてそれを公に認める様にした方がよいと考へ教授各位に御相談申した所、幸ひ御同意を得ましたので前に決定したことに基づきまして本日最初の会合をここに開催致します。研究の要目並びに研究部の組織は既に決定してゐる通りであります。そこで前回御相談しました通り先づさしづめ序文の方から高橋助教授を中心にしてやってもらひます。そして皆さんの案を持寄って共同に研究を進めていただきたいと思ひます。尚今直ぐにといふことでなく先の話として申しておきますが、令義解の撰者は清原右大臣夏野公でありますが夏野一人で出来てゐるのではありません。夏野以下漢部松長に至るまで十二人の人々によって作られてゐます。此等の人の身分、経歴、学問上の業蹟等は序文の講義だけでは浅薄になります。既に佐藤誠實先

（2オ）

（２ゥ）

生の律令考の中に大分調べてありますが別に誰方かにより専門にやっていただきたいと思ひます。誰彼がいゝでせうか。

［倉野］それは喜田教授に中心になっていただいたら如何ですか。

［山田］さうですね。さうしていたゞいて助教授なり助手なりに御相談下さつて可然お願ひ致します。一寸御挨拶まで。

尚この研究は強ひて急ぐ必要はありません。が昭和十八年にこれだけやつたといふ仕事を相当に残しておきたいと思ひます。

［倉野］ここでかねて石村助教授に依頼してありました「令の索引」作製方針の案が出来てゐるやうでありますから、それを先づ審議したらどうでせう。

［山田］それは必要でせう。石村さんどうか願います。

［石村］御指名によりまして申上げます。令索引作製実施要領案として次の様にたててみました。

一、各巻毎ニ条項ニ番号を附ス、

一、各条ニ標目ヲ附シ以テ内容目録ヲ作製ス、

一、語彙ハカードニ採録シ、官職名ハ音訓別ニカードヲ作製ス、

一、内容目録及カード記入ニ際シテハ条項番号ト塙本頁数トヲ併記ス、

一、各巻分担ヲ定メテ同時ニ着手ス、

右の内第二項につきまして標目は紅葉山文庫にあるのに一応従ひ、逸令は国史大系のを借りれば早いと思ひますがなほ会席上で研究いたしたいと考へます。

（3オ）

［山田］それでは次の回に具体的な例を示していたゞきませう。では高橋君始めて下さい。

［高橋］注釈本については充分なのがありませんが先づ近藤芳樹の注、本朝文粋柿村氏の注などがあります。その外に薗田守良の新釈令義解がありますがまだ活版になつてをりません。神宮文庫に写本が一部あります。その序文の解釈を見ますと文字を大胆に直したりした所があります。そこで定本を作るために成可くプリントに刷込んで行くのがよいと思います。義解といふ使ひ方は支那でも珍しいものです。然し例がないことはありません。義解とは仏教関係の書の注釈本にあるだらうと思ひますが断言は出来ません。しかし旧唐書経籍志・新唐書藝文志などには律令の義解といふものは見当りません。佩文韻府を見ると宋史王伝に「作老子訓伝及仏書義解亦数万言。」とありますが、日本の方の例は知りません。解釈の名としては珍しいです。近頃多く用ゐられるやうですが、日本でこのやうな例に使用されるのは日本独特のやうに思はれます。尤も皇侃の義疏のやうな名前はありますが。

［山田］さうですか。宋史に義解といふ語のあるのはおかげで知りました。然し宋史なら令義解よりは新しいです。これは仏教関係の語にもあるでせうが、これも六朝時代の通用語になつたものだと思ひますからその方を調べる必要があります。文選あたりの中にあるのではないでせうか。

（3ウ）

［高橋］支那になくとも日本に例があればよいと思ふのですが、現在書目などにもありませんし、仏書の方でも御存じの方がないでせうか。支那の方からいふと令の義の解といふべきか或は令の義解と対等に熟するのでせうか。義を解釈するといふのなら解義とでもありたいのですが、とに角更に隋以前の実例を探し出すことに努力しませう。

［倉野］私は義の解といふ意味で日本的な立場から名づけられたのではないかと思ひます。

（４オ）

［山田］然し宋史に仏書の義解とあるのだから雅馴でないとはいへません。それだから必ずしも日本製の語だともいはれません。先づこんな言葉があれば晋書にあるかと思ひます。これは問題にしておくことにしてなほ十分に調べることにしませう。

［高橋］次に令の意義については支那の律令格式の令をとつたものと思はれます。結局一応こゝに沿革が必要となります。支那の沿革、日本の沿革を睨合せて述べなければなりません。学長先生の特別講義のやうなものですね。私も及ばず乍ら大急ぎで沿革を調べてみましたがやつと輪郭を得た位です。これはどうしても令の内容まで立入つてからでなくては纏らぬと思ひます。如何がでせう。これは少し講義が進んで行くにつれてやつて行く事にしていただいたら。

［山田］それは重大なことでこの序文の講義にそれをやるのは荷が重すぎます。これは別にした方がよいと思ひます。追て誰方かに御願ひしませう。そこでこの序文を先づ通読して下さい。

［高橋］（一読）

［山田］今読まれた所で「雖復盈車溢閣云々」を「復車に盈ち閣に溢ると雖も」と読まれましたが「雖」は下の「已甚」にまでかけねばならないと思ひます。さうしないと対句が壊れますから。

［高橋］薗田さんは「閣に溢る」の所へも「雖」をかけてをられます。私はこれがよいと思ひます。対句として成立すると思ひますし、かう読まなければ前後の文勢から矛盾するやうになります。

［山田］さう読むとすれば篁の文が下手といふことになります。始の四字のみに「雖」をかけてあとをそのまま読むと対句が壊れてしまひはしませんか。

［高橋］それは普通の文でも対句でも構はないでせう。対句は餘りに重要なのではないのではないでせうか。

（4ウ）

［山田］重要でないことはありません。対句は厳重なものだと思ひます。

［原田］やはりさうでせう。然し「雖」を「已甚」までかければ「降及澆季」以下の解釈がうまく行かないやうに思ひますが。

［山田］「鐘に銘すと雖も」と「雖」を二つ入れるといふことになればその意味は分かりますが、さういふことが出来るものかどうか、これはなか面倒な所です。

［佐藤］「雖」をば全体にかけてもよいでせう。文章の上からも内容の上からもさう思ひます。

［山田］意味は前に申した通り「雖」が二度くり返してなければならぬのですが、対句の場合、その意味からいへば「雖」を二度くり返すべきであるのを形の上から一度でやめるといふ文章の法があるか否かが問題です。ここは如何にも解釈の仕様によって意味が違ってきます。

［倉野］切れの問題ですが一度切って再び「雖」を使ふかどうでせうか。

［山田］この点は厳重に考へることが必要です。

［高橋］これも文選でも調べてみませう。

次に少し下って「軽比所假云々」の「假」ですが、これは後漢書などにも注に「假貸猶寛容也」とあり、ゆるす又はゆるくすといふ意味であります。「カル」と読むのは少しどうかと思います。佐藤さん、「假」を「ユルス」と読む例は古いところに見つかりませんか。一つ倭名抄でも調べて見て下さい。

（5オ）

［山田］いい加減にしておけといふ意味でいふのですから、かすといふ意味でもよいかもしれません。読み方の方は一往これでおくことにしてはどうですか。

［高橋］「正三位」の「正」は「ジャウ」と読むのですか。先生は濁られましたが。

（5ゥ）

【山田】人の位の時は「ジャウ」といふのです。「シャウ」といふと神様の位の読み方になります。

【高橋】「…奉勅撰」と最初に書くことは支那の例にあるのもあるしないのもあります。例を調べましたら明史、注疏の序にに見えますが、勿論無いのもあります。これは支那のに效つたのでせう。

【山田】やはり支那に手本があつたのでせう。

【高橋】「左近衛大将」は歴史の上で調べることが必要です。流布本には「左」がありません。これは本朝文粋に出てゐます。「臣」は流布本にはありませんが当然要ると思ひます。勅撰の書物ですから。

【山田】君に対して申し上げるといふ意味で「臣」といふ語が用ゐられてをります。

【喜田】公式令の規定に則ってゐるのでせう。

【高橋】この「臣」は「シン」とよんだのでせう。

【山田】恐くさうでせうね。

【高橋】文粋には「臣夏野等」の下に「言臣」が入ってをります。これは意味の相違や上表文の相違ではないと思ひます。篤胤翁はこれに従ってをられます。姓氏録にも蓋聞とあります。古事記の序には臣安万侶言とあつて聞はないのです。「臣夏野等言臣聞」と「言臣」を入れると天皇に白すといふ意味であつて何れでもよいと思ひます。

【倉野】さうすると上表文となります。表と序とは違ふところがあります。

【山田】上表文は別にあるでせう。

【高橋】「刑名与天地倶興」の「与」は刑名と天地とが対立した時に使ふと思ひます。「法令共風霜並用」の「共」は法令と風霜とが一緒になってゐるといふ考え方のやうに思ひました。「春生秋殺」は色んなところに出てをります。管子版方解にもあります。司馬遷が佐少卿に報ずる書にも具体的に出てゐます。それ故に支那に於て当時実際に春は賞を行ひ、秋は刑を行つたので常識としてかう書いたものでせう。このやうな事は先秦時代より見えます。

（6オ）

[倉野] このところを近藤芳樹は「春生」は天の気、「秋殺」は地の気であつて、前者は令に後者は律に当るとしてをられます。

[高橋] 勿論さういふことになりませう。

[山田] それは少し言過ぎでありませう。春は生み秋は殺すといふ文章の意味はいふまでもありませんが、秋は殺すといふことは当時の人の常識だつたのでせう。一体秋は殺すといふことは死刑の上では誰でも知つてをります。それは同じく死刑でも斬罪は即決、絞罪は秋後決といつて秋になつてから執行されます。それで絞罪の宣告を受けた者は若し秋迄の間に大赦などがあれば死刑が執行されずにすむといふことになります。さういふことと関聯があるのでせう。とに角秋に殺すといふのは法令上の常識です。

[高橋] 「刑名」はのりといふ意味でせう。「名」は軽く附いたものではないでせうか。

[山田] 「刑名」で一つに考えたらどうですか。刑の名ではないでせう。「刑」は型で必ずしも刑罰の意味ではありません。刑名といふことが法の意味でしかも法令のもつと元のものをいふのでせう。

[高橋] 刑名の学を考へて書いたかどうでせうか。

[山田] それは考へてはゐないでせう。韓非子までは考へてゐないでせう。

[新美] 刑名の「刑」には刑罰の意味を持たせない方がよいでせう。秩序といふやうなものと思ひます。

[高橋] 刑名は法の意味にとつてよいでせう。韓非子を聯想し勝ちでありますが。

（6ウ）

（７オ）

[山田] 刑名は熟字として考へたらよいでせう。刑があれば名があるといふ意味で名が重要になつてきます。

[高橋] 刑名は熟字としておきます。次に序注薗田さんは文選の西京賦を引いてゐます。「風霜」は「天地」に対するわけですが、ここでは風霜は陰性のものとして「法令」を受けるのではないでせうか。注には「風」を春風、「霜」を秋霜としてゐますが、風霜二字で身のしまるやうな陰性を表現するのでせう。

[新美] 風は陽ではないでせうか。易では陰陽どちらですか。

[高橋] 易経では風は陰性です。巽の卦になります。風に陽の意味を持たせてはよくないと思ひますが。

[山田] 「風霜」は「天地」に対して用ゐてあります。天地が天と地と相対して用ゐてあるとすれば風霜も風と霜と相対する意にとらねばなりません。「天地」がただ一の意味だとすれば「風霜」も一の意味とせねばなりません。一つとすれば霜が寒い季節のものだから風も秋冬の寒い風で秋風といふやうな風でせう。それからその下の「並用」とそのこととどういふ意味になるのですか。

[高橋] 風霜を陰性とすれば法家的なものと考へてゐるのではないでせうか。

[小松] ここでは手段的といふ意味になるのですか。

[高橋] 手段とか目的とかの意味ではありません。法家的なるものは秋とか冬についてくるものと思はれます。秋冬といへば自然に法令を考へたのでせう。

[新美] 「並」は風と霜とが並ぶのでせう。

[高橋] ここは刑名と天地が相関するやうに法令と風霜が一緒になつてをるのでせう。

[倉野] 風霜が並び用ゐられると考へることはをかしい。

[小松] 刑名は天地に対する故に形以前のもの、法令は形以後のもので天地より小さいものでせう。法令は地

（7ウ）

上の掟といふものでせう。

【佐藤】体用といふものでせう。

【山田】この文章はうまい使ひ方であります。刑名が本体で法令が作用です。相当深いものを持つてをりますね。

【高橋】次に「犯レ之必傷」、「触レ之不漏」の「之」の字を塙本では読んだり読まなかつたりしてゐて不統一ですがこのやうな「之」を読むことに決めたのは鎌倉室町以後と思はれますがここは何れかに統一したら如何でせう。

【山田】「之」は御説の通り、読まないでもよい字です。然し又「コレ」と多く読むことになつてゐます。必ず「之」の字を読まねばならないやうになつたのは佐藤一齋の一齋点からだといはれてをります。「之に触るれば」と読むか又読まなくてもよいのではないでせうか。仰せの通り塙本では両方に使ひ分けてゐますね。

【倉野】「犯せば」でないでせう。「之」の訓をとる方がよいと思ひます。

【高橋】「蝋炷有二爛蛾之危一」は信賞必罰を述べたものです。法令を破つた者は漏さないやうにする。炷は火の中の芯で説文に炷は燈の芯と説いてゐます。爛蛾については符子には「不レ安二其昧一、而楽二其明一、是猶二夕蛾去レ暗赴レ燈而死一」とあつて、火に入つて死んでしまふといふことです。次の「蛛糸設二黏虫之禍一」の故事は「符子曰公子重耳奔レ斉、与二五臣一而遊二乎大沢之中一、見蜘蛛布レ綱曳レ縄執レ虫食レ之、公子重耳乃撫二僕之手一駐二駟馬一観之、顧謂二咎犯一曰、此虫也薄矣、而役二其智一、布二其網一曳二其縄一而執レ虫以食之一、況乎人智乎」とあるのを用ゐたのです。黏は国語で何と言つたらよいでせうか。蜘蛛の巣でつかまへる事には違いありませんが。

（８オ）

【山田】ねばすです。

【高橋】黏虫の「虫」は「キ」と支那でよみます。蟲に通用するのは俗です。「キ」とよむと「蛇の類になります。「チウ」とよんでよいと思ひます。

【倉野】「傷」を「ヤブル」とよまれましたが、「ソコナウ」とよんでは如何でせうか。

【高橋】近藤氏のには「ソコナフ」とあります。

【山田】「ヤブル」の方がよいでせう。

【倉野】「犯す」は意識的であり、「触る」は無意識的です。だから「モラサズ」よりも「モレズ」の方がよいと思いますが漢文では自動詞なのですか他動詞なのですか。

【高橋】これは自他の区別がないのではないですか。少なくとも漢文の表現はさうなので訓読する時に区別するのでせう。

【山田】どつちにでもなります。

【倉野】「フルレバモレズ」とよめば假令知らずに触れても一匹残らず遁れることは出来ないといふことになつて自然でありますが、さうでなくて「フルレバモラサズ」と訓めば知らずに触れても漏さないといふことになりますが、「モラサズ」の主格が明かでありません。

【山田】「モラサズ」の方がよいでせう。

（８ウ）

追記
【白尾】「刑名」の意味は刑の名といふ意味と刑名の楽の刑名の意味と二つあるのでありますが、学長の言はれるやうな「法の意味で而も法令のもつと元のものを意味する」やうな刑名之用例があるかどうか、韓非子の所謂形名参同の形名は人君が群下を用ふるところの術でかやうな意味からは「法令よりももつと元の法」といふ意味を引出して来ることは無理であります。そこで韓非の言つた形名よりももつと広い意味に使つた例、学長の言はれるやうな意味に近いところの刑名の用例を探してみましたところが荘子の天道篇に見える形名は韓非のそれよりも広く、単に「名と物」といふやうな意味に使つてゐます。韓非の方は此の形名を君が臣下を用ふる上の術に応用したもので始めからその意味に使つてゐます。之に対して荘子の天道篇の説では（尤も終の所は引き伸して韓非の説と一致したものになつてゐますが）形名そのものの意味をもつと広いものに取扱つてそれを君臣の間にも及ぼしてゐると思ひます。又之は林希逸の口義にも「刑名、名物也」と註せられてゐます。参考までに韓非子と荘子の中から書抜いて置きます。此の用例などから見て秩序といふ風に解してよいと思ひます。

（9オ）

韓非子主道篇

道者万物之始、是非之紀也、是以明君守レ始、以知二万物之源一、治レ紀以知二善敗之端一、故虚静以待、令令二レ名自命一也、令二レ事自定一也、虚則知二実之情一、静則知二動之正一、有レ言者自為レ名、有レ事者自為レ形、形名参同、君乃無レ事焉、云々

荘子

古之明二大道一者、先明レ天而道徳次レ之、道徳已明、而仁義次レ之、仁義已明、而分守次レ之、分守已明、而形名次レ之、形名已明、而因任次レ之、因任已明、而原省次レ之、原省已明、而是非次レ之、是非已明、而賞罰次レ之、云々（口義）刑名名物也

[新開]「春生秋殺云々」は支那の陰陽思想に基づくと思はれますが、この関係を実際に「令」そのものの内

容について、特に唐令との連関を考慮に入れて実証的に究明して見る必要があると考へられます。先づ養老（職員）令には

太政大臣一人

師《トシテ》二範一人《ニ》一、儀二形《タリ》四海一、経《シ》レ邦《ヲ》論《ジ》レ道《ヲ》、爕二理《ス》陰陽《ヲ》一、無《ケレバ》二其《ノ》人一則《チ》闕《ク》。

とあつて唐令の三師三公台省職員令第二

右三公、経邦論道、爕理陰陽云々。

との関係が辿られます。また養老令（獄令）の

従二立春一至二秋分一、不レ得レ奏二決死刑一。若犯二悪逆以上一及家人奴婢殺レ主者、不レ拘二此令一。其大祀及斎日、朔望晦上下弦二十四気仮日、並不レ得レ奏二決死刑一。

（9ウ）

は次の如き唐令に遡ることが出来ます。

（開元令）従立春至秋分、不得奏決死刑、若犯悪逆以上、及奴婢部曲殺主者、不拘此令、其大祭祀及致斎、朔望、上下弦、二十四気、雨未晴、夜未明、断屠月日及假日、並不得奏決死刑。

（貞観令）従立春至秋分、不得奏決死刑、其大祭祀及致斎、朔望、上下弦、二十四気、雨未晴、夜未明、断屠日月、及假日並不得奏決死刑。

なほ支那人が刑殺を陰陽思想に結びつけたことは礼記の月令を見ても明らかに知られます。

仲春之月《ヤ》、安《ンジ》二萌芽《ヲ》一、養二幼少《ヲ》一、存二諸孤《ヲ》一。命《ジ》二有司《ニ》一、省《チ》二囹圄《ヲ》一、去《リ》二桎梏《ヲ》一、毋《ク》レ肆《スルコト》掠一、止《ム》二獄訟《ヲ》一。孟秋之月《ヤ》、命《ジ》二有司《ニ》一、脩《メ》二法制《ヲ》一、繕《メ》二囹圄《ヲ》一、具《ヘ》二桎梏《ヲ》一、禁二止《シ》姦《ヲ》一、慎《ミ》二罪邪《シ》一、務《ム》二搏執《ヲ》一、命《ジテ》レ理《ヲ》、瞻レ傷《ヲ》、察《シ》レ創《ヲ》、視レ折《ヲ》、決《スルヤ》二獄訟《ヲ》一、必端乎。戮《ジ》二有罪《ヲ》一、厳《ニス》二断刑《ヲ》一、天地始《メテ》粛《スル》、不レ可二以贏《ス》一。

然し日本人がかかる支那の陰陽主義の法律思想をどの程度まで守り得たかは別に歴史について実証的に究明する必要があらうと思ひます。

（１オ）

令共同研究会記録　第二回

日　時　昭和十八年十二月二十五日
　　　　午前九時―午後二時
場　所　学長室
出席者　山田。小松。倉野。新開。喜田。新美。白尾。石村。高橋。佐藤。川出。森。濱口。岩垂。

（１ウ）

［高橋］この前問題にした始めの義解といふ文字について其後調べてみましたがまだ充分ではありませんので皆さんの御注意をお願ひします。前回申上げたやうに宋史の王伝に似た用法があるやうです。支那では易解義・春秋左伝解誼などのやうに義を解すると書いた例はあります。又周易義略・春秋左民伝義注などといふのがあります。特殊な例としては春秋異義解・論語大義解があります。これは明かに義の解といふことですが令の義解に似てゐます。これらは大体文献通考で見ました。外に通志も見ましたがもつと実際の正史に当る必要があると思ひます。義の下に林・證をつけた義林・義證といふものもあります。

［山田］春秋異義解・論語大義解などは令の義解と大変近いやうですね。論語大義解の大義とは義そのものを限定してゐることになります。

［高橋］令の義の解といけばうまく行きます。只これら支那の例は義は上へつく事がはつきりしてゐますから更に義解の例を多く探したいのですが、大分稀なことになると思ひます。書名にたゞ解がつくのならば沢山あります。例へば論語解のやうに。

（２ウ）　　　　　　　　　　　　　（２オ）

【倉野】やはり義の解ではないでせうか。論語大義解といふやうなものは参考になるのではありませんか。

【高橋】令の義解の場合は論語義疏といふのと似た感じを受けますが、論語大義解は義疏とは違ひます。義疏といふとくっついてしまふが論語解のやうに一つだけの用語もあります。

【倉野】私はこの前にも義の解の意味ではないかと申しました。

【高橋】支那では義疏のやうにくっついたものもあります。倉野さんのでは上にくっつくのですね。

【倉野】さうです。

【高橋】そこにもう少し例が欲しいですね。今少し正史に注意してみませう。

【山田】別に義解と出てくれば安定するのですが。

【倉野】固有名詞ではなくて普通名詞としての義解と熟した例が欲しいですね。

【山田】さうです。

【高橋】次にこの前の訓みの問題についてゞすが、「車に盈ち閣に溢ると雖も、半市の姦勝へず鼎に鋳、鐘に銘すれども」と「雖」をくり返しよむ例は文心彫龍にあります。山田先生のお話で更にそのやうに訓読した例もあれば完全だが、との事でしたので色々努力しましたところ、適例が遊仙窟（頭書図画遊仙窟鈔）の中にあります。巻一の始めのところに「雖二復贈レ蘭解レ珮、未二甚関レ懐、合巹横陳《ソヒフシ、カモ》何曽レ意」とあります。又文心彫龍には微聖第二のところに「雖精義曲隠、無傷其正言、微辞婉晦、不害其体要」といふ例があります。これは春秋のことを言ってゐると思ひます。文選にも二三例があります。然し文の構造から類推出来るやうな例で、直ちに雖の字を使ったものは見当りませんでした。随分探したのですが。

【山田】文選には雖の字がないね。この二つで大体決定しておきませう。この「雖復」は高橋君ではつぎも分けましたね。

【高橋】塙本を除いては、慶安本・紅葉山文庫本・標注令義解・新釈皆「雖」を二回働かせるつもりで返点をしてあります。そのやうによむ時は遊仙窟のやうにもう一度和訓としてよみ返さなければなりません。このやうに見なければ日本文としてよんだことになりません。

【倉野】国語としてよむことが肝心でさうよんだことは結構な事だと思ひます。私はかねてからさうよんでゐました。

【山田】始を「いへども」とすれば終も「いへども」としなければなりません。然し雖とあるから「いへども」とよむ、もし下を「鐘に銘すといへども」とよめば上もさうよむ必要があります。

【倉野】この遊仙窟の訓みでは上は「いへども」で下は「……しかども」ですね。

【山田】「かども」ではをかしいですね。

【倉野】さうですね。

【高橋】動詞からつゞくから「かども」でよいです。支那では動詞からも名詞からもつづくのに国語では文法上□□でないから問題が起るでせう。動詞から「雖」へつづく場合は「ども」・「ど」で充分でせう。いつも「いへども」と訓むの「は、名詞からつづく場合も含めたものだらうと思ひます。かうなると「学ばずといふといへども」のやうな重複が出て来ます。

（３オ）

【倉野】遊仙窟の例で二度繰返してよむといふ事がはつきり証明されました。愉快です。

【新美】ただこのよみに従ふと内容上前後の関係はどうなりますか。

【高橋】それは始から段々と法令が複雑になり、最後に澆季といふ状態を出して来ました。

（3ウ）

［新美］今引かれた例が内容に於いてこのやうな段階的な説明に関係するかどうでせうか。

［高橋］関係しません。

［山田］遊仙窟の例は始めの四字に関係があります。それの引つくりかへつた収りは次の四字で結集してしまひます。今のやうな遊仙窟の例は前私の言つたのとすつかり違つてくることになります。この場合は「已甚」で切れて次の「降及澆季」には関係しません。ここで意味が切れてゐると思ひます。この「雖」は意味全体に相当重要です。

［新美］慶安本に従はなかつた塙本を注意すると法令が段階的に煩雑になつて来たといふことの内容を示す上にはよいと思ひますが。

［高橋］「雖」を「澆季」に関係させると対照的になつてくると思ひます。下までかけるかどうかが重要となり「ます。

［新美］佐藤さんの言はれるやうに「甚」のところまで「雖」をかけると大勢上面白いと思ひます。

［高橋］どこが面白いかが問題となります。

［新美］前に「有恥之心難格」をおき、中に「半市之姦不勝、満山之弊已甚」を合せ後に「煩濫益彰」この三つをあげたといふことによめませんか。さうすると塙本の意味が諒解されるのではないでせうか。遊仙窟の用例はその後に澆季に及んで云々の内容に当る文句が来てをれば証拠となりますが。

［倉野］三つとは何ですか。「煩濫益彰」といふのは法令が幾ら出来てゐても、煩令濫罰が益々甚だしくなつたといつてその下にその具体的な例を挙げてゐるのですからそれでよいではないですか。澆季になつたら一層悪くなつたといふことです。

(4オ)

[山田] ここに新美君のいはれることも分りますが、解決は「隆周の三典漸く其の流を増し、大漢の九章愈其の派を分つ」といふことと「降つて澆季に及び」との間にこの文が狭まつてゐるから漸層的となるやうに見えるのです。「車に盈ち閣に溢る云々」のことが「三典九章」のあとに出てくるのですがこの「盈車溢閣……鋳鼎銘鐘」といふことが「大漢九章……」よりも後の時代に起つてくる事実であるかが重要です。慶安本の注によれば「盈車」といふのは「漢書に曰はく、武帝明堂にして律令幷に三章を議す惣べて九百六巻有り」とあつてこれは漢の武帝の頃のことであり、「「鋳鼎」は周時代の話であります。さうするとこの所の文は事実上、漸を以て進むのではなくて結局上の文は次の文が裏打ちしたことになります。そこで「雖」以下「已甚」まで全体を雖にかけるとわけの分からぬこととなります。

[倉野] 早く言へば裏打ちです。

[山田] 注を見ますとね。

[高橋] 然し衰へて来た方を主としてゐるのでせう。裏打ちだけではありません。

[山田] よみ方をどうしますか。雖は「いへども」とよんで下は「銘すれども」とよみますか。それを明かにしておけばこれから先が助かります。

[倉野] さう決めて頂きませう。訓読は解釈です。それで明かになりました。

[山田] それはいいとして「半市之姦」はどうですか。

[高橋] それは柿村さんの注では分らぬと判断してゐます。直接本文の注には棄市の誤りであると論ぜられてゐます。私は半市即ち市に半ばす、非常に多いといふことだと思ひます。直接半市といふのはありませんが、史記の李斯列伝に「刑者相半於道、而死人日成積於市、殺人衆者為忠臣」とあります。そんなことを考へて言

（4ウ）

つたのではないかと思ひます。

[山田] さうでせう。棄市では仕方がありません。これは対句ですから満山に対する語が数量的なものです。半市の意味を明かにしなければなりません。半市とは市に参つてゐる人の半分は陸でもないものだといふ意味です。市は人の集まる所で俗にお祭りに人が集まつてくるのを高市といひますが、その市に集まって来る人の半分が姦人だといふことでせう。然し何か実例がないですか。

[倉野] 何も見当りませんが。

[新美] 兼良も「市人ノ半バ罪アル物ノ心也」と言つてをりますが所拠はないやうです。

[倉野] 近藤氏の標注には「満山の弊とは盗賊の山にすみて害をなすことにて半市に対ていへる也。類函寇賊部に賈山至言、赭衣半道、群盗満山といへる是なり」とありますが、これと関係あるやうですね。この半道を半市としたかもしれません。

[山田] さうかもしれません。もう少し気をつけておきませう。

[高橋] 又始に返りまして「臣夏野等聞」といふところに「言臣」を入れるのを調べましたら唐律疏義《ママ》の長孫無忌の表にその通りに書いてあります。どうもこの序は疏義《ママ》の表を手本としたやうに思はれます。非常に似てゐます。

（5オ）

[倉野] 長孫無忌のその表は古事記の序文にも影響を与へてゐると思ひます。然し表と序との関係がど「うも私にははつきりしませんが、表ならば「臣夏野等言、臣聞」でよいのですが、それは序ですから「臣夏野等聞」でよいのではないかと思はれます。

[高橋] 支那でも勅撰の序はこのやうな形をとつてゐます。表と序との関係はもう少し調べる必要があります。

（５ウ）

〔山田〕序と表との関係は文選その他多くあるでせう。

〔高橋〕日本だけでも沢山あります。次に白尾さんが「刑名」について調べておかれましたが。

〔山田〕あなたの分はこれだけですか。先づ片付けて下さい。

〔高橋〕宿題として外に「假」のよみについてですが。

〔佐藤〕類聚名義抄を見ましたが「假」を「ゆるす」とよんだ例はありませんでした。

〔倉野〕然し支那の字引きにすれば「容」の意味があってやはり「ゆるす」とよんでよいでせう。

〔高橋〕尤もこれは解釈に関係してよむことが必要です。佐藤さん外には例がないのですか。

〔佐藤〕ないですね。意味の上からようよめますが、実例の上からはありません。実際の訓点の上から調べることが必要です。

〔高橋〕疏義（ママ）の表によると「三才既分、法星著於玄象、六位斯列、習坎彰於易経、」とあり、書出しから法律が「天地と共に始めるとあります。それで刑名を法令といふ意味でおだやかにとつた方がよいと思ひます。

〔倉野〕私はさうとりたい。いはば用ひ分けたので、天地は空間的、風霜は時間的にとればよろしい。風と霜とは年次の変遷を言つたのではありませんか。

〔高橋〕さうすると風の方は。

〔倉野〕風と霜とで時の移変わりですね。柿村氏の本の頭注によれば「法令賞罰の或は生じ、或は殺し、或は人を憂しめ、或は人を悦ばしむるもの、亦この天地四時の道とともに起りしなりと」とあります。さうすると私と大体同じ解釈をとつてゐることになります。どうもこの方が穏やかと思ひます。

〔白尾〕刑名といふ意は法令も含むが法令よりはもつと広い、法令以前の秩序といふ意味ではありませんか。

刑名ではないとすれば韓非の所謂刑名法術の刑名のやうにも一応は考へられますが、然し韓非の説と刑名はそれ以前の名家の刑名の意味を百官統御の上に借りたもので、云はば君が官吏を駕御する術であります。ここではさういふやうな意味ではないと思ひます。名家例へば尹文子などに説く刑名は広く名と物といふで《（ママ）》溯れば孔子の言つた「必ずや名を正さんか」といふやうな大義名分的な意味でありますが、ここではこの意味即ち法令よりも広い法令以前の秩序の意味にとりたいやうに思ひます。

（6オ）

【倉野】そのやうに解する具体的証拠は？

【白尾】名家の中でも尹文子がはつきり使つてゐます。それによれば「今万物具存、不㆓以㆑名正㆒㆑之則乱、万名具列、不㆓以㆑刑応㆒㆑之則華、故形名不㆑可㆑不㆑正也」とあり、その前の説き起しに「大道無形、称㆑器有㆑名、名也者正㆑形者也、形正由㆑名則名不㆑可㆑差、故仲尼㆓云必也正㆑名乎、」といふこの刑名は孔子の所謂正名から説及んでゐるもので秩序と法令とは別なものといふのではないが、法令と限定してはいけない。淮南子要略に「百官背乱、不知所用、故刑名之書生焉」といひ、又漢書元帝紀注に「申子学号刑名、刑名者以名責実、尊君卑臣、崇上抑下」といふ刑名は法令の意味だといへないこともないが実は之は韓非の所謂刑名法術で百官統御の術であつて単に法令といふものではあるまいと思ひます。尤も韓非以後刑名の二字は因襲して訟獄を断ずるの義にも用ひてをるやうでありますが、この序文ではさやうに限定してとつては天地と共に生ずといふ所と釣合はないのではないでせうか。

【倉野】刑名のみを抽象的に解明せずしてその具体的解釈が必要です。支那に於ける典拠を問題としなければなりません。

【白屋】具体的には名家の説明でつきます。

（６ウ）

【倉野】それでは「春生秋殺」は如何ですか。

【新美】春生秋殺は天地の表現、風霜は春秋の現象とするから基本秩序の生殺二方面を天地作用を表現すると観たのです。

【倉野】それだから典拠を調べることが必要です。

【新美】これより具体的なものがないから刑名で天地の秩序を表現して生活の根元秩序が成立したと観たとすればよいでせう。

【高橋】法令と秩序との関係をどの位に見ますか。

【倉野】それが問題です。

【白尾】法令といふ形の決った作用が顕はれてくるところの本体的なものが秩序ではないでせうか。或は又法令を含むそれよりも広く秩序といへるのではないでせうか。

【倉野】白尾さんのは段階的であるが、私は同様に見たいと思ひます。

【小松】法令は形にあらはれたもので即ち setzen したものですからそれを犯せば必ずやぶれます。

【高橋】支那では道徳的なものが法令の根本にあるとします。

【倉野】秩序といはれる意味も分ります。併し単にそれだけでは漠然としてゐます。法令を含んだ意味をもたねばなりません。

【小松】然し法令なら天地の現象といふことは出来ません。古代法から見ても自然の法令といふ考をもっと思辯的に考へられたものと結付き、形の方が発展的に古いです。

（７オ）

【濱口】今日の言葉で云へばこの刑名には自然法・法令には実定法といった様な意味が多分にあるのでせうか。

［倉野］法令と秩序とは同じやうな意味になりはしないですか。

［白尾］秩序の方が少し基本的な又広いものではないですか。荘子天道篇に「是故古之明㆓大道㆒者、先明㆑天、而道徳次㆑之、道徳已明而仁義次㆑之、仁義已明而分守次㆑之、分守已明而形名次㆑之、形名已明而因任次㆑之、因任已明而原省次㆑之、原省已明而是非次㆑之、是非已明而賞罰次㆑之云々」とあります。賞罰は法令と表裏するものと思はれますが、それは刑名以後のものだといふことが此の文では窺はれます。但しこの形名は韓非子の所謂形名とよく似てをりますが矢張り百官の秩序といふ程の意味に見ていいのではないでせうか。

［新開］その秩序は法的秩序ですか、道徳的秩序ですか。

［高橋］道徳的秩序は支那では礼ですね。だから礼は人心を正して道を行ふ方に重点があり、法は既に犯したものを罰するので本来の相異があります。始に重点をおくか、終りにおくか、それを議論してゐるのでせう。

［倉野］さうです。

［佐藤］むしろ前の方は春生に重点があり、終の方は秋殺の方に重点があつて表裏の関係で並んでゐるのではないですか。

［倉野］然しそれは主観的に鑑賞してをられるのであつて、ここではその典拠を考へて客観的に解せねばなりません。

［佐藤］それで典拠が許しうる限りです。天地と刑名、法令と風霜が聯関してをります。時空の関係でなく□

（7ウ）

□。

［倉野］年時の変遷といふ意味が風霜にあります。

［佐藤］風霜といふ意味は単に時間的にとるよりも法令の厳しさを表す意味にはとれませんか。風霜を時間的

（８オ）

に使つてゐる例がありますか。
［倉野］　あります。沈期の詩に「雁塔風霜古、竜池歳月深」の例に見られるやうに支那人はそれを四時の変遷の意味にとつてをります。敢へて自説を主張しませんが、私はさう解すべきだと思ひます。
［高橋］　倉野さんと佐藤さんとに風霜の意味のとり方が違ふやうです。
［倉野］　さうです。ところで白尾さん、刑名のさつきの例を黒板に書いて下さいませんか。
［白尾］　史記六秦始皇紀（三十七年）「……秦聖臨国、始定刑名、顕陳旧章、初平法式、審別職任、以立恒常、……。」この刑名は名家の所謂形名の意味ではないでせうか。「初平法式」とありますから刑名は法令と解するのではをかしいのではないでせうか。
［佐藤］　これは義解の刑名よりも狭義であると思ひます。天地の云々に比するものとは思はれません。
［倉野］　さうですよ。
［高橋］　私もさうだと思ひます。
［佐藤］　刑名法術といふ時は如何ですか。
［白尾］　韓非子の刑名は名家の刑名を人君の群下を用ふる方法に利用してゐるのです。
［高橋］　このやうな問題は全体の文章として見なければ理窟に流れて了ひます。そこで正史の刑法志の書出しを見ると隋書・魏書・旧唐書・宋史など何れも刑と礼と対して使つてゐます。天地と与に……とする、それで刑は法令とか刑法の意味として用ゐたのであらうと思ひます。
［倉野］　それが穏当です。令の義解の序であることを忘れてはなりません。
［佐藤］　ただ刑名とは広義の秩序ではありませんか。このやうに並べた以上は多少気分の上でも違ひます。そ

（8ウ）

れで表裏の相違があるといふのです。

［高橋］ このやうな例は殆ど同じものを並べてゐます。

［佐藤］ さうですか。然し気分の上で。

［高橋］ その位のことはあるでせう。

［倉野］ 無論ありませう。

［高橋］ さて次に「寝縄」といふのは淮南子によると身をまつすぐにして寝ることをいひます。枕方寝縄とあり、安眠出来ることで結局それは天下が太平になつたので安心して寝るといふ意味に用ゐてゐます。それは女の時つまり大昔といふことになります。「不厳之教」は孝経に「是以其教弗粛而成其政不厳而治」とある通り孝行さへすれば厳粛でなくても治まる教といふ意味です。「畫服」は古注に尚書大伝をひき「唐虞之象刑、上刑赭玄不レ純、中刑雑、下刑墨以居二州里一民耻レ之、民而有レ耻、則務反二於礼一矣」とあります。民は恥づかしいことゝして罪を犯さないやうになる。日本国現在書目に尚書大伝は出てをります。実際に旧注が見てゐるかゞ問題です。

［山田］ それは見たでせう。我々は信じられるものは信じてよろしい。疑を以て基礎にするのはよくないと思ひます。

［高橋］ 「有恥之心難格」は論語の「恥ありて且格し」といふところを使つたので法令を以て国を治めると恥ぢる心がしつかりしないで正しくなり難いといふことだらうと思ひます。対句にするためにこのやうな奇妙な文句となつたのでせう。

［山田］ 私も疑問にしておりました。有恥は別に意味がないと思ひます。然し「格」はたゞすでありませうが

（９オ）

さうすると畫服がをかしくなります。

［新美］寝縄以往はよい方で畫服は悪い方にとりたいと思ひますが。

［山田］だから悪い方にとらなければなりません。

［倉野］刑罰を設けてその軽重に随つて服色をはつきりさせたが民は恥を知る心がなくなつて来たと見られませんか。

［山田］事実はさうらしいです。然し畫服はよい意味にはとれません。畫服は刑罰を設けたゝめにといふことになるのですね。徳を以てする時は従ひ易く刑を設けた時はたゞし難しといふ意味でせうね。

［倉野］よい意味ではないのです。段々民の心が荒んで来たと見るのです。

［山田］さうすると有恥と格とが論語の場合と逆になります。

［倉野］さうですね。大伝の意味をとり論語の文句を逆に引いたのではないでせうか。民が恥ぢなくなつたので。

［山田］それを言つたのですね。

［倉野］高橋さんの揚げられた孝経の文の直前には「則㆓天之明㆒則㆓地之義㆒以順㆓天下㆒」とあるから天地の理法に則るならばその教には従ひ易いといふことになります。刑が出来ると段々正しさがなくなるといふ意味でせう。

［山田］さうでせう。

（９ウ）

［倉野］それから枕方寝縄の方は注に「四寸也」とありますがそれはよく分からないが支那にこの他にこれに関して例がありますか。

【高橋】さー知りませんね。こゝの淮南子の注の出処ですね。

【倉野】ところで畫服そのものは悪い意味ではなく畫服の時は有虞氏の時でよかつたと見るのが至当でせう。それは漢書刑法志の中に「蓋聞、有虞氏之時、畫㆓衣冠㆒異㆓章服㆒以為㆑戮、而民弗㆑犯、何治之至也」とあります。故に畫服以後には民の心が正し難くなつて来たと見るべきではないでせうか。

【高橋】畫服自身がよい意味ではないのではないですか。悪い意味を胚胎してゐます。

【新美】これも相対的なもので上代を理想的とするのが近い畫服の代よりも更にその前代が理想的であつたとするものです。

【山田】そこを私も言つてをるのです。

【高橋】それにしても有恥云々は餘程妙な使ひ方です。

【山田】刑のなかつた時は教正しかつた、刑をもつてくると正し難くなつたと見るべきでせう。

【高橋】次に「隆周三典漸増㆓其流㆒、大漢九章愈分㆓其派㆒」はこのまゝでよろしい。「漸」は一本に「暫」とあります。「三典」とは大司冦に三典を以て国を平かにすとあります。「隆周」とは徳の盛なる時の周といふ意

（10オ）

です。「大漢九「章」とは漢高祖が法三章を約して後に、蕭何が更に秦の刑法を斟酌して九章となしたことを言ひます。

【倉野】三典とは刑書でせう。そこで刑書が多くなってその条文が複雑多岐になつてきたことを言つてゐると思ひます。

【山田】さうはっきりする必要はないでせう。対句だから。その流派を増すことになるでせう。

【倉野】いくつもの流になるの意ですね。

（10ウ）

［高橋］「盈レ車」は荘子に恵施の書が五車に積む程あつたといふそのことを言ふのでせう。「溢レ閣」は漢書の刑法志にあります。武帝の頃に法律が沢山あつて書棚に溢れたことをいひます。「鋳レ鼎銘レ鐘」は左伝昭公六年鄭人鋳二刑書一の杜預の注に「鋳二刑書一於鼎以為二国之常法一」とあります。この注はそれをとつて意をもつて書いたのでせう。

［山田］さうすると孫引きですね。

［高橋］たゞ意をとつて書いたのでせう。刑書を鼎に鋳たことは昭公二十九年の范宣子のことゝして出てゐますから、注としては是をとるべきです。

［山田］これは左伝そのまゝを引いたのではないでせう。

［高橋］恐らく杜預の注をもとにしたのでせう。「満山之弊已甚」は甚しとよんでよろしい。論語や孟子にも「已「甚」とあり、甚しとよまないと分からないところがあります。如何がでせうか。

［山田］よいでせうね。

［倉野］今「ツヒエ」とよまれましたがそれでは都合が悪いやうに思ひます。我々の語感では「ヘイ」とむしろ音でよみたいと思ひます。

［山田］「ツヒエ」は段々悪くなるのですから「ツヒエ」とよんでよいのではないですか。

［倉野］感じが出ればそれでよいのです。弊害ではなく、悪の方ですから。

［小松］「鋳鼎銘鐘」はどういふ目的からでせうか。

［高橋］それは公布の意味もありませうし、滅びないやうにするといふこともありませう。

［倉野］これは焼けたり或ひは勝手に改廃せられるのを防ぐ為でせう。

（11オ）

[白尾] 非常に大切なものに鋳て後世に伝へるのです。
[新美] 一般に示す目的はないですか。
[白尾] 一般に示すのには鼎などを用ひはしません。周礼では布憲といふ役人があつてそれをやつてゐます。
[山田] この鋳鼎のことは重要であります。どうも不朽を計るものと思ひます。
[倉野] 不易の常典として立てる為でせう。
[白尾] 布告の方々は色々あります。口で伝へるのと書いて掲示するのと二色あります。
[高橋] 左伝昭公六年に「鄭人鋳二刑書一、叔向使レ訴二子産書一、曰昔先王議レ事以制不レ為二刑辟一、懼三民之有二争心一也、夏有二乱政一、而作二禹刑一、商有二乱政一、而作二湯刑一、周有二乱政一、而作二九刑一、三辟之興皆叔世也、今吾子相二鄭国一、立二謗政一制二参辟一、鋳二刑書一、民知二争端一矣、将三弃レ礼而徴二於書一、錐刀之末将二尽争レ之、乱獄滋豊」とあります。
[山田] 途中ですがこゝで石村さんに令索引の説明をしていただきませう。
[石村] 前回申しました実施要領案についての具体的な二三の例を次に挙げてみます。それに対して皆さんの意見を伺つた上で着手に移りたいと存じます。

一、各巻毎ニ条項ニ番号ヲ附ス

官位令　　戸令

親王　　1、戸以五十戸為里云々

1、一品　　2、郡以廿里以下十六里以上為大郡云々

太政大臣

(11ウ)

2、二品

一、各条毎に標目ヲ附シ、以テ内容目録ヲ作ル

官位令　　戸令

1一品条　　1里条

2二品条　　2郡条

一、内容目録及カード記入ニ際シテハ各条項番号ト塙本頁数トヲ併記ス、

(内容目録)　　　　(カード)

一品条　官1　塙本

5—1……一巻五枚ノ表

五—1……一巻五枚ノ裏

一、官職名ハ音訓別ニ採録ス

神祇伯カムツカヒノカミ…カ

ジンギハク…………シ

（カ・シ）ノ両方ニ載ス

イツポン	
一品	官1
	5/1

［山田］大体これで進めていたゞき途中でよい考が出て来たらその折に直して立派なものに仕上げて下さい。尚第三項の塙本頁数を記入する場合など漢数字を表に洋数字は裏にしていたゞきたいと思ひます。

［高橋］左伝叔向の手紙によつて刑書を鋳るのは勿論不易の常典とする目的もありませうが、又一方では人民への公布が相当重要な目的をなしてゐたものと思はれます。一般に知らせる方法は恐く順々と村長から又一般を集めて知らせたのではないですか。これは本来かゝる刑書があつたものを鋳るのです。

［倉野］何故鋳たかは渝らない為でせう。

［新美］公示の目的が主か、異端を防ぐ為ですか。

［高橋］異端を防ぐのは公布しなければなりません。

［山田］異端を防ぐ為には遺言状などがあります。さういう意味かどうですか。

［倉野］一つには焼失などのことが考へられてゐませう。

［白尾］墨子に鐘鼎に銘して後世に伝ふとあります。

［山田］鐘に銘すといふのは新しいのですかね。

［高橋］この注は杜預の伝に出てをります。それを真似して使つてゐるのでせう。然し実物は分かりません。先の民が知つたといふことはさういふことが反面の問題ではなかつたですか。

［山田］刑書を鋳ることを問題としてゐるのではないですか。

［高橋］それは乱世のことでよくないことです。

［倉野］柿村氏の本の頭注には「又之を鼎に鋳し鐘に銘して違法を防ぎしかども」とあります。

［山田］然しそれは少し窮屈でせう。憲法の原本は一部しかありません。定本を一つ作つたのではないでせう

（12ウ）

か。

［倉野］動かないものを作つたのですね。

［山田］つまり厳重にすればする程刑がひどくなるといふことでせう。

［高橋］次に「降及㆓澆季㆒」ですが、澆は薄し、季は末なり、風俗が薄く末世になることでその用例は北史周の武帝紀にあります。

［山田］文選の任の王文憲集序にもあります。

［高橋］次に「煩濫益彰」の煩はわづらはし、濫はみだりなことをいひます。「上任㆓喜怒㆒下用㆓愛憎㆒朝成夕毀章条費㆓刀筆之辞㆒」に於て上は君なり下は臣なりと旧注にあります。さうしないと意味が不明です。朝に律令が成ると夕に破つてしまふ。律令が成ると夕に破つてしまふ。刀筆とは削ること、書くことです。

［山田］刀の説明を少しゝて下さい。

［高橋］刀といふのは小さくいつも携へて行けるものです。

［山田］俗吏のもつてゐる今ならば消しゴムのやうなもので竹簡を用ゐた時代に書き誤つた字を削つて消す道具ですね。

［倉野］古注に「言法令宜㆔畫一不㆑変、永行㆓万代㆒、而暗主庸臣、移換无㆑常、朝作㆓法令㆒、夕更毀敗也」とありますがかういふ意味でせう。なほ「上任㆓喜怒㆒云々」の条も古注がよく説明してをります。即ち「言君衣㆑所㆓喜善㆒、還宥㆓其逆㆒以㆑所㆓悪怨㆒還刑㆓其良㆒、臣以㆑所㆓親愛㆒還枉㆓其法㆒、以㆑所㆓怨憎㆒還濫㆓其罰㆒也」とありますがこれが非常によく説明してをるのではないでせうか。

［高橋］次に「帰す」で切れます。「憲法」とは掟、刑法といふ意味で構ひません。尚憲法の字義について白

（13オ）

尾さんがお調べ「下さつたさうです。

［白尾］説文によれば憲は敏也、従心徒目、害省声なりとあります。周書謚法に「博聞多能曰㆑憲」とあります。これが本誼でありますが、法といふ意味が何故生じてくるかといふわけは章太炎の「小学答問」に詳しく出てゐます。それによると憲は彫刻の意を表はす丯から出てゐる、之に刀を添へた㓞も亦ものを彫刻することでそこから「巧」といふ意味が起り、又丯を要素とし心、目を会意した憲には敏といふ意味が生じて来ます。功と敏とは似通つた意であります。然るに㓞を要素とする契、栔、挈等の文字は彫りつけたもの、書いたもの、契約書、証文、法といふ意味がありますが、憲が㓞、契、栔、挈と似た本誼をもつてゐます為に、それらの文字に代用して憲を法の義に用いたのだといふのであります。この点から憲に「のり」といふ転義が出てきます。今一つ憲は契約といふことから引き伸して表明、表県の意味があります。又中庸に詩を引いて憲々令徳を顕々令徳と解してゐます。周官の布憲の条には「掌㆑憲㆓邦之刑禁㆒」とあります。之は顕に用ひた例です。（追補＝憲法の憲がこの後の義だとすると表明せられたる法、顕かなる法、明法といふことでやがて国家法といふ意味も引き出されてくるのではないかと思はれます。）そこで憲を単にのりといふ意味に解するのか、或は表県の意味に解するか私の疑問としてゐるところです。

［山田］今の御説明は誠に委しくて結構に拝聴しました。然しそれは「憲」の字の説明であつて「憲法」といふ語の説明としては別にありませう。憲法とは国語に善を賞し姦を罰するは国の憲法なりとあります。国家の（13ウ）法令といふ「意味です。

［高橋］こゝでは刑罰ではないかと思ひます。後になると狭くなると思ひます。

［山田］いやそれは広い意味で刑罰ばかりでなく国家の大法といふ意味でせう。憲法十七条もさうですね。

（14オ）

［高橋］こゝでは割合に狭いのではないですか。

［山田］実際にあてはめるから広くなるでせう。

［新美］結局法令の意味でせう。憲法といつた場合は法令といふよりも重々しく考へた場合に使つてゐます。

［高橋］儀制令には割に狭い意味で掟位のつもりで使つてあります。

［白尾］徳川時代は憲法をどういふ意味に使つてゐますか。

［新美］やはり重々しく使つてゐます。書紀の古訓に「いつくしきのり」とよんでゐるのと同様でせう。

［山田］それ程の意味ではないでせう。

［新美］憲法部類など法令の意味のところを憲法の文字で表はしてをります。

［倉野］国法の意味でせう。天憲王法といふ使ひ方もあります。

［山田］やつぱり法でせう。令では動詞の意味がありますから。さて「賄之家」といふのは賄をおくる家といふのかそれとも賄賂を受ける家といふのでせうか。

［高橋］賄賂を贈る家であるとしないとをかしいです。

［山田］事実は分つてゐますが文章ではどう見るかゞ大事です。

［高橋］賄と熟したのは少ないが、隋書煬帝紀に「賄貨公行」とあります。次に「厳科所㆑枉剱戟謝㆓其銛利㆒」とあつて「枉」は一本に「在」とあります。講令備考に枉とありますが枉でないと具合が悪いです。古注によると後漢書范曄の論辞なりとされてゐるが分りません。この序文はこゝまで割によく平仄を踏んでゐますが、こゝで急に狂つて来ます。「枉」は上声、「利」は去声、「假」は上声、「育」は入声です。どうも何かを引用したらしいですが、私が後漢書の論を捜した処では見当りませんでした。厳科のまげたところは剱戟のやうな鋭

（14ウ）

いものでもその鋭さにかなはぬ位だといふ意味でせう。

［倉野］厳罰に処すべきものをゆるす事は剱戟もその鋭さを謝する位だといふ意味ではないですか。

［山田］それでは話が逆になりますね。

［佐藤］厳科を以て法をまげるのではないですか

［山田］まげる結果が厳科であつて厳科をまげるものではないでせう。

［倉野］私の解釈は高橋さんのと正反対になりますね。

［高橋］標注には「厳科に行ふべき者をも賄賂を得て法を枉る事剱戟の銛利も不及と也」とあります。倉野さんのお説と同じやうに思ひますが誤りでせう。

［山田］「謝」の字の意味が剱戟が厳科に恐入つたとあやまることです。

［高橋］こゝは対句ですから下の句と一緒に解釈すると分かります。「軽比所㆑假、君父慙㆓其温育㆒」の「軽比」は判例と思ひます。軽い刑にあてゝ重いものを軽くするのは君父の情愛以上に緩やかなものだといふ意味です。礼記の注には比は例なりとあり、後漢書に決事比といふ事が出てをります。

［倉野］「軽比」とは後漢書の中には「校㆓定科比㆒、注云、科謂㆓事条㆒、比謂㆓類例㆒」とあります。「軽比」は「重比」に対してゐます。比とは「のり」とか罪とかを考へてよいのではないでせうか。古注の中に「陳咸」といふ人のことについて記してある中に、「咸性仁恕、常戒㆓子孫㆒曰、為㆑人議㆑法、當㆑依㆑軽、雖㆑有㆓百金之利㆒、慎無㆑与㆓人重比㆒也、」とある、この重比に対して軽比があります。こゝの軽比は厳科に対して軽い罪でせう。

［山田］軽比の比には今少し深い意味があります。比とは条目にないから類例を以てきて比擬する即ちあては

（15オ）

めることでせう。そこで軽比といふのは成るだけ軽い例を探してあてはめてやらうとするのでせう。即ちゆるす方に例を求めるわけです。比は例なりとはその意味です。

［倉野］軽比の例は唐書温造伝の中にもあります。

［高橋］比は判決例でせうね。

［山田］さうです。

［倉野］段々意味がはつきりして来ましたが、それで「厳科所レ枉」の枉がどうも落ちつかないやうな気がします。枉よりも在とある本文の方がよく分ると思います。

［山田］まげて厳科にあてる、ゆるすところの結果が軽比です。

［倉野］厳科所枉云々の所の解釈は高橋君と私と正反対でしたが、私の方が誤りで高橋君の方がよいと思ひます。先程の自説は改めます。

［森］動詞によんで「厳科して」とよめませんか。

［山田］結局はさうですが、よみ方は少し困ります。

［倉野］それから銛利について標注には鈷利が正しいとありますが、これは誤りで無論銛利でなければなりません。

［高橋］「是爲レ樂レ刑」の楽は去声によみます。楽刑は喜と出てゐます。史記本紀にあります。始皇が刑を好んで用ゐたといふのです。

［山田］これは劇秦美新にあるのですか。仏書には楽欲とあります。

［白尾］礼記礼運篇「玩其所楽」の釈文に「楽好也」とあります。

（15ゥ）

［山田］このむととつた方が適切かもしれません。

［倉野］ねがふでもその意味になるでせう。

（第二回終）

（１オ）

令共同研究会記録　第三回

日　時　昭和十九年一月二十九日午後一時―同四時
場　所　学長室
出席者　山田。小松。倉野。新開。原田。新美。喜田。森。高橋。佐藤。川出。濱口。岩垂。

（１ウ）

〔高橋〕前のところで「銘鐘」といふことが実際先秦時代に銘したものが遺つて居るかどうか両周金文辞大系について調べましたがどうもありません。

〔山田〕法令の分ですか。

〔高橋〕これはやはり杜預の律令の序を基にして書いたものらしい。范曄の後漢書の論辞はもう一回調べましたがありません。全上古三代秦漢三国六朝文によつて六朝時代の逸文をみましたがどうも見当りません。

〔山田〕私も調べてみようと思ひましたが暇がありませんでした。百三名家集には范曄の文はありませんね。

〔高橋〕誤りではないでせうか。

〔山田〕さうですね。誤りではないですか。柿村氏はどういうてをりますか。

〔高橋〕まだ見てゐません。それから表と序とを同じ人が作つて載せたものは支那では私の見た内ではありません。唐律疏義《ママ》を見ても長孫無忌の表のみが載せてをります。日本にはそんな例が沢山あるのではないですか。倉野さんのお話のやうに新撰姓氏録にも一緒になつてゐるし、延喜式の序の外に格式の表があります。支那では序のみか、又は表のみです。それが普通の形式です。大体勅撰のものはこの義解のやうな体をとつてゐると

（２オ）

思はれます。

[新美] 義解について一寸見つかつたことを申上げます。義解といふ普通名詞があつたら面白からうといふことでしたが日本霊異記巻下の中に「十輪経ニ云」云々につゞき「今此ノ義ノ解ニ云」云々とあります。この義解といふ用法は初めに「山田先生も仏家の用法かといはれましたが今その例が見つかつたことを報告しておきます。

[倉野] 面白い例ですね。それは棭齋本ですか。前田家本にもさうなつてゐれば愈々面白い例で大いに参考となります。（倉野云、前田家本にも同様に「此義解」とある。）〔この用例は、『日本霊異記』下巻の「賤しき沙彌の乞食を刑罰ちて現に頓に悪しき死の報を得る縁　第三十二」にみえるもので、来迎院本では割註に作る＝荊木註〕

[山田] さうすると普通語ですね。令の義の解ではなく令の義解となりますね。こんな風だとまだあると思ひますね。

[高橋] 今日は「伏惟皇帝陛下道高㆓五譲㆒勤劇㆓三握㆒」からですね。皇帝陛下は淳和天皇様を申上げるのですね。皇帝陛下といふ字は唐律疏義《ママ》の表に出てゐてその体裁を採つたものと思はれますが、その注に唐の儀制令に「皇帝天子、夷夏通称之、陛下、対咫尺、上表通称之」とあり、我国の儀制令には「皇帝華夷所称、」注に「謂華華夏也、夷夷狄也、言王者詔誥於華夷称皇帝、即華夷之所称亦依此也」又「陛下上表所称」とあります。陛下は上表に称する所とあるからここでは表文の形式として当嵌めてよろしい。序といつても勅撰なので表です。疏義《ママ》の表を頭においてゐると思ひます。「道高㆓五譲㆒」は古注に出てゐるやうに漢の文帝の故事を採つてをります。漢書に袁対文帝曰、陛下至代邸、西嚮譲天下者三、南嚮譲天下者再、夫許由一譲、而陛下五以天下譲、過許由四矣。とあります。「勤劇㆓三握㆒」といふことも古注の中に出てをります。即ち魯世家に

（２ウ）

「周公戒伯禽曰、我一沐三捉髪、一飯三吐哺、起以待士、猶恐失天下之賢人」とあります。つまり天下の政事に非常に御精励になつたといふことなのです。

【倉野】今のところの「伏惟皇帝陛下」は唐律疏義《ママ》の表にも無論ありますが、同じく長孫無忌の進五経正義表又古事記の序文などにもあります。かうした場合には一般に使はれたものでかういふ行き方が当時の上表文のきまつた型ですね。道高五譲も同じやうないひ方があります。ただ五譲三握といふことが事実的にどういふことかはつきり分かりません。文選の任、為㆓蕭揚州㆒作薦㆑士表に「六飛同㆑塵五譲高㆑世」とあります。これは六と五のいふ数を対比せしめてゐる。今の場合は五と三の対比ですが、五譲といふのは御謙徳を御指し申す意のやうですが具体的にはどうですか。

【高橋】非常に徳が高いといふことでせう。三譲するといふことを頭において考へると徳が高いといふことになるでせう。淳和天皇様の御事蹟についてこのやうな事がありませうか。如何がですか。

【倉野】漢文の潤飾ですね。御徳が高いといふことには違ひないでせうが。

【山田】伏惟皇帝陛下云々を唐律疏義《ママ》や進五経正義表によつてをるといはれるがそんなむつかしいことではない。これは陛下に中上げる時の言葉遣の例であつて上表に限るとか何とかではありませんでせう。かう書いてあるから上表であるといふのは少し言ひ過ぎでせう。こゝを解釈するには単に漢文としてではなくやはり我が国家の公式文として考へてみる必要があると思ひます。この義解は国政を運用する為の必要から勅命に基づい（３オ）て奉つたのでありますからはつきりここは国務として書いてをるので令の儀制令によつて書い「たものでせう。又今の五譲は譲るには間違でありませんが、然し西に向って天下を譲ること三度、南に向つて二度で五譲となる。許由は一譲したが陛下は五譲です。これはただ回数を多くしていつたものと思はれないやうに思ふ。どう考へてもただ謙譲の徳を大きくいふ為にのみいつたのではないやうです。倉野さんの疑問は当然でこゝはただ言葉の綾のみではなく実際漢書などで五度譲つたといふ事実を調べる必要があります。

［倉野］ これは相当有名なことですね。

［高橋］ こゝではこの文にあるだけで譲つたことが判りませんが。

［山田］ 誰に譲るのですか。漢書の本文にさうでもあればよいですが。

［佐藤］ 漢書の文帝紀に出てゐると思ひます。

［山田］ 一寸調べてみる必要がありますね。

［倉野］ 所で三握といふことが私にははつきり飲み込めませんのでこの事を山田先生教へて下さい。実際はどういふことですか。

［山田］ 髪を洗つて居る際中に誰か訪ねて来たのでせう。普通ならば済むまで待たしてほつておくところですが餘り重大な人なのでそれではと一寸假りに髪を握つて出て会つた。暫くすると又人が来た、ほつておけないのでまた髪を握つて出て会つた。こんなことが三度あつたといふことでせう。

（3ウ）

［倉野］ それでよく分かりました。同時に「一飯三吐ㇾ哺」の意味も理解できます。ところで劇は「ハゲシ」と訓むのですが「イソガシ」と訓むのでよいでせうか。

［高橋］ 「ハゲシ」でよくはないでせうか。

［山田］ 慶安本の訓には「イソガシ」と訓んでゐるでせう。

［倉野］ 「イソガシ」の方が意味がよく通じますね。

［高橋］ 五譲三握は史記にも出てゐます。

（４オ）

〔倉野〕大分具体的になりましたね。

〔高橋〕論語の三譲が潜在的に考へてゐませんか。

〔山田〕これも我々ではわかりませんが一つの儀式ではないでせうか。

〔高橋〕書紀にも継体天皇の巻かどこかに似た文がありますね。〔継体天皇元年二月四日条参照＝荊木註〕

〔山田〕三譲は殆ど熟字になつて居ると思ひます。

〔高橋〕これは文帝に家来がさうしなければならないと奨めたことがあつたらしいです。

〔山田〕一種の儀式ですね。

〔倉野〕史記に出て来る寡人は謙譲の語ですね。

〔山田〕寡人は諸侯が自ら称する言葉で当時の慣用語でせう。今この漢書の文帝紀なり、史記の文帝紀なりをよく読んで見ると五譲の意味がはつきりする。文帝が代王としてこの邸にゐる時に大臣共がその邸に来て天子になつて下さいとすゝめる。そこで西に嚮つて譲ること三度、南に嚮つて譲ること二度とある。そこで考へてみると東は主人の席で西は客人の席である。それ故西に向つて譲るといふ時は主人がお客に対してお時宜をする態度で君臣の関係を考へてゐない態度です。即ち主の関係で行つた礼譲のしかたですね。南に嚮ふは君主の態度である。そこで東に嚮つて三譲してから南に嚮つたのは今度は君主の位置について南に向ふといふ。これで三度と二度と区別が精神的にわかる。どうもこれは天子になる時の儀式らしい。さてこれは餘計なことになるが、三国史記だつたか東国通鑑だつたか今はつきり覚へてはゐないが、新羅王が推戴せられて天子になる時積穀の上に坐して君臣の礼を行ふとあつた。即ち米を積んだ上に坐して天子になつたといふ記事があります。これは大国主神が米俵の上に坐つてゐるのは、新羅流の国王の例のやうに思はれます。日本のやうに帝王にな

（4ウ）

るには生まれながらに尊い血統を必要としてゐるところは別ですがさうでない国で帝王になるには手数がかかるのでせう。

【倉野】そこで面白いことは漢書では許田の一譲よりも文帝の五譲をよいとする。所がここはその五譲よりも御徳が高いといつて淳和天皇の御徳の高いことをいつてゐる。尊い国体の自覚ですね。

【山田】それは国体の自覚といふよりも支那の慣例だと思ふ。それ程のことではないと思います。然し面白い事であとになる程数が多くなりますね。いや、御陰で支那で天子になる儀式がよくわかりました。

【高橋】これは実際的なのではないでせうか。文帝の時は大混乱の後ですから非常に慎重にせざるを得なかつたのですね。さて「類二金玉一而垂レ法布二甲乙一而施レ令」ですが金玉とは金科玉条で、揚雄の劇秦美新にある。これは法律の尊い所以を説明してゐるので立派な法律といふ意味でせう。甲乙は古注に出てをります例に僕の時に甲の令、乙の令とある。漢書宣帝紀に「令甲死者不可復生」とある。順序を述べる場合に甲乙丙丁とつけて読むとあります。律についても同じことで疏義の表には「律増甲乙之科」とあります。第一条、第二条といふほどの意味ですね。

【倉野】条よりもつと大きく第一篇第二篇とかいふ篇の意味ではないでせうか。

【山田】今の勅令第一号、第二号と同じやうなことでせう。その勅の字を取去つてみると令甲令乙といふのとおなじになるのではないでせうか。

（5オ）

【倉野】どうも単に順序の意味だとはいへないやうですね。金玉は後漢書には直接当つてみないがそれを引いたものを見ると、「律有二金料之號一、令假玉条之名也」とあります。

【山田】令甲のことは前漢書宣帝紀の注に「令甲前書第一令也」とあり又「令有二前後一故有令甲令乙令丙一」

と「あり、顔師古は「甲乙者若二今第一篇第二篇一耳」と申してゐます。

【倉野】そこで類するとはどういふ意味ですか。

【高橋】金玉のやうに立派だといふ意味です。法に対して立派なことを金玉に較べたのではないでせうか。

【倉野】較べるよりも「シタガフ」の意味ではないでせうか。左伝の襄公九年のところに「晋君類レ能而使レ之」とありますがこの用法と同じ「シタガフ」と訓むのではないでせうか。金科玉条に随つて垂れるといふ意味ではないですか。

【山田】一寸待つて下さい。それではわからない。法を垂れたゞけのことをいふのでその法は金科玉条に類するやうな立派な法であるといふのではないですか。金玉といふのは金科玉条といふ語を腹の底においていつてゐる。金と玉とをどうするといふのでもない。甲乙も令に関係があり、金玉が法に関係なければこゝでは意味をなしませぬ。「類して」とは喩へで皇帝陛下が法を垂れ令を下されたが、その法は金科玉条と仰ぐべきものであり、その令が甲乙丙丁といふやうに整つてゐるといふ事ではないでせうか。

【高橋】次に「芟二春竹於斎刑一」といふのは晏子春秋の凍の下に載つてゐるさうです。古注によると晏子春秋曰、景公殖竹下令曰、有人犯者斬とあります。「銷秋荼於斎刑」の方は「秦法繁於秋荼網密於凝脂」とあり秦の始皇帝の頃に法が繁雑であつた。それが秋の雑草よりも繁くあつたのでそれを消すといふ「意味のものでせう。

（５ウ）

【倉野】銷は消す意味よりも除くといふことではないでせうか。漢書孔光伝には「銷レ禍興レ福」と除く意味に用ゐてあるのでこゝも国語に適はしく「ノゾク」とはよめないでせうか。

【山田】然し銷を「ノゾク」とは読めないやうです。春の竹を芟る秋の茶を銷すとは対句となる。然し竹を

「芟る」はわかるが草を「銷す」ではわからぬ。それだから倉野さんの御意見も出たのだと思ひます。私はこの対句の意味は実際竹は刈るのですからよいが茶を銷す、その茶とは茶毒の意味の毒で毒を消すといふ意味ではないのですか。芟は草の方で竹の方にはいへないがはじめに芟るとあるから銷すと来たのでせう。

【倉野】秋は金気だから「銷」としたのではないかと思つたのです。

【新美】特に銷の字を使用したのは銘鐘鋳鼎と関聯があるのではないですか。

【倉野】ありませんでせうね。

【高橋】然しさういふ感じのするところですね。律が金で造られてゐるのではないでせうか。

【山田】普通は竹です。今も調子笛は竹ですね。

【高橋】次に「孔章望斗之郊無㆓復寃牢之気㆒」ですが、これは古注にもあるのですが、藝文類聚の軍器部雷次宗の豫章記に出てゐます。その他晋書通志の張萃伝に詳細に出てをります。古注をよみま「すと「呉未㆑亡有㆓紫気㆒見㆓於斗牛之間㆒、張華聞㆔雷孔章妙達㆓緯象㆒乃要宿問㆓天文㆒、孔章曰唯斗牛之間有㆓異気㆒是宝物也、精在㆓豫章豊城㆒張華遂以㆓孔章㆒為㆓豊城県令㆒至㆓懸獄㆒堀㆑地深二丈得㆓王匣㆒開㆑之有㆓二剱㆒其夕斗牛気不㆓復見㆒也」とあります。

（6オ）

【山田】豫章記といふ本はないのですか。

【高橋】それはありません。「寃牢之気」は無実の罪で牢につながれてゐる時に生じて来るところの悪気でこの故事は有名なもので支那の唐の詩にもよく出てをります。

【山田】寃牢といふ熟字はありますか。後の香楓はあるやうですがこれはどうですか。

【高橋】それは調べてをりません。こゝで作られたのではないですか。

（６ウ）

[山田]　さうも断言することは出来ぬ。それを教へていたゞきたい。

[倉野]　香楓としたのもこゝではないでせうか。香を楓につけたことは面白く思ひます。古事記にも楓を香木とも記してをります。

[高橋]　今の塩鉄論は刑徳部に出てゐると講令備考にあります。次に「黄神脱梏之地、唯看二香楓之林一」は山海経の大荒南経の故事を引いてをります。「大荒の中に崇山あり、木山上に生ず、名けて楓木と云ふ、蚩尤所レ棄二其桎梏一是謂二楓林一」とあります。これは黄帝が蚩尤と戦つて梏をはめたが蚩尤が之を捨て楓の林となつた。「即ち刑罰が課せられなくなつたといふことをいつてをります。講令備考には「東云、当作帝」とありますが黄帝のことを黄神といつた例は文選の幽通賦に黄神而靡レ質《ミル》《トフ》儀《ヨリテ》二遣一以臆対注黄帝也とあります。どういふわけで黄帝といはなければならぬか分かりません。無理に理窟をつければ黄帝と孔章とは平仄がありますが、黄神だと神章何れも平となります。然しこゝはあまり平仄を考へてないやうです。

[山田]　国史大系本にはありませんか。これは幽通賦に依つたものでせうね。中々よいものです。

[新美]　黄神で伺いますが支那の文で皇帝を使つたら以下の文も他の者に帝といふ字を避ける形式はありませんか。こゝでは「皇帝」陛下と出てをり黄帝を出すと重ることになりますが。

[高橋]　律などでは避けたい所でありますが、かういふものでは知りません。

[山田]　それは避けたでせう。それは文章の綾です。前の皇帝とあつて帝の字があります。そこと近いから避けたのであつて恐畏いからではありますまい。同じものを近くで使ふのは東洋風の美の精神からいふと下手だといふことになるのですからね。

[原田]　帝と神とを同じく使ふことがありますか。

（7オ）

[高橋] 古いところではあります。

[山田] 実際使つた例がある。その出典が先刻の幽通賦ですね。

[倉野] 神を帝とを離したのではなく、対にして使つたものゝやうですね。

[高橋] 文選によつたのでせう。文選にあるのは皆平気で使つてをりますからね。さて「猶慮法令製作文約旨広」は古注に杜預の左伝の序に文約にして旨述しとあります。

[倉野] よみ方の問題ですが、慮は陛下ですから敬語を使つたらどうですか。山田先生如何でせうか。

[山田] さうですね。

[倉野] 「オモヒタマフラクハ」と訓んだら如何でせう。

[佐藤] 標注に「慮サク」とあります。

[山田] こゝでひとつよみ方を決めておかうではありませんか。理窟からいへば「オモヒハカリタマハクハ」となります。

[倉野] 陛下の思召であることがはつきりわかればよろしい。

[佐藤] 叡慮を「オボシメシ」とよみますから「オモホシメサク」でよいのではありませんか。

[倉野] 少し長いが「オモヒハカリタマフラクハ」と訓んだらよいのではありませんか。

[山田] 古事記なら「オモホシメサクハ」とやるところです。このよみ方はもう一度研究しませう。倉野さん、佐藤さん調べておいて下さい。それからこの慮はどこまでかゝるのでせうか。

（7ウ）

[倉野] 異科のところまででせう。

[高橋] 「先儒訓註案拠非㆑一或専守㆓家素㆒或固拘㆓偏見㆒」の「訓」といふのは教で訓読の訓だと思ひます。

（８オ）

或る文字の意味を訓と言ひます。「注す」は伝とも使ってをります。「案」は孝験なりと漢書音義にあります。古注の如く案は行を察すると使ってをります。考へるといふ意味に近いのではないですか。「抛」の方は根拠の抛と同じでこれは依であります。或るものを取出して使ふ時にも使ひます。依抛するところがまちまちだといふことなのです。

［佐藤］訓註案抛は熟字として使ふ例がありますか。

［高橋］もう一度当ってみる必要があります。

［山田］先儒訓註を案抛とはつゞくのですか。切れるのですか。

［高橋］並んでゐるのではありません。訓註と案抛は離れてをります。先儒の訓註についてその案抛が一でないといふことです。

［山田］言葉はそれで分かりますが、事実はどうですかね。

［小松］比較法制的に支那の法令を探って来て居るので唐令などの元に帰って考へるところが一つでない。抛処を色々のところに求めて帰一するところがないといふ意味ではないでせうか。

［山田］実際に令の義解以前に色々の解釈があったのでせう。

［倉野］義解はそれを国家的に統一したものです。

［山田］多少そんなものがあればそれを知りたい。

［倉野］令集解に令義解以前のものがあったやうですね。

［高橋］ありませう。

［山田］文章の意味の解釈はよろしいが、こゝに二三の例を加へる必要がありませんか。喜田さんあたりに調

べていたゞいたら如何でせうか。それから小松さんの言はれた支那の典拠によつての食違ひがあるのか又は日本の明法家の考へによるのか、その事実が分かればよい。

[小松] 註といふのは字句の意味を明らかにすることですが、字句が既に法律用語であるため実際上の適用との関聯に於てその意義を定めるといふことになりませう。

[倉野] 註といふのは己が意を下すことですからね。

[山田] 法の解釈といふことにもなりますね。

[小松] それが義解と深い関係をもつやうに考へます。

[高橋] 訓よりも註の方が広いです。

[佐藤] この時代の法律の学問は字句の吟味から出発してゐることが多いのではないのですか。

[小松] 法を解釈しようとすればいくら古くてもさういふ意味をもつて来ます。

[佐藤] 訓詁の色影が濃厚と思ひます。

[山田] これは一つは国語で書いてなく漢字で書いてありますからその漢字の諒解が先になります。それですから訓は大きな問題です。又実際令義解も盛んにさういふことをやつてをります。これは令義解の生ずるところで大きな問題です。

[小松] 外国のことですが、ローマの法律にしてもそれが近世に於いて復活して来るに当つては註すなはち欄外註釈（glossa）を施すことが学問として行はれた例があります。

[高橋] 「或専」を「専に」と慶安本にあり「ホシイマヽニ」とよんだらしいです。「素」は見あたりません。註によると「故なり」とあります。家素を使ふのがあるか、調べたがありませんでした。

(９オ)

[倉野] 素はそれでよい。創国学校啓に「素願」といふ熟字がありますね。「家」は自家と見るか師家と見るかどちらですか。
[高橋] これは家法の時の家ではないですか。昔の学問はさういふものではなかつたでせうか。
[新美] この師家とは当時の職業は家伝ですから自家師家差別なしとしてよいでせう。
[高橋] 次に偏見とは昔も使つた例があります。陳書伝緯伝に「明道論月三論之与為日久矣読「樹創其源除内学之偏見提婆揚其旨、蕩外道之邪執」とあります。偏見は古い言葉です。
[山田] 家素にも偏見のやうに熟語としてないでせうか。偏見は簡単にわかるが家素の意味は重要だと思ひます。大体は明法家の素よりのいひつたへといふことでせうが。
[高橋] 日本の方はどうですか。
[山田] その用例はまだ見当りません家素をもう少しほりさげる必要があります。素はいひつたへではないでせう。
[倉野] さうですか。もう少し辞書について調べる必要がありますね。
[高橋] 辞書を調べましたが中々ありません、突飛ですね。
[山田] 突飛と断言出来ますかね、書いた人はどうしてもかうあらねばならぬからかう書いてゐるのでせうから、この本当の意味を摑みたいものです。
[高橋] 佩文韻府によると王融の表に「夙参門素」とあります。調べた時は前後関係からこゝの意味と違ふと思つたので問題にしませんでしたが。
[山田] 門素なら家素に近い。王融の表なら文選にありませう。よく調べてみて下さい。

（9ウ）

【佐藤】支那では家で学問を伝へることがありますか。

【高橋】あります。前漢は殊にさうです。毛伝などもその一例です。

【山田】師といつて親を指す場合があります。釈日本紀に親の説を師説といつたところがあります。どうも師説は結局家素なのだね。

【新美】惟宗氏が勅旨により弟子をとつて律令を講ずることを許されてをりますが、素の文字には家学なり家職なりの由来するところとか権威といふやうなものを表はすのかもしれない。

【高橋】専は「ホシイマヽニ」でせうか。

【山田】これもひとつ穿鑿して貰ひませう。

【高橋】「不㆑肯㆑由㆓一孔之中㆒、争欲㆑出㆓一門（ママ）之表㆒」こゝは講令備考を見ると古本の古注は杜預の律の序の註を引いてをります。ところが杜預の律文は偽作なりと断定してをります。成程支那の書物には杜預のをひいたものはありません、逸してしまつたのです。現在書籍目録（ママ）にも引いてありません。意味は一つの孔から頭を揃へようとしないといふことです。二門とは二つの門即ち家法を考へてをると思ひます。杜預の文にあるやうに法令関係の使つた他に一般の学問にも使つたそうです。

【倉野】表は「ホカ」ですか「ウヘ」ですか。

【高橋】「ホカ」はをかしい。「オモテ」とよんでよいでせう。

（10オ）

【山田】肯は今「ガヘンズル」とよみますが、元来「ガヘンズル」といふ独立した一つの言葉はなかつたのでせう。「云々ガヘンゼス」といふやうに動詞からすぐ続くのが古い読み方ですね。「一孔之中により肯ぜず」であつて今の言葉では「よることを肯ぜず」といふことでありますかね。「由」は「ヨリ」といふ動詞によむべ

（10ウ）

きでせう。二門の表と家素と関係はありませんか。銘々家素を守る、さうして門戸の見を張って意見を二通りにしてしまふ。一孔及び二門の実例を調べておく必要があります。

［高橋］沢山さういふ例もありますが、普通管子を引いてをります。

［新美］二門の表とは二門外に出る意味でこれは家の説によらざる別の説を立てるといふことにはなりませんか。

［山田］それ以上に新しい見を出すといふのですか。

［高橋］二門は師法と考へます。

［山田］新美さんのは表を二門より離れて考へたものと思ひますが私はさうは見ない、二門はそこにいふ表であると考へます。

［高橋］「遂至二同聴之獄生死相半連案之断出入異レ科」獄を塙本には「ウタヒ」とあり慶安本には「ウタヘ」とありますが。

［山田］「ウタヘ」でせうね。

［高橋］こゝははじめの方は別にむつかしい意味はありません。大勢の人が同じく獄を聴く場合に半分位が生といひ後の半分が死罪といふ意味です。連案については私には解決致しかねるのですが「連は連及なり案は考案なり、言ふこゝろは一罪に連及して或は獄を出て或は罪に入るなり」と古注にあり、新釈では連案は獄令に「刑部省及諸国断二流以上一云々連二写案一申二大《（ママ）》政官一」とあり、案を連書して大《（ママ）》政官に申すとあります。然しこゝは前の句と対照して考へますと案を連寫するのではなくて大勢の人が居てそれを色々と考へる。その結果の裁断が或はある罪科から出て、或はその罪科に入るといふのでせう。

（11オ）

[倉野] こゝでは連案が問題でこれがわかれば全体がよくわかりますね。古注には連の方はよく説明してありますが案の方は不明です。

[高橋] 或る罪を犯したそれに多くの裁判官が断を下すのに一致しないと考へたら無理でせうか。

[倉野] 或る一つの罪を大勢の裁判官が集つて断ずる場合その科条を異にすることをいふのではないでせうか。

[新美] 連案を関聯した事件の審理、例へば連坐といふやうな場合、等しい筈の責任が異るといふ意味にとれませんか。

[倉野] 連案だから大勢居て罪を考へるのではないですか。

[山田] 連案がわからなければ困りますね。

[小松] 裁判の例はありませんか。裁判のやり方はどうですか。浜口さん。

[高橋] 支那では普通は一人でせう。

[岩垂] 関聯してゐる事案について断案が異つてゐるのをいふと思ひます。

[高橋] もつと簡単のやうに思ひます。

[森] 裁判の形式が分りませんか。

[濱口] 吾々が今日考へるやうな公判といふものではなかつたやうです。

[佐藤] 同聴と連案とが対してをります。案を聴と同じく動詞のやうに解釈することは出来ませんか。

[山田] 案を判決の案文とはつきり考へてよいかどうか。案ずる位かもしれませぬ。

[倉野] 考案と古注にはあります。

[山田] こゝでよみ方が前の慮と照応するところですね。

（11ウ）

【倉野】「至ルト」と「ト」をつけたらどうですか。

【山田】その例はありませんか。

【森】そこで「至ルト」の「ト」を入れると序文の始めの方の（ママ）「臣夏野等聞」とありますがそれを何処までかけることになるでせうか。

【倉野】あそこは「聞」で一応きれてゐるでせう。

【山田】その場合とこゝとは少し違います。

【高橋】聞くははじめの四句位にかゝってゐるのでせう。「念㆓此辨正㆒深切㆓神襟㆒」この切は「ネンゴロ」でせうか、「セツ」でせうか。

【倉野】「切《セツ》」でよいでせう。

【高橋】神襟は新釈に宸襟の誤りにはあらぬかとあります。新釈の注には宸神の同音を以て写し誤りかとあります。然し乍ら支那にかういふ例があります。六朝頃に相当使はれてをります。

【山田】文選にもありますね。「神襟に切なり」とあります。

【高橋】さうだと思ひます。

【山田】こゝは対句ですから文字の順序通りにすると意味が分からなくなります。よみ方のことではないのですが、その意味は神襟深切に此の辨正を念ふと下から上へとって行く方がわかりよい。

（12オ）

【倉野】「此ノ辨正ヲ念《オモ》ホスコト深ク神襟ニ切ナリ」とよんだらよいと思ひます。

【山田】さうよみませう。

【高橋】「爰使㆘臣等集㆓数家之雑説㆒挙中㆒法之定準㆖」準は土地の平かであるかどうかを見る器をいひます。

［山田］それは水秤《ミズバカリ》ですね。

［高橋］定準は定法と同じです。定まれる法ノリのことなりと聞書に出てをります。

［倉野］一法の定準は法の一定準ですか。

［山田］今でいへば一定の標準です。

［倉野］次に雑説とあるのを一応考えてみてもよろしいと思ひます。

［高橋］まちの意味となります。

［倉野］今までの数家の説をお認めにならぬといふ意味ですか。

［山田］さうではありますまい。挙げてとあるから雑説の中からよいのをとることでせうね。

（１オ）

令共同研究会記録　第四回

日　時　昭和十九年三月十五日
　　　　午後一時—午後五時
場　所　学長室
出席者　山田。小松。倉野。新開。喜田。新美。石村。高橋。川出。森。岩垂。浜口。

（１ウ）

【倉野】前回問題にした「慮」の訓みに就いて申します。「オモフ」は大分ありますが、「オモヒハカル」は見当りません。この前は「オモヒハカリタマフラクハ」と訓みましたが、何れでせうか。

【山出】併し昔から「オモヒハカル」と訓んで居ります。

【倉野】「オモフ」といふ訓は字鏡集や、日本書紀等にあります。深謀遠慮の慮を書紀では、「オモフ」と訓んで居ります。

【山田】何時頃からですか、類聚名義抄あたりではどうでせうか。

【倉野】見て居りません。それは佐藤君にお願ひしておきましたが。（倉野云、其後類聚名義抄を見ると、「法下」に於いて慮の字を「ハカル」「オモバカル」「オモフ」等と訓んでゐる。）

【山田】もう少し調べる必要がありますね。

（２オ）

【倉野】次にこの前「遂至同聴之獄。生死相半。連案之断。出入異科。」の連案が大分問題になりましたが、その解釈は同じ訴へを沢山の人がきいて、その人々の判断が違ってくるといふやうでした。併し獄令を見ま「

すと、「凡察獄之官、先備二五聴二云々」とありますが、同聴の聴はこの五聴と関係があるのではないでせうか。
[山田] 聴といふことは訴えをきくといふことで、今の五聴には関係ないと思ひます。
[倉野] 五聴をふまへたものだと思ひます。
[山田] 勿論聴には関係があります。
[倉野] この場合は顔色、言語等で観るのであつて、聴は唯聴くのではなく、非常に具体的であります。謂二五聴一者。一曰辞聴。観二其出レ言。不レ直則煩。二曰色聴。観二其顔色一。不レ直則赧然。三曰気聴。観二其気息一。不レ直則喘。四曰耳聴。観二其聴聆一。不レ直則惑。五曰目聴。観二其眸子一。不レ直則眊然也。
この五聴を頭に置いて居るのであつて、唯、訴へをきくだけではないと思ひます。
[山田] 一体、聴といふ事は、それ自身裁判する事になつて居るのではないですか。

(2ウ)

[倉野] 連案の事は、右の文句の先に「囚移二他司一者。連二写本案一倶移。」とあり、又「刑部省及諸国、断二流以上若除免官当一者、皆連二写案一、申二太政官一。」とあるのを頭に置いたものと思はれます。やはり案を連写する意味ではありませんか。即ち連案は連写した案の意味のやうに思はれますが。
[高橋] 連写の連ではないでせうね。実際はどんなものになるのでせうか。甲の人が言つた案もあり、乙の言つた案もある。その結論が異なる意味ではないでせうか。
[浜口] これは同じ種類の犯罪に就いて、或る場面にはかういふ断定をし、又或る場合にはそれと異なる断定をした。其断定がまち〳〵である事を言つたのではないですか。一つの裁判の中で意味がまち〳〵になつても大きな問題になりません。
[高橋] その説は旧註がさうらしいですね。併し一つの問題に断案がまち〳〵になる事は大きな問題になる事

でせう。

[新美] 上の方も今言はれたやうに取るべきではないでせうか。寧ろ結果がばら〳〵であるといふ事の方がより重要でせう。各裁判官の意見が異なれば。

（３オ）

[浜口] 裁判官の意見がばら〳〵では断となりません。獄令第二条にある断文と共に、之を太政官に送る時に裁判官の意見を纏めその結果の断案が……。

[高橋] 併しその同聴が問題でせう。こゝは連案も同聴も同じやうな意味に落ちるのだと思ひます。断は最後の断案でなくてよいので、唐律疏議を見ても裁判に就いては各人が意見をのべて断を下し、最後に長官が判断します。この中途の過程の断でよくわかります。唐律疏議巻五に、「假如一正異丞所判有失、又有一正復同判、即二正同為首罪、若一正先依丞判、一正始作異同、異同者自為首科、同丞者便即無罪、」とあるので断がまち〳〵な場合の過失を問題にしております。

[浜口] やはり纏つた結果の断でせう。

[倉野] 断文と言へば犯罪が決つて居るわけで、断を断文と見るのは確かのやうですが、その場合「出入異㆑科」といふことがよくわからないといけませんね。

[浜口] 「出入異㆑科」も律の規程を持つてきてゐます。名例律、断獄律等によれば、その断が正当なれば裁

（３ウ）

判官は処罰されないが、若し比徒の法によら「ず、「出入」して間違つた断をすると処罰される事になつて居ます。「出入異㆑科」とは、法を正しく適用して相当の罰に処することなく、官司がその故意、又は過失等により、その断ずる罰が一定しないことを言ふのでせう。「科」そのものは、ここでは罰とか、罪とか言ふ意味で、単に種類と言ふ意味ではないと思ひます。

【高橋】科は罪のたぐひといふ意味でせう。

【倉野】私が問題にしたのは、同聴之獄、連案之断は獄令の条章を頭に入れた文句であらうといふことです。

【山田】問題の重点は獄と断にあるのであつて、同聴とか、連案にあるのではないと思ひます。同聴も連案も同じ事で、獄と断とを形容、又限定した言葉です。

【浜口】判決が甲の場合と乙の場合とでまち〳〵になる。その判例の不統一を非難したのではないですか。

【山田】それは無論さうですが、私が言ひ度いのはこれは対句だから一つだと言ふのです。この文章を解釈す

（4オ）

る場合にそんな細かい所までは言つて居るの「ではないでせう。こゝは獄と断とに重点があるのです。

【浜口】こゝでは問題は前の文章と関聯して居るのではないでせうか。即ち「富軽貧重、憲法帰賄貨之家、厳科所枉、剣戟謝其銛利云々。」とある。此は貧富の差或は有位者僧侶等特別の身分ある有力者なるか否かの相違により、その犯罪に対する刑罰適用の寛厳の度が一定せぬことを指摘して居るのでせうが、それと関聯してこゝに法令の規程が箇に過ぎてその解釈が又明でないため判決一定せず、判決例が不統一であることの不都合を指摘強調して居るのでせう。

【山田】それは勿論さうです。私はあまり同聴、連案に重きを置き過ぎると主客顛倒するといふ事を云つたのです。

【高橋】次にこの前宿題になつた家素ですが、支那では門素といふ語が出てをります。これは南斉書の王融伝、又文選の沈約の奏弾王源の処に出てをります。比等は両方共家柄といふ意に使つて居ます。即ち前者では「夙

（4ウ）

参門素、得奉教君子。」とあり、後者では結婚の話の「処に「交々族之和辨伉儷之合固宜本其門素不相奪倫、」とあり少し異るけれど、素とは古いといふ意味で言葉としては不自然ではなささうです。とも角古くから学問

（５ォ）

を伝へてゐるといふ意味での学問でせう。

［山田］今の話の門素も家素もその様に取るべきですね。

［高橋］輙応明詔、辨論執議陳家古壁之文探而無遺、于氏高門之法訪而必尽
始めの輙といふ字はこの様に使ふのは時代が降つてゐます。日本では、輙を早くから「タヤスク」の意味に使つてをり、これは書紀あたりにある様に思ひます。支那の古い所では「コトニスナハチ」といふ意味にしか使つて居りません。たゞ唐律疏議では既に日本のやうに「タヾチニ」といふ意味に使つて居ります。こゝでは「タヾチニ」とでも訓めばどうでせうか。

［倉野］「スナハチ」ではいけませんか。「タヤスク」は今日の語感ではどうもぴつたりしませんね。

［山田］併し「輙応」と続く所でこゝでは明詔を躊躇なく承つて申上「げるといふ意味でせうね。単純に普通の接続詞の様なつなぎでなく、直ぐ次に応ずる、躊躇なく応ずるの意がある。ですから「タヤスク」では一寸軽く考へてゐる様な気がします。

［高橋］辞海には即刻の意の「即」もあります。これも元来は「毎即」の意味で「毎事然也」といふ所から変つたものです。

［倉野］訓みは「スナハチ」の方がよいでせうね。

［高橋］これは又調べる事にしておきませう。次に「應」は「アタリ」でよいでせうね。「應《オウ》ジ」を訓にしたのではないですか。

［山田］今の我々の気持では「コタヘ」と訓みたいが……意味はどう訓んでも同じです。丁寧に訓めば「コタヘマツリテ」ですね。

（5ウ）

〔浜口〕国史大系本には「アタリ」とありますね。

〔高橋〕執議の「議」は一本には「義」とありますが「議」の方がよいでせう、本朝文粋にも「議」とあります。議論すると同じ様な意です。執議といふ熟語は文心雕龍にあります。即ち、「章以謝ㇾ恩、奏以接効、表以陳請議以執議」とあります。

〔山田〕言篇のない「執義」といふ熟字はないですか。

〔高橋〕調べて居りませんが、ある様な気がします。併し意味は違ふ様ですね。次に「探」は本朝文粋には「採」となつてゐて字形が似てゐるので写本では二者をよく間違います。意味が似てゐるのと、形が同じなので、例へば弘仁格式序には「雖加採索猶有未備」とあり、前田本の類聚三代格には「探」に作つてをります。

〔山田〕どちらかの書き誤りでせうね。

〔高橋〕どちらでも通りますが、慾を言へば、探の方がよいと思います。標註では採とあります。これは義解の方ですからさうなつてをります。柿村氏の本朝文粋では義解の方を取つて採に訂正してをります。然しよく考へると探訪とも熟する字であります。

（6オ）

陳家古壁之文、〇《(探)》而無遺、

于氏高門之法、訪而必尽、

と並べて見ますと、「家と氏」、「壁と門」、「文と法」「遺と尽」は皆平仄の上で相対して居ますから「訪」の仄に対しても平字がほしいのです。「採」は上声である。「探」は普通は平声で稀に去声にも用ゐます。それで平仄の上からこゝでは探がよいと思ひます。意味は探は遠く又は深くたづねる事になり、採の方は木の実や葉などを採取する意となります。陳家古壁之文は故事がありまして古註に「漢成帝時。陳咸以レ明二律令一為二尚書一。後及二王莽篡一レ位。謝レ病不レ仕。莽頻徵レ咸。遂称二病篤一。於レ是乃収二斂其家律令書文一。皆壁二蔵之一。咸性仁恕。常戒二子孫一曰。為レ人議レ法。当レ依レ軽。雖レ有二百金之利一。慎無レ与二人重比一也。」とあります。即ち後漢書陳寵伝に出てをりまして陳寵家の壁に蔵して伝はつた法律の文といふ意味です。于氏高門之法は漢書の于定国伝にあり、古註に「漢書曰。于定国。字傷倩、父于公為二郡法曹一。決レ獄平。羅二文法一者。于公所レ決皆不レ恨。其門閭壊。父老共治之。于公曰。少高二大其門一。「令レ容二駟馬一。盖我治レ獄多二陰徳一。子孫必有二興者一。其（6ウ）後定国位至二丞相一也。」と出てをります。法律の役人の干氏が門を高くしたところの法といふ意です。

【新美】ここの文、法とはどういふ意味ですか。

【倉野】法律規制でせう。

【新美】文といふそれ自体に規範といふ意味があるのですか。それだといゝのですが。

【高橋】私は書かれたものの事だと思ひます。

【新美】法よりも文を重んずるといふ意識があるのではないでせうか。

【高橋】そんな場合文といふ字も使いますね。文を弄ぶといふと法律を弄ぶといふ意になります。

【山田】併し文をいきなり法の意味にとるのは無理でせう。成文法の意味ならばよいでせうが、文の字一字で以て法律の意味にとるのはいけないと思います。文は法律のみには限りませんから。

（7オ）

【高橋】其善者従之不以人棄言、其迂者略諸不以名取実、一加一減、悉依法曹之旧云、乃筆乃削、非是臣等之新情、この旧云の「云」は旧本には「言」とあり本朝文粋には「云」とあります。この「云」と云ふ字の問題ですが「云」で訓めるかどうか、標註は「云」として「と云ふ」と読みます。それでは下の新情と対句にはなりません。こゝではどうしても「旧云」もしくは「旧言」と続かねばなりません。それには「旧云」といふ熟語が欲しいのですが、山田先生の御注意と近藤先生の御援助で見つけたのですが佩文韻府の季子卿の授衣賦に「前云」とあります。この賦は淵鑑類函の服飾部には李子卿府、試授衣賦とあり、全文を載せてをります。これは「前に云はれた事」といふ意味でせう。旧言ならば相当落着いた感じのものですが。

【倉野】云を意味のない助字と見るのはどうでせう。

【高橋】それでは新情の情と対になりません。蘭田氏のは旧言とあります。

（7ウ）

【倉野】言とすれば勿論はつきりするのですがね。

【浜口】これは「釈云」「跡云」等と集解にありますが、こんな場合の「云」ではないですか。

【高橋】それも山田先生に伺つたのですがそれだけではまだ不充分です。「旧云」だけ切り離した例があるといゝんですが。その外「情」に対するのなら仄字がほしいのです。「言」も「云」も平ですから、「意」のやうな文字の誤かも知れません。善者従之とは論語の述而篇に「子曰、多聞択其善者従之」とあるのにより、不以人棄其言とは漢書衛灵公篇に「君子不以言挙人、不以人廃言」とあります。迂者とは迂遠なるものの意です。

【倉野】迂は迂遠でせうかね。よいもの正しいものに対して、間違つたものの意味、或ひは実際に適しないといふ意味ではないですか。迂遠ならば直接でなく廻りくどいといふ事になりますね。

【高橋】大系本では「ミダル」と訓んでゐます。

（8オ）

【山田】迂は迂遠の意とは違ふと思ひます。廻りくどくても正しい場合がありますからこれは下の注にも「有レ不愜《カナハ》二於義一者上、不レ取也」ともある通りです。

【倉野】それなら実際に適しないといふ意味にとつてはどうですか。

(9オ)(8ウ)

[山田] 全の義にかなはないといふことで無くピタリと来ないといふ事でせう。
[倉野] 「略不ㇾ諸」と諸の字は訓むのですか、訓まないのですか。訓まぬ事にしたら如何でせう前もさうでしたから。
[高橋] さうしませう。次に一加一減ですが加減は晋書の刑法志に「李悝撰次法経莫急於盗賊故著縄捕二篇又以其律具其加減皆罪名之制也」とあり刑罰に使つてゐるから落着いた使ひ方でせう。
[山田] 併しこゝは刑罰を加へる所ではないでせう。条文の取捨に就いての問題ではないですか。
[高橋] さうですか刑罰に就て加減を加へるといふ事が出てをります。
(白紙)
[山田] 加減例といふ熟字は唐律疏議にありますが、それは刑を加重し又は軽減することでせう。こことは違ひます。
[高橋] 私のは間違ひました。取消します。
[倉野] 一加一減の一は「アルヒハ」と訓みたいですね。
[小松] この場合法曹は日本のそれを云ふのであつて、支那のものと云ふ所までは行つてをりません。これまでは日本における解釈によつてやつてゐるのではありませんか。
[高橋] 勿論日本を主とするのですが、義解や集解には支那の令を引用する場合が多いから、支那のものまで行つてゐるのではないかと思ひます。併し文字の上で何とも書いてないから判りません。
[倉野] 支那のものが採用してあつても結局日本の法曹ではないでせうか。
[高橋] 大体当時の人の法律に対する観念は常に支那のものに当つてみるといふ気持ではないでせうか。

【新美】それは一つの缺陥として今でも同じ事が云へませう。

（9ウ）

【山田】これは本邦の法曹の教育を顧る必要がある。本邦の制では大学の明法道は支那の法律は教へません。日本のものだけです。それを法曹家が源をさぐる為に支那のものまで遡つて探ることはあるが、ここでいふ法曹は法源としては支那のものを取るかも知れませんが、結局日本の法曹です。それだから私は「旧云」といふ方が良いと思ふのですが、「云」が正しいのか「言」が正しいのか原本を見ることが出来ないから容易に決定出来ない問題です。

【倉野】「云」は元来「云つた事」と云ふ意味ですから「云」の方がよいやうですね。

【小松】その方がよいですね。さふいふと日本のものですね。

【高橋】法曹は支那では司法官係の官職の名ですが、日本では法律家の意味に使ひます。

【小松】今日では司法関係者の意味で範囲は限定されてをります。

（10オ）

【山田】併し唐で法曹といふのは司法官ですが、明法博士は皆裁判官に「なるのですからそれでよいでせう。

【倉野】裁判官とするよりも広く法律家と見て餘り狭く限定しない方がよいでせう。

【山田】さうしておいた方が実際はよいですね。

【浜口】律令格式の法に精通した法律家と云ふ程の意味ですね。

【山田】法曹は結局明法家といふことですね。まあここはそれ位にしませう。

【新美】一加一減を今少し説明して下さい。前のを承けて、従レ之、略レ諸を云つたのか、更に新しく加減するのを云つたのでせうか。

【倉野】私は「善者従之、迂者略諸」をいつたものかと思ひます。その一加一減の根源は法律家の旧云に依つたものと取りたい。

【山田】この加減は誰がしてゐるのかといふと、結局自分がしてゐる事になります。

【倉野】それはさうです。

（10ウ）

【山田】この新情は広く解釈しなければならないのではないでせうか。或は「この箇条は全体をひっくるめたのかもしれない。さうでも云はなければわかりません。

【浜口】乃半乃削云々もやはり同様に撰者等が新な解釈をしたのではなく、旧云からといたことを云うて居るのではないでせうか。

【山田】大体それには相違ないですが、……こっちの方はこの人の説を、そっちの方はその人の説をとったと云ふのでせう。

【浜口】撰者等が取捨したとは云へ、それはすべて法曹の旧云の中からしたのであって、自分等が全然勝手な新説を立てたのではないと云ふ撰者等の態度を述べてゐるのでせう。

【小松】併しそれが結局新しい解釈なんですね。

【高橋】猶有㆓五剱難㆑名。両璧易㆑似。必禀㆓皇命（ママ）㆒。長質㆓疑滞㆒。猶は慶安版には「なほごとし」とひっくり返して読んで居ります。これはいけません。ここはそれでもなほといふ意味です。五剱云々は越絶書外伝宝剱篇（11オ）にあります。古註に引いてあります。あまり長いから読みませんが、越王勾践の「名剣五つを名鑑定家の薛燭が鑑定した故事でなかなか解釈し兼ねると云ふ意味に使ったのです。両璧云々は賈誼新書遊語篇にありこれも古註に出てをります。賈誼新書曰。梁有㆓疑獄㆒。群臣半云㆑当㆑罪。半以為㆑无㆑罪。使㆘召㆓陶朱公㆒問㆖之。対曰。臣家有㆓二璧㆒。色与㆑紅皆相似。一直千金。一直五百金。側（ママ）㆑之視㆓其一㆒。少厚。所㆓以貴㆒也。所㆓以賤㆒也。為

(11ウ)

レ君為宜レ従レ厚。王曰。善。故疑獄従レ去。賞疑従レ与也。つまり判決に苦しむ場合には必ず天子の御判決を仰いで今後さういふ事のない様にする意です。

【倉野】墻本では璧は壁となつてゐますが勿論璧でせうね。

【高橋】それは璧でせう。京本には璧とあります。

【山田】璧とはどんなものですか。

【高橋】丸くつて中に穴が開いてゐるものです。璧沼といふ熟語があります。古の天子の学校は円形の堀を遶らしてをりますが、それが璧沼と言ひます。

【山田】それは平たいものですか。

【高橋】球ではありません。平たいもので厚さがあるのです。

【山田】その璧といふものの形がはつきりしないとここは何を云つて居るか、本とにそれだけではわかりかねる。たゞあまり簡単で何だかわかりかねる。で何かもつと深い意味があるのでせう。

【高橋】その判り易い事が必要なのではないですか。

【山田】判り難い所をピタリとあてなければ意味がないと私は思ふ。璧といふものの形を明かに知らなければ実際に了解したとはいへないでせう。

【高橋】横から見ればすぐ判るといふ意味ではないでせうかね。それは支那の刑と賞の方法を頭に置いて読むと、この文の意味は明かです。賞の疑はしいのは与へ、罪の疑はしいのは赦すことになつてゐます。それで、梁の君臣が、半ばは有罪とし、半ばは無罪として議論してるのですから、もう解決は容易です。第三者が側《かたはら》から見れば当然赦さねばならない事になりませう。

［山田］梁は何時の国ですか。

［高橋］戦国の七雄の魏です。孟子の梁の恵王の国です。漢代ではありません。陶朱公は呉越の戦の頃の人ですから春秋戦国の交になりませう。

（12オ）

「疑滞」は考課令にも「問無疑滞」とあり詔には「滞疑」と逆にして使ってをります。次に有巣在昔大壮成㆓其棟宇㆒。網罟猶秘。重離照㆓其佃漁㆒。今乃成㆓之聖日㆒。取㆓諸不遠㆒。臣等遠愧㆓皐虞㆒。近慙㆓荀賈㆒。牽㆑拙歴㆑稔。僶俛甫畢。

（12ウ）

有巣在昔云々は韓非子五蠹篇に有巣子が始めて樔を作り、穴居を更へたと云ふ話があり古註にでてゐます。大壮は雷天大壮䷡の卦で繋辞伝によれば「上古穴居而野処、後代聖人易々以宮室、上棟下宇以待風雨、取諸大壮」とあり註には「宮室壮大於居穴、故制為宮室」とあります。震は木でその本に天があるから宮室之象となります。離の卦は䷝で八卦の離☲が重なるから重離です。離は目であり、支那でも国語と同じく網の目と云ひますから、離の二つの目は、網を象るわけです。又離は「つく」とも訓みますから、網が動物をかける事にもなります。それで聖人はこの象に法つて網を作つたといふのです。即ち有巣子の昔には家がなかつたが、聖人が出て壮大なる棟宇を作つた。網罟猶秘云々も古註にある通り、易繋辞により始め網などの無かつ「た時代があつたが、其後聖人が出て魚を取る法を教へた。即ちこの二つは聖人がある事を制作し世の中を治めて行くといふ意になります。薗田氏は「ここでは有巣子の事には直接預らぬから槽巣の誤りではないか。それで始めて網罟の対になる」と云つてゐます。槽も巣で礼記にあります。有巣氏は樔を作つた人であつて家を作つた人ではありません。ここの点を不審に思はれたのでせう。しかし私はこのまゝでよく通ると思ひます。下の句は、網罟がまだ無い時代があつたが、後に聖人が出て網を作つたといふ意味ですから、上句も当然太古は巣居してゐたが、後に聖人が出て家を作つたといふことになります。

【倉野】「在昔」といふ語を「後に」といふ意味にとられましたが、それは無理ではないでせうか。私はここは昔有巣子が巣を作つた時に堂々たる棟宇を作り、網罟のない時に獣や魚を取る法を知つたといふ意味に考へたい。もう少し先をやつてみて下さい。

【高橋】有巣をそんな軽い意味に使つたのではないと思ひますがね。あく迄太古の聖王その人を考へてます。

（13オ）

もう少し先をやります。今乃成㆓之「聖日㆒。取㆓諸不遠㆒。は前を承けて、昔は聖人が制作をしたが今は聖天子のましますに完成し、之を遠い所にとらずに、不明の所は直ぐに天子におたづねする、といふ意ですが、不遠といふ事は少し不明ですが、古註には「不更遠取諸物」とあり標註にも「今この義解は直に聖日の勅旨を受て書なせるゆゑに、譬を取るに及はずと也。故に取㆓諸不遠㆒といへり。古註に言不㆔更遠取㆓諸物㆒とあるこれ也。聖日は淳和の御代をさす。」とあり、大体こんな意になると思ひます。（註、十二頁九行△より十三行△につゞく。）

（14オ）（13ウ）

（白紙）

【新美】聖日といふ使用法は他にありますか。

【高橋】柳宗元の文にあります。新釈に引かれてをります。

【山田】それは出典としては新しい、もつと古いものに必ずあると思ひます。

【高橋】もう少し調べてみませう。

【倉野】大体の意はかうでせう。昔人間が巣を作つてゐた時分に、聖人が出て堂々たる宮室を作り、まだ網のない時分に聖人が出て、網を作つて獣や魚を取つた。これと同じ様に法令がごた〳〵して十分にととのつてゐない時に、聖天子の下に於いて目のあたりに大成した。併し乍ら自分達は才がないので遠くは皐虞に恥ぢ近くは旬賈に恥ぢるといふ意味で、これは謙遜の言葉ではないかと思ひます。つまり物が整つてゐない時に始めて宮室を作つたり網を作つたりした如く、今、法が整つてゐない時に、聖天子の下この令の義解を作つたが併し自分等の才の至らなさをここで述べてゐると考へなければ意味が通じないと思ひます。

（14ウ）

［山田］私も今の倉野さんの意見に全然同然です。たゞ不遠とは詩経豳「風伐柯篇に、「伐柯伐柯其則不遠」とあり、又国語には「范蠡曰先人有ㇾ言曰伐ㇾ柯者其則不ㇾ遠、今君王不ㇾ断、其忘二会稽之恥一乎」とある。帝王の断をこゝに取つてきたのではないですか。この国語はどうでせうか。

［高橋］多分越語だと思ひます。取諸不遠の取るを考へると易の繋辞伝からきたものと思われます。そんな国語の文などを考へて書いた文とは考へられません。

［山田］「不遠」といふことをたゞ文字通りにすれば、「近い」といふだけです。ここはどうしても陛下の御聖断によつて決をとつたといふ意味と思ふ。さうすれば出典は「其則不遠」といふことを基としてゐるものと思ふ。易には「不遠」といふ語が無く、旧注がさう言つたのです。旧注の「不三更遠取二諸物一」といふことは結局「近ハ取諸身」といふことになつて、その意味は徹底せぬやうに思はれる。

［高橋］次に皐虞が問題ですが標注には虞皐とあり壺井本に従つてをります。この壺井本とは石村さんどんな書物でせうか。

（15オ）

［石村］壺井義知には令私考（令鈔）令愚註草稿十二　官位令義解後附等ありますが、恐らく令私考を言つたのではないでせうか。

［高橋］又一説として、新釈には皐虞は皐契の誤りなるべし、とあります。皐虞では君と臣が逆になるのでど

うも拙いです。虞皐の方が自然で、虞舜の時の皐陶と云ふ意味で壺井本に従ひたいと思ひます。

[倉野] これは皐陶だけでもよいのですが、虞舜の時代ですから皐虞としたのではあるまい。皐虞が法律を作つたのですから先に出したのでせう。

[高橋] それならなほ更虞皐です。

[山田] 平仄の方からはどうですか。

[高橋] 両方とも平が同じです。

[山田] それでは仕方がありませんが、しかし皐契ではないでせう。

[倉野] やはり虞皐は思ひつきではないでせうか。

(15ウ)

[高橋] 倉野さんのやうにもゆきません。晋書刑法志によれば「賈充定法律与……荀勖……杜預……等十四人典其事」とあり賈充が主となつてをりますから。

[倉野] つまり皐虞荀賈は昔の名法律家であつたといふ意味はあるでせう。

[高橋] 荀賈は晋書刑法志にも、賈充伝の方にも出てをります。しかし賈充が主となつた事には変りがありませんが、荀賈と賈が下にあるのは恐らく平仄の関係でせう。牽拙歴稔は新釈には率性とあつて其の性質に遵ふを云ふとありますが、これは中庸にも率性之謂道とあり成語ですけれども明かに誤りでせう。これは文選沈体文和謝宣城一首の中に「牽拙謬東汜、浮惰及西崐」とあり、李善の註に「……以日之早晏喩年之少老也、牽拙

(16オ)

牽率庸拙也……」とあります。又上続紀後表には「牽愚歴捻」とありますから常用「の成語です。拙劣なる菲才のために段々と年がのび〳〵になつたといふ意でせう。僶俛は一生懸命に励む意、普通俛は勉の字を使ひます。しかし胡刻文選陸士衡文賦には「在有無而僶俛」とあります。季善注に「由勉強也」と解釈してをります。

［高橋］分為一十巻、名曰令義解、凡其篇目条類具列于左也、深浅水道共宗於霊海、小大公行同帰於天府謹序。篇目条類之条「类」は国史大系本欄外註には「類、松岡本云、当作数」とある。之は似た字ですから、恐らく想像してから書いたものでせう。条類とか条数とかいふ熟語はないやうですが、何を指すのか疑問です。標注の目録には、集解に拠つて何条と条数を書いてありますが、類を数にする松岡本の説はこの点を不審に思つたのでせう。篇目は聞書に「篇目ト云ハ官位令職員ト云事也左ト云ハ奥ノ事也」とあります。講令備考、京本は「謹序」の後に「篇目」とありて、目録を出してをります。篇目条類と云ふのですから次に何かあつたのでせう。

（16ゥ）

［倉野］これは（第十迄の篇目）は誰か後に加へたものではないでせうか。

［新美］「巻一」、「巻二」などとある、その第十迄の巻を指すのではないでせうか。

［倉野］一体かういふ目録といふものは餘程考へないといけません。最初からあるものは存外少ないものですからね。

［新美］さうすると倉野さんの云はれた様にこの篇目がこれに着いてゐたかどうかは不明となりますね。

［倉野］さうです。さういふ気がしますね。

［山田］古い本ではどうなつてをりますかね。猪熊本あたりではどうなつてをりますか。

［石村］猪熊本には神祇令と僧尼令とだけしか残つてをりませんから、この問題は他の諸本の研究によらねばならないでせうが、古いものには恐らく無いやうです。

［高橋］第一これと本文とが合ひません。

［山田］これは宿題にしておきませう。

（17オ）

［高橋］「深浅」は本朝文粋には浅深となつてをります。

［石村］古註、標註もさうなつてをります。

［高橋］漢文の常識では深浅が普通です。平仄などの制限で逆になる事がありますが、ここは変調ですから、何とも云へません。

［倉野］常陸国風土記行方郡の条にも「車所レ経之道狭地深浅」とありますね。

［高橋］水道は水の通る道で今日の水道とは違ひます。霊海は古註にある通り、木玄虚が海賦に「於廓霊海」とあります。小大公行の公行は公の道といふ意味でせう。古註には「公家可行之事」とあり、詩経伝箋、爾雅釈宮には行道也とあります。行といふ字は普通に道の意味に取つてゐる場合が多いです。天府は天子の府庫で周礼春官「天府、註府物所蔵」とある。これで令義解も今謹んで天府に帰すといふ風に云つてゐるのではないかと思はれます。少し変つた云ひ方ですが。

（17ウ）

［新美］寧ろ令の義解が天府に入つてこれが行はれることを言つたと考へられませんか。

［倉野］その比喩の意味は判りますが一体何を問題としてゐるかゞ問題ですね。

［山田］凡ゆる道が天子の御倉へ通ずる様に天下大小の政治の道は悉く天皇の御許に帰する。令によつて天下大小の政治が動き一切の事をこれで決をとるといふ意味でせう。

［倉野］百川の水道が霊海に帰するが如く、大小の公行が天皇に帰するといふ意味でせうね。

以上

第二章　神宮皇學館大学『令共同研究会記録』㈡（第五回〜第八回）

はしがき

この第二章では、前章に引き続いて、戦時中、神宮皇學館大学でおこなわれた令の共同研究の速記録である令共同研究会記録』を飜刻する。

この資料については、すでに渡邊寛氏が「神宮皇學館大學における「令」の共同研究―『令共同研究會記録』―」として『皇學館大学史料編纂所報　史料』一二四〜一二七（平成五年四・六・八・十月）に、その一部を飜刻しておられることは、前章の「はしがき」にのべたとおりである。

前章では、全十二回の速記録のうち、第一回から第四回までの分を紹介したが、ここでは、第五回から第八回までの分を翻刻する。飜刻は、筆者所蔵の速記録により、皇學館大学神道研究所所蔵の古川真澄氏旧蔵資料の、おなじ速記録を参照したことも、前章と同様である。

飜刻にあたっては、常用漢字は、原則として常用漢字体に改め、それ以外の漢字については正字体としたが、他はおおむね原文に忠実に飜刻することをこころがけた。

ただ、なにぶんにも、粗悪な謄写版印刷による記録で、ところどころ文字の不鮮明な箇所もあり、判読に苦しむ場合も少なくない。どうしても判読できない文字は、缺字のままとしたが、前後の文脈から類推するなどして、なるべく缺字を埋めるようつとめた。また、読者の便宜を考慮し、袋綴じ体裁の原本の頁数を「1オ」・「3ウ」などと鼇頭に示し、改頁箇所に「を附したことも、これまた前章の体裁を踏襲した。

なお、第五~七回の記録では、当日配布した資料（本書第四章③「令義解の撰者」）の参照箇所を、たとえば「三枚表七行」などと小字でしるすが、この翻刻では本文と同じ大きさの活字で〈 〉に括って示している。

（１オ）

令共同研究会記録　第五回

日　時　昭和十九年四月十五日午後一時――同四時三十分

場　所　学長室

出席者　山田。小松。倉野。新開。原田。喜田。新美。高橋。川出。佐藤。森。岩垂。内田。

【倉野】それでは今日は、喜田教授を中心として、令義解の撰者に就いてお調べになった資料に基き、皆様の御意見を伺ひたいと思ひますが、私と高橋、佐藤両助教授と三人で序文に訓点をつけましたものをお手許に差し上げて置きましたから、しかるべき時にこれについての御意見を承りたいと思ひます。

（１ウ）

【山田】此の機会に訓読の方から片付けたら如何ですか。

【倉野】それではさうさせて戴きます。

【山田】三行目の「蛛絲」の「蛛」といふ文字を「シユ」と訓んでゐるのはどうですかね。「チユ」ではないですか。

【佐藤】通用の音によれば「シユ」となつてゐます。

【山田】通用といふのは何をさすのですか、何か字書を御覧になつたのですか。

【佐藤】大字典に慣用音を「シユ」とあるのに従つたまゝです。

【山田】ここはどうあつても「チユ」で、「シユ」は俗音でしかない。これを「シユ」といふのは大字典あたりがはじまりで、謡曲の土蜘蛛なんかでも、「チユ」とあります。

（2オ）

[高橋] 普通に使ふ音だからかうなつたんです。

[山田] その普通に使ふ音といふことが分らぬことでせう。これはどうしても「チユ」にして下さい。

[倉野] これを「シユ」ときめるまでには相当論議したのですが、やはり「チユ」にしませう。

[山田] 黏を「デン」としたのは正しすぎるのではありませんか。これこそ「ネン」ではないでせうか。

[倉野] これも相当に論議したんですが。

[山田] 普通に「ネン」とよむ字はどれでも大抵正しくは「デン」となります。漢音が「デン」呉音が「ネン」といふ訳です。それ故あまりむつかしくすると果てしがなくなる。私はこの二ヶ所だけ問題と思ひました。

（2ウ）

[倉野] 「半市之姦不レ勝」を「ツキズ」と訓むのはどうでせうか。「勝」は「「尽也」ともありますから、「ツキズ」と訓んでみたい気もしましたが、結局「タヘズ」に落付けました。

[山田] 初め読んだ時に問題がなかつた処は大体それで良いではありませんか。不レ勝の勝は元は船に荷を積むといふ意味だから「タヘズ」で良いでせう。

[倉野] 雑説は「ザフセツ」でよいでせうか。

[山田] 結構です。それから憲法の「パウ」はこれでも悪いといふことはいへないが、よいです正《(ママ)》しく「ハフ」と書いておく方がよいでせう。それ以外は是でお骨折結構と存じます。なほ句の構造の方は新たに起つたことですから、後にまはしておきませう。

[高橋] 不勝は普通は勝の上に動詞が来てゐるのに、ここの場合ではをかしいではないかといふことでしたが、支那の例でも大方動詞がくつついて来てゐます。

[佐藤] 国語の方から云へば「タヘズ」ではをかしいと思ひますが。

（3オ）

【山田】漢文だから仕方ないでせう。

【倉野】意味は分るが国語としてはどうかと云ふので。

【山田】一寸意味が足りないけれども、ツキズといふといけないでせう。

【倉野】さつきの半濁点はどうしませうか。

【山田】「○」をつけない方が良いでせう。

【佐藤】天府はテンフでせう。オモンパカルをオモヒハカリタマフラクハとしたらどうでせうか。

【山田】よいでせう。

【倉野】名義抄には「オモバカル」とある。昔は「パ」と言つてゐませんね。

【山田】「パピプペポ」を平気で使つたのは切支丹破天連以後のことです。

【倉野】それでは「パピプペポ」を全部止めることにして「ハヒフヘホ」にします。

（3ウ）

【佐藤】佃魚を「デン」としましたが「テン」とした方が良いでせうか。

【高橋】漢音は「テン」呉音は「デン」です。濁音は呉音では濁り漢音では清みます。台形平のやうな文字は皆さうです。これは呉音が通用音ですから「デン」がよ「いでせう。

【山田】それでは普通の読み方に従ひませう。此の終りから三行目の類《ルイ》は何うでせうか。

【佐藤】ワ行の假名に従はうかとも思ひましたが、先生の「国語の中に於ける漢語の研究」では「イ」を採つて居られましたから「イ」としました。

【倉野】今日の常識では誤と考へられやすいのですが。此の共同研究は先生を部長に戴いてやつてゐるのですから、先生の学問上の業績に基いて、世間一般と説が違つてゐても、正しいと思ふものはこれを採つてゆきたいと云ふ主旨で「ルイ」「スイ」の假名遣は先生の御説に従ふことにしたのであります。

【山田】それでは私が責任をもちますから。

【山田】大体これで決定といふことにいたしませう。それから前の処に戻りますが、黄神と云ふのは黄帝の謂であることは幽通賦で分つて居ります。たゞ黄帝を直ちに黄神と云つたことについて飛躍があるやうに思つて（4オ）考へてゐました処、淮南子の覧冥訓の中に黄神と「いふのが出て来ます。注を見るとその黄神は無論黄帝だが黄帝をば直ちに黄神と云つたのでは無くてその中間の意義の黄神があつたのだといふことが考へられる。即ちこの注を見ると次の如く出てゐます。

　西老折㆑勝黄神嘯吟〈西王母折㆓其頭上所㆑戴勝㆒為㆔時无㆓法度㆒黄帝之神傷㆓道之衰㆒故嘯吟而長嘆也〉

此のやうに注を見ると「黄帝之神」とあります。これは黄帝の神即ち黄帝の精神の意味で、神《カミ》とあるのは、ここでは「心」の謂ではないかと思ひます、それから一歩進んで文選の幽通賦がいきなり黄神としたのではないかと考へました。

【倉野】ここでは黄帝の意味で間違ないでせう。

【山田】間違ありません。

（4ウ）【喜田】令義解の撰者の伝記編纂を命ぜられ、杜撰ながら脱稿し、助手の方々の御尽力によつて印刷物が出来ましたので、これに拠つて簡単に説明致したいと思ひますが、まづ最初にやり方を申しあげます。一通り印刷物を読んで行き、その折々に皆さんの御考を聞かせていたゞき、又新しく作る伝として取り入れるべき点などを定めて戴きたいと思ひます。

【山田】それは幹事の方の御都合に従ひませう。

（５オ）

［喜田］此の伝記は幹事の方の御指示に従ひ、出来るだけ六国史、類聚国史、日本紀略、公卿補任、類聚三代格、新撰姓氏録等から必要な材料を原文のまゝ採って、出典を明かにしつゝ、つなぎ合せてまとめてみたのです。六国史以下の原文は、新訂増補国史大系本により、姓氏録の文は栗田寛博士の考証本に従ひました。語句の説明は朝日新聞社発行の六国史の註を参考することに致しま（ママ）す。此の伝は、専ら時間的経過をたどつて編成致しましたので、一貫した編年的の伝があれば、それを根幹とし、他の諸本の編年の記事をそれに比較しながら割込ませました。その結果この様な寄せ集めのやうなも「のが出来たわけです。それでは読んで参ります。

一、清原真人夏野

［喜田］〈一枚表六行〉此の九族と云ふのは。

［高橋］普通は高祖より玄孫までとされて居ります。

［喜田］〈一枚表六行〉次の差降といふのは何が降るといふのでせうか。元来清原夏野は皇族の出で臣籍に降り氏姓を賜ったから、そのことを云ったといふやうにも考へられますが。

［高橋］親しみが自分を中心として段階を以って下って行くといふいみではありませんか、書経には「九族を親む」と出てゐるがさう云ふことがあります。

［山田］〈一行表七行〉親疏無替の替はどういふ意味でせうか、交替といふ意味もあるが、すたれるといふ意味もあります。

［高橋］この替《ティ》の文字は誤られたのではないでせうか、別に異本があればよいですが、この場合の文字の使方

かく（ママ）すると、ここには平声の字が来る筈ですが。
［山田］　さあそれは何ともわかりませんね。
（5ウ）
［喜田］　〈一枚表十行〉小倉兄別王之孫の処の別《ワケ》を和気と書いたものもあります。
〈一枚裏一行〉次に繁野の「繁」字が「觸皇子」とありますが、纂輯御系図によれば、桓武天皇の皇子に「繁」字のつく御方はなく、皇女に「滋野内親王」と云ふ御方があります。繁が滋と訓が同じなので、忌みはゞかつたのでせう。
〈一枚裏二行〉二行目の不レ忌二□瀆一の缺けてゐたところに舐《シ》の字を入れた方は黒板博士です。
［高橋］　〈一枚裏二行〉聞斯行諸の所で聞レ斯行レ諸と返らずに読んではどうでせうか。
［山田］　この通りでよいではありませんか、さうすると斯、諸の字はどう読みますか。
［高橋］　斯も諸も助辞にとり、「キクマ、ニ行ハン」と訓むのが普通のやうでありますが如何でせうか。
［倉野］　そういふやうにも思はれますが、この通りでも意味はとれますね、キキテココニコレヲオコナハンと読めば如何でせうか。
（6オ）
［喜田］　〈一枚裏三行〉不レ任二懇迫之至一の処の迫といふのは心持を表はした詞ですが厳密には何う解しませうか。
［山田］　迫といふのはわかりにくいのですが、ここでは「心極めて切なる意」ではないでせうか。
［倉野］　さうでせうね。
［喜田］　〈一枚裏七行〉七行の春宮大進の下の括弧の中は公卿補任のものです。一般に公卿補任の記事は大体国史と合ひます。〈一枚表十行〉次の天長元年八月廿日の官符は、夏野が下総守の時に上つた奏状によって発

せられたものであります。又三代格巻七の十年《天長》六月廿八日の官符も、夏野が意見を奏したのが採用されて発令になつたものです。〈二枚裏八行〉日本後紀序によれば、夏野は日本後紀の第二回目の修緝に関係したのであつて、此の第二回の修緝は、令義解の修撰と殆ど時期を同じくして居たらしく思はれます。〈二枚裏十行〉次の真人の室及男に位を授ける処ですが、夏野の妻が葛井宿禰庭子とあつて夫と妻とが氏姓を異にして居るのは、

（６ウ）

支那風で面白いと思ひます。続日本後紀承和三年四月の「条に藤原朝臣常嗣の母を菅野朝臣浄子と書いてあるのも同様です。

［山田］妻を里方の氏で呼ぶことは、明治以前まで、普通に行はれたことです。

［山田］〈二枚裏十四行〉王人率親属拝舞この拝と云ふのは体を前にまげて心の誠を表はすのです。丁度神宮の八度拝はそれです。舞と云ふのは身体を左右左とうごかして喜びの情をあらはすものです。

［倉野］此処では夏野が一族をひきいて天子様の前に出て拝舞したといふのですね。

［喜田］〈三枚表四行〉藤原朝臣愛発の名はアラチとよむと思ひます。

［山田］地名から来たよみでせうね。

［喜田］〈三枚表七行　天長十年二月十五日条〉此の時令の義解の草稿を奉ったのでせう。

［山田］侍殿上とあるのは殿上の天皇の御前に侍るといふ意味でせう。此の時やはり令の義解の草稿を差しあげ、しかも令の義解の序文をつけて出したのでせう。然しそれが御嘉納なつたかどうかわかりません。

（７オ）

［喜田］校二読新撰令釈疑義起請一と云ふのは、即ち夏野が天皇の御「前に於て新に撰した未定稿の令の解釈中の疑義を校読審査し、聖裁を仰いで、訂正すべき件を定めたことをいふのでせう。ここは夏野の伝の中では最も大切な処です。

（7ゥ）

【倉野】ここはもつと明かにしておかないといけない処です。

【山田】此の類聚国史の条と令義解序とは日附は同じです、義解とこの令釈疑義とは相当関係が深いことは明らかです。

【倉野】日附が同じであることは重大なことです、ここは新しく撰んだ令の疑義を釈したのですが、それについての起請を校読したのです。この起請と云ふのは、

【山田】起請と云ふのは、申し立てでせう。撰者の申立でせう。この新撰令釈疑義と云ふのは假の名でせう。と云ふのは此の頃はまだ令義解の名はありません。即ち御裁可になつて居りませんから、此の正史には書けない、従つて此処では便宜上から書いたのでせう。

【倉野】新撰令釈疑義と云ふのは固有名詞ではないでせう。

【喜田】〈三枚裏三行〉夏野が上表して、「請レ辞二大将之任一」とありますが食封を辞退したと云ふことは書いてありません。又その次に承和四年六月に大将の任を停められたと云ふことはありますが、「不レ令レ還二食封一」とあります。これは特に功績を嘉されて特別の思召があつたわけであります。

【山田】大将の食封といふものはあつたでせうか。

【喜田】近衛大将は令外官ですから、令の規定ではわかりませんが、此の食封は職封ではなく、功封ではないでせうか。次に祥瑞についてでありますが、延喜治部式祥瑞の規定によると芝草は大瑞で、慶雲は大瑞に属して居ります。

〈四枚表一行〉最後の「遣三レ使監二護葬事一。有二賻《（ママ）》物一。」は喪葬令の第四条及び第五条に規定があります。

【佐藤】人名の訓み方で参考とすべき書物は何か良いせうか。

［山田］これといつて無いのですが、伊能頴則の大日本史名称訓がまあ適当でせう。伊能頴則はいろ〳〵研究して兎に角よく訓んで居ります。

（８オ）

［倉野］如何でせうか。夏野の伝として採るべきものを定めておいては。即ち夏「出生の処、賜姓の処は全部あつてよいし、官位昇進の処は皆必要です。かういふのは年表にでもして出典を挙げておくとよいでせう。類聚三代格の引用は両方共必要のやうです。

［山田］修史の方も必要です。後は行幸のあつたこと、これは前後三四行《（回カ）》はれて居ります。こと《（ママ）》も年月と出典とをあげて置きたいものです。これは陛下の御親任のあつたことを示すものです。

［倉野］詩客三十何人云々の処も多少必要でせう。又右大臣に任ぜられた処も。

［山田］大臣になるも節会がありますが、その時の招が日本紀略にあることも明かにしておくことも必要でありませう。

［倉野］次の類聚国史の処は一番大切です。祥瑞はあまり必要だとは思はれません。

［山田］芝草と慶雲を見たこと位でせう。

［倉野］それから最後の処が必要です。

（８ウ）

［喜田］夏野は令義解の修撰と併行して進められて居た、弘仁内裏式の修正「増補の業にも、撰者の主班として関係してゐます。弘仁内裏式は二度修撰されたわけですが、第二回の分は、令義解の奏上と殆ど時を同じくして、天長十年二月十九日に奏上されて居ります。

［山田］佐藤誠実さんが内裏式の撰者にして経国集に詩あり、と記してあります。これは大切です。経国集の詩に目を通して見て下さい。これもその方が書いて居られたと思ひますが、これは左大臣も居るが特に夏野に

仰付になつたことは適任であつたからだと云ふ意味のことでありました。その辺も必要でせう。

[倉野] この伝は喜田教授に纏めていたゞいては如何でせうか。

[山田] よろしいでせう。さう願ひませう。

二、南淵朝臣弘貞

（9オ）

[喜田]（一読説明）

[山田]〈四枚表十行〉皇統彌照《アマツヒツギイヤテラス》と読んで居りますが此処はスメロギイヤテラスと昔から読んで居りますが何うでせうか。

[喜田] その訓方もありましたが、佐藤誠実博士がアマツヒツギイヤテラスと訓み奉るべ「きであると主張して居られる（国学《（ママ）》雑誌、明治三十三年六月号）のでそれに従ひました。

[山田] 実例があればそれに従ひませう。

[喜田]〈四枚裏三行〉永河は奈弖麻呂第三之子也とあります処異本に第二子也としたものもあります。しかしながら天安元年十月丙子の記事によつて弘貞は兄、〈四枚裏四行〉永河は弟であることは確かです。年は二人とも天長十年に五十七才で、双生児の様に思はれます。

[山田] 大内記になつてゐる処を見ますと弘貞は法令に通じて居たことがわかります。

[喜田] 文徳天皇実録弘仁十四年十二月の条は公卿補任の記事と一致します。

[内田]〈四枚裏十行〉伊世介の世の書方は。

（９ウ）

［山田］平安初期にはかやうなことがよくあります。

［倉野］〈四枚裏十一行〉東宮学士になつてゐる処から見ますと、学者で文筆の士であつたことがわかります。

［喜田］〈四枚裏十一行〉銀牓は皇太子のことゝ思ひますが、出典は調べて居りません。

［山田］後に刑部卿になつてゐますが今日では司法大臣です。それから経国集の「詩を見て置く必要があります。又新撰令釈疑義云々の処も見て置く必要がありませう。

［倉野］これも喜田教授に纏めていたゞきませう。

（1オ）

令共同研究会記録　第六回

日　時　昭和十九年五月十三日午後一時――同四時三十分

場　所　学長室

出席者　山田。小松。倉野。新開。原田。喜田。新美。
石村。高橋。佐藤。川出。内田。岩垂。森。

（1ウ）

三、藤原朝臣常嗣

【喜田】（一読）最初の承和七年四月戊辰は常嗣の薨じた日で、此の日に係けて、まとまった伝が記されてあります。次に〈表〉三行目の「公卿補任天長八年条云」の処ですが、この年は常嗣が始めて参議に任ぜられた年です。常嗣の父の葛野麻呂は桓武天皇の御代に遣唐大使として唐に使してをりますが、常嗣も令義解完成の後に、父と同じく遣唐大使に任ぜられ、難苦を凌いで使命を果して居ります。平安時代に唯二回だけ派遣された遣唐使を父子で奉じて居るといふのは、非常な名誉だと思はれます。このことは国史の伝にも強調して居ります。持節大使といふのは、節刀を授けられて之を奉持する大使といふことで、古へは大使が必ずしも持節者ではなく、大使の上に、遣唐執節使（大宝元年）や、遣唐押使（同二年）を任じたこともあります。持節大使とあるのは、大使が同時に持節者であることを示したものです。節刀を賜るのは、将軍と外国に使する者とであつて、要するに節刀は閫外に使する者が部下の判官以下の死罪以下の罪を専決し得る権能を与へられたしる

（２オ）

しです。七枚目表二行に「借二遣唐使位一」とあるのは、外「国に使するので、本人の実際の位より高い位を、使を奉ずる間だけ仮に授けることです。次の同三行目の「告身」は唐では辞令ですが、我が国では続日本紀以下の国史に、専ら位記の場合に用ひて居ります。こゝでは実際の位ではなく、臨時に高い位を授けるので、大臣が口頭で叙して、位記を授けないといふ事です。七枚目裏十三行の「大宰府馳レ伝」の馳伝は普通は馳駅とか飛駅とかであるべきです。駅は駅馬、伝は伝馬で両者は性質を異にし、駅馬は駅に、伝馬は郡家に置かれ、伝馬は急がぬ官使の乗用に供するものです。すぐ次の遣唐三ヶ船は、普通は四船で行くのですが、前年進発しようとしたところ、暴風に遭つて、第三船を失つたので、残つた三船で出掛けたやうです。所が此の第二回の進発も、暴風に遭つて阻まれ、翌年同じ三船で出掛けて、漸く成功したのです。此の三船は二度も漂蕩したので、大分傷んだと見え、常嗣は唐よりの帰船には、新羅船九艘を雇つて、新羅の海岸に沿つて大宰府に帰つて居ります。八枚目表七行「奏二大唐勅書一」とありますが、遣唐使は普通国書を持たず、口頭で使命を果すのです。しかしながら唐の方から、勅書を贈られる場合のあることが、これによつてわかります。

（２ウ）

【倉野】この常嗣伝は一番初めの処と、終りの処が、伝記としては重要と思ひますね。

【山田】「借遣唐使位」の処はどう読むのですか、「遣唐使ノ位ヲ借ル」でもをかしい。借位といふ熟語はあります。「遣唐使ニ位ヲ借《カ》ス」と訓んではどうでせうか。

【倉野】七枚表十行目の、「唱平」とはどういふ意味ですか。

【山田】普通の宴会の時に「平ヲ唱フ」といふことがあるこの説明はいろんな理窟を云ひますが、私にはまだ分らない。伊勢貞丈は「お平らに」といふことだと云つて居ります。

【内田】七枚裏八行目の、「阽焦」は阽危のことではないでせうか。阽危は三国志の和洽伝や漢書の食貨志の

（3オ）

中に出てをります。阽は顚覆の顚と同じ意に使ひ、危ふいといふ意味らしいです。

【山田追記】阽焦《ソンデ》といふ語は文選の思立賦に「阽㆓焦原㆒ニ而跟趾」とあることをさしたので、その初二字を以て、代表せしめたものでせう。焦原といふのは尸子に（「脱カ）莒国に石蕉原あり広さ五十歩、百仞の谿に臨む、勇を以て莒子に見ゆる者あり、独り却行し「て踵を斉しうす、世に称せらるゝ所以なり。それ義の焦原たるや亦高し。賢者の義に於ける必ず且踵を斉しうす。（ママ）「此れ一時を服する所以なり」とある。李善の注には「焦原は以て義に終ふ」とある。

【喜田】最後の「預㆓専対之選㆒」の専対は遣唐大使を奉じるといふ事でよろしいでせうか、専対は論語子路篇に見え、専ら対《コタ》ふること即ち独断の応対が出来るといふことで、遣唐大使の任を示すのにふさはしいものと思ひます。

【山田】持節の意味もあるでせう。一切の進退を決する賞罰の権が与へられるわけでせう。

【倉野】こゝで面白いのは七枚裏一行目の「衝㆓勅語㆒」といふ処ですが、その勅語は「宣命」の形となってゐることです。「勅語」の用例は古い時分には極めて少いのですが、さういふ意味でこれはよい資料です。八枚表八行目の「天顔咫尺勅曰〈云々〉……」の処は宣命の形で御みづから詔りせられたのでせう。

（3ウ）

【内田】さつきの「借遣唐使位」の処ですが、遣唐使に加官といふ例があればよいのですが。

【山田】借位といふことは奈良時代にはある事はあるが、臨時にさういふ待遇をするのでせう。

【内田】遣唐使はどういふ性質の官、加官ですか。

【喜田】本官あるものが、臨時に任ぜられるのです。

【山田】遣唐使は使ひですから本当の官ではありませんね。随つてこれに相当する位はないわけですね。資格を

（４オ）

示す語が上にありその下に借位とあれば「借る」と読めますがこの文ではそれもをかしい。この文では「位を借らしめ給ふ」と云ひたい所です。借位の例で最も古いのは〈続紀に〉「天平宝字六年十一月乙亥朔以二正六位上借緋多治比真人小耳一為二送高麗人使一」とあります。借緋は借五位です。外国に行く時には特別の取扱ひをするのですね。

【倉野】さうですね、「借す」といふのですね。

【山田】「借る」と「借す」と何れでも同じでせう。他の所では「假」といふ字があります、これは「假す」でも「ゆるす」でもよろしい。借校といふ熟字もあります。

【倉野】「借」は「借り」、「借す」何れにも使ひますか、高橋君。

【高橋】どちらにも使ふでせう。

【山田】先刻の告身ですが顔真卿の告身を顔身卿自身が書いたのがありますね。その文を私が解説したのがあります。その告身といふものは日本には無いやうです。ここに告身とありますが、それは文章の上のことで、実際は日本の位記の事でせうね。それから唱平はなか〳〵はつきりしないので、本当の事はよく判りません。

（参考）顔真卿自書の告身は次の通りである。

勅、国儲為二天下之本一、師導乃元良之教、将レ以二本国一必由二教先一、非レ求二中賢一何以審諭、光禄大夫行吏部尚書充礼儀使上柱国魯郡開国公顔真卿、立レ徳践行、当二四科之首一、懿文碩学、為二百氏之宗一、忠讜罄二于臣節一、貞規存二乎士範一、述二職中外一、服二労社稷一、静専由二其直方一、動用謂二之懸解一、山公啓事清二彼品流一、叔孫制レ礼光二我王度一、帷是一有、実貞二万国一、力乃稽レ古、則思二其人一、況　大后崇徽、外家聯属、顧二先勲旧一、方睦二親賢一、俾二其調護一、以全二羽翼一、一王之制、沓尓兼之、可二太子少師一、依レ前、充礼儀使散官勲封如レ故

（4ウ）

建中元年八月廿五日

奉奉

勅勅如レ右牒到奉行

建中元年八月廿六日

告二光禄大夫太子少師充礼儀使上柱国魯郡開国公顔真卿一奉勅如レ右符到奉行

建中元年八月廿八日下

【倉野】もう少し考へてみることにしませう。

【山田】告身の事が国史の上にはつきり出たのは何時からでせうか。

【喜田】続日本紀からです。

【山田】三代実録にもありますね。

四、菅原朝臣清公

【喜田】清公はどう読むのでせうか。

【佐藤】稲垣千頴の国史名称読例には「キヨキミ」栗田寛の「大日本史音訓便蒙」には「キヨキミ」「キヨヒロ」「キヨトモ」等とありますが。

（5オ）

【山田】普通は「キヨトモ」でせうね。

（5ウ）

【喜田】（一読）九枚表六行目、公卿補任承和六年条云。弘仁二年従五位下とありますが、これは、続日本後紀、及び日本後紀では何れも延暦廿四年七月に叙従五位下とありまして年が一致して居りません。公卿補任の叙任の年月日は大体に於て国史のそれによく合ひますが、此の清公伝には可成り合はないところがあります。

【高橋】九枚裏一行目、「又肆二百官舞踏一」の肆の字は「肄《ナラフ》」の誤りではないでせうか。このまゝならば「ツラマ《（ママ）》」と読みます。

【山田】「肄フ」でしたら「ナレシメル」の意味でせうね。

【倉野】この舞踏は支那風の踏歌などと関係はないでせうか。

【山田】舞踏とは礼儀の方の舞踏を云つたので、支那の風に基づいたのは間違はないが踏歌ではありません。清公の時から諸事支那風になつたのですね。

【喜田】此の清公の伝に、引かれて居る弘仁九年詔によつて天下の儀式等を唐風に改めたことは、日本後紀の編年の記事にあつた筈ですが、残闕してわかりません。併しながら日本紀略に簡単に次の如く見えて居ります。

弘仁九年三月丙午（廿三日）。詔曰。其朝「会之礼及常所レ服者。又卑逢レ貴而跪等。不レ論二男女一。改依二唐法一。但五位已上礼服。諸朝服之色。衛仗之服。皆縁二旧例一。不レ可二改張一。

【倉田】清公の意見が餘程用ゐられて漢様になつたのですね。

【山田】さう、確か宮城の諸門などの唐名もこの御世に決めたものです。支那崇拝の清公の孫に道真の様な人が出たのは面白いですね。

【喜田】次二行目、「並得二関説一」は関説は此の改革に清公が与つたといふ意らしいですが、得といふ字が附けてあるとどうなりませうか。

（6オ）

【山田】御相談を受けたとか意見を述べたとかいふ意でせうね。次の行に、「兼参二集議之事一」とありますが、集議とは何でせうか。

【倉野】相当身分の高い人が集つて議する事ではないですか。

【内田】支那では集議とは役所の長官が集つて議する意味らしいですが。

【山田】たゞ集つて議するといふだけのことではないでせう、何か政治的の意味があるのでせう。

【内田】吏学指南に「集議謂諸司共籌也」とあります。

【倉野】その諸司の範囲がもつと限定されて居るのではないですか。つまり今日の閣議の様なもつと高い意味のものに元来はその資格のない人が許されて加へらるゝことではないですかね。

【山田】何かありさうですな。

【倉野】重要な政治の面にも参劃してゐたやうに思はれます。

【山田】政治の枢機に参して居る気持があるらしい。

【喜田】十枚の表三行の南大庭梨樹底とあるのは何ですか。

【倉野】講義をする場所ではないですか。

【山田】建礼門の外でせう。中でせうか。

【倉野】底とあるから中ではないでせうか。よくわかりませんね。

【山田】建礼門の中へは入れません。大内裏図考証で見当がつくでせう。

【山田追記】大内裏図考証により考ふるに、建礼門の外の大庭なり。平治物語には椋の樹の記事あり梨の樹のことはこの外に見当らず。

（６ウ）

［喜田］次の侚の字は何うでせうか。

［内田］殉《モトム》と同じでせう。

［倉野］その先の「斯乃稽古之力」と云ふ処は此の人の学問の力を言ってゐるのですが、学問の力によってさういふことが出来たといふ事は有難いことです。大学者であつたんですね。

［倉野追記］漢書、桓栄伝に「栄為二太子少伝一、伝則賜二輜車乗馬一、栄大会二諸生一、陳二其車馬印綬一曰、今日所レ蒙、稽古之力、不レ可レ勉哉。」とあるのは、こゝと関係があるやうに思はれる。

［山田］学者でありすぎたですね。

［倉野］外来文化の崇拝者でしたね。

［山田］此の人の一言で官位令が変るからえらいものですよ。又此の人は道真の祖父でせう。勢力家だったのですね。

［倉野］儒教を相当やった人のやうですが仏教も道教もやつたやうですね。此の人の伝は面白いですね。

［山田］御所の門の名を選んだのは、この先生でせうが、本邦の位階を唐名に当て「たりしたのも此の先生のやつたことのやうです。

（７オ）

五、藤原朝臣雄俊

［喜田］（一読）雄俊は国史や尊卑分脈には雄敏とあって、雄俊の方は令の義解の撰者としてのみ用ひられて居ります。其外別に問題はありませんが十枚の裏八行の令レ弾二琵琶一の処です。此処では雄敏が従四位下とあ

りますが。既に従四位上になつて居りますのでマ、として置きました。此の人の弟に貞観九年に従五位上で亡くなつた貞敏と云ふ人があり、琵琶の名人でした。その人と誤つて書かれたのではないかとも云はれて居ります。国史には雄敏の亡くなった年月日が記されて居るだけです。

［山田］ 国史にまとまつた伝がないのは一寸淋しいですね。

［喜田］ 亡くなつた時に散位従四位上とありますから晩年には官は無かつたわけです。位階も亡くなる前十年間は上つて居りません。

［倉野］ 相当事情があつたらしいやうに思はれますね。

［山田］ 学者ではあつた。又相当法律を知つてゐた人です。

（7ウ）

六、藤原朝臣衛

［喜田］ （一読）十一枚表八行の処ですが式部少輔の職掌に見レ在二不法一、必評二論之一不レ避二貴戚一と云ふやうなことがあるでせうね。

［山田］ さうです。文官の勤惰任免は皆この式部省でするのです。

［倉野］ 十一枚表十一行の遷為二大宰大弐一、上レ表固譲の処ですが衛が辞退する理由は何処にあつたのでせうか。結局力が足りないと云ふのでせう。辺境だからと言つて嫌がつたのではない。だからよいのです。自分の力が足りないから辞退すると云ふのですね。次の剣壁流レ汗弱水寒レ心でも、そんなことは自分にとつては何でもないが、然し力が足りないから自分は辞退するといふのではないでせうか。

（８オ）

［喜田］剣壁云々の処ですが、佐伯氏の註によると剣壁は文選剣閣銘に、剣閣壁立千仭とあつて、蜀の剣門山だとあります。又弱水は支那で西方地理的智識の及ぶ地域と未知の境との堺をなす川です。支那に於ける西方の遠い所にある此の二つを挙げたのは当時外地の如くに考へられてゐた西方の九州地方はこれらに較べれば、遥かに楽な所であることを示すためのやうに考へられます。

［内田］佩文韻府に引いてゐる李白の詩などにも見えてゐます。此の出典は分りません。

［山田］西は弱水に至るといふから西の方でせう。

［内田追記］弱水は二あり。一は蒙古に一は西域に在り。白鳥博士「弱水考」（史学雑誌七ノ十一）に詳し。

［倉野］此の上表の主旨は何処にあるのでせう。

［喜田］要するに赴任を辞退すると言ふのでせう。

［倉野］行きたくないではないが力が足りないから辞退すると云ふ意味でせうね。それから十一枚裏四行の天工と云ふのはどうでせうか。

［山田］天工の工とは官に任ずることで、此処は、任に当らぬ者を任ずると天の功を空しくすることになるさうすることが陛下の御代から始ると云ふことを恐れるといふ意味です。其の次の冥叨の冥は如何いふことですか。

（８ウ）

［高橋］冥は道に暗いと云ふ意味でムサボルと同じ意味でせう。

［山田］冥の字にムサボルの意味があつては困るね。上の天工の「天」は動詞的では「ない。

［倉野］天と冥とを対にしたところに意味がありさうですね。

［山田］此処は冥はクラクシテ叨はムサボルの意味ではありませんか。心の底で何か生じ居るやうなことを指

してゐるのでせう。

【高橋】「叩」と「工」とは対にはなりません。さう工夫するのが無理のやうです。

【山田】此処はクラクシテ、ムサボルとしたい処ですね。

【倉野】冥をムサボツタと言はれたくない、の意でせうか。

【山田】お上のことではなく、自分の事にいふのですか。

【倉野】自分の事でせう。

【喜田】豈顧冥叩之誂云々は、自分が欲張りだといふ誂を受けるのはかまはないといふのでせうか。

【山田】さうでないでせう。

【高橋】「豈顧」とあるから逆ではありませんか。自分が誂られることは自分としてはかまはないが、唯恐れる処は天工之空、従明時而始と云ふ点にあるのでせう。

（9オ）

【山田】さうだ、さう解釈するのがよいかも知れぬ。実は冥叩がはつきりしないからわからない。もう少し調べて見ませうかね。

【喜田】次の四行目の咫尺之威の意味はどうでせうか。

【山田】わかりませんね。此の人は気の早い人のやうです。その例があるかどうか。

【喜田】十一枚裏七行の医師合薬療治之最也の処は考課令の最条に占候医卜、効験多者云々とある処を指してゐるのでせうか。

【山田】一寸無理のやうですがさうでせう。

【喜田】十行目の言二於世路一是甚急者は何うでせうか。

［倉野］此の甚急の急が前の俊急の急に関係があるでせう。即ち医者の方は流香之反魂のやうに世間に重要なものであつて、博士の方はさうでないと云ふのでせう。

［喜田］十一行目の三薬とは何でせうか。

［山田］三薬とは薬の大きな種類でせうね。次の（十二行）皇度の度は度量の度で大御心の意味でせうね。
（９ウ）
［倉野］十三行の時議は先の集議と関係があるのではないでせうか。朝議の意味でせうか。

［山田］さうでせう。

［喜田］十二枚の九行目の浪人は法制上の言葉で、土地から遊離した浮浪人ばかりでなく土着の百姓即ち農民以外の商工業等に従事して居る人をも含んで居るのです。此の頃大宰府管内の浪人の使用について臨時の官符が出されて居たのでせう。

［山田］浪人とは一定の戸籍を持たぬものでせう。

［倉野］〈十二枚の裏十四行〉天安元年の条に天長十四年の記事があるのは何うでせうか、よく分りません。

［山田］衛の亡くなつた時の伝の一部でせう。

［倉野］伝の中とすればわかりますが天長はどうでせう。

［喜田追記］此の天安元年の条は衛の亡くなつた日にかけての伝で、年号を附けずに十四年とあつたので、天
（10オ）
長としたのは、私の原稿の誤で、実は承和十四年でした。衛は承「和九年に大宰大貳として赴任し、同十四年に、任満ちて帰京したわけです。

［喜田］十二枚表の十四行の渤海客入朝のところに、賜㆓宴於賓客㆒とあつて、次に使者賓客とありますが、使者賓多は、使者と賓客の二者ではなく、二者同格で使者の賓客といふ意味でせうね。

【倉野】さうでせうね。

【山田】此の人は文章の方では力がなく、法律に詳しかった人ですね。

七、興原宿禰敏久

【喜田】此の人の読みですがトシヒサと訓んだ例もあります又ビンクと音で訓んでよいでせうか。普通ミンクと訓んでゐますが音から来たのでせうか。

【山田】音では無いでせう、歌人の藤原敏久の名はミンクと訓むやうであります。

【喜田】弘仁格式序の古写本にミンクと傍訓してありますからミンクとしませう。

【喜田】（本文一読）十三枚裏三行の額田今人を「今足」であらうと云ふ人があります。其他別に問題は無いやうです。

（10ウ）

【倉野】撰者として相応しい人ですね。それでは撰者に就いては今日はこれ位にしておきまして、御手元にお配りしました印刷物に就いての御意見を承り度いと思ひますが如何でせう。

【山田】それでは左様にして貰ひませう。

【倉野】先回私と高橋、佐藤、両助教授と浜口講師の四人で令義解の序文を纏める命を受けましたので各々分担して仕事を進める事にしました。私の考へでは第一巻を令義解序攷とでもしておきたいと思ひます。その組織は先づ「はしがき」に於てこの共同研究に就いての事情を述べ次に「令義解の勅撰」の処では勅撰の事情、過程に就いて一往の説明をし、「令義解序の訓読」の処ではさきに佐藤助教授にやっていたゞいて、皆さんの

（11オ）

御決定を経たものを入れ、「同序の構句」の処は同じく前回お目に掛けたものを決定して頂いた上で入れる事にします。「註解」は大部になると思ひますが、高橋助教授に主としてやつていたゞき、私共でそれを検討した上で、何れ皆様にお目にかける事になりませう。それから第四回迄のこの研究会の記録を最後に附けたいと思ひます。この際皆様の御「意見があれば承りたうございます。

参考（プリント）

令の研究　第一巻（令義解序攷）

目　次

はしがき

凡例

令義解の勅撰

令義解序の訓読

令義解序の構句

令義解序の註解

令義解序の通釈

令義解序共同研究会記録

（11ウ）

［小松］撰者の研究は何処に入りますか。

［倉野］註解の中に入れたいと思ひます。

［山田］構句とはをかしいですね、結構でせうね。

【倉野】それでは「結構」に改めます。

【高橋】官符とか、上表とかは後へでも出すのですか。

【高橋】大体「勅撰」の処に出すつもりでゐます。又全体の内容に就いての索引も附けたいと思つてをります。

（１オ）

令共同研究会記録　第七回

日　時　昭和十九年六月十七日午後一時——同四時

場　所　学長室

出席者　山田。小松。倉野。新開。原田。喜田。新美。佐藤。川出。森。内田。小野。岩垂。高橋（病欠）

（１ウ）

八、善道宿禰眞真《ママ》

[喜田]（一読）〈十四表一行〉伊与部家守はイヘモリと訓むかヤカモリとよむか何ちらにいたしませうか。

[山田]ヤカモリとよんで置きますかね。

[喜田]〈十四表二行〉「補二遺唐一」は「使」が抜けたのでせう。其の次の「五経大義并切韻説文字体」とありますが、此処は五経大義と切韻、説文、字体の三つでせうか。

[山田]三つでせうね。

[喜田]〈十四表三行〉任二直請一の直講は、令外の官です。次の「公羊穀梁三伝之義」とありますが、実は二伝しかありません、これについては春秋左氏伝が抜けたのだらうと新訂増補国史大系には記してあります。これは三伝の三の字に重きを置いての解釈ですが、三が二の誤であるとすれば、敢て春秋左氏伝を加へないで此の儘でよいかもしれません。此の記事は日本紀略の記事ですが、その拠つた日本後紀の此の年の記事が無いのは残念です。なほこれについては学令第五条の集解に引いてある延暦「十七年三月十六日の太政官符の文が参

（２オ）

考になります。即ち応下以二春秋公羊穀梁二伝一、各為二一経一教中授学生上事、といふ題の太政官符で類聚三代格には見えません。この官符には、明経道の教科書として、春秋については左氏伝のみが公認されて居ましたが、家守が遣唐使として唐に赴き、公羊穀梁二伝を読習して帰って来たので、家守をして三伝を講授せしめ、遂に公羊穀梁二伝をも小経に准じて公認することになったことが記してあります。学令第五条の本文は春秋左氏伝だけを挙げて、公羊穀梁二伝を挙げて居りません。即ち第五条の本文にはかう書いてあります。

凡経、周易、尚書、周礼、儀礼、礼記、毛詩、春秋左氏伝、為二一経一、孝経、論語、学者兼習レ之。

延暦十七年の官符は日本紀略の家守伝の記事と良く合ひますが、この官符によって、紀略の文に春秋左氏の四字を補ふべきか、或は三伝を二伝と改むべきかを決定することは出来ません。併しながら紀略の三伝は諸本の一致するところであり、又官符中に「仍以二延暦三年一中レ官、始令下二家守一講中授三伝上。」とありますから、紀略の文に春秋左氏の四字を補ふ説が当って居るかも知れません。

（2ウ）

【倉野】三伝は春秋左氏伝がぬけたのでせうね。十四枚表十六行に「論二三伝義一」とあり、十四枚裏十三行に「当代読公羊伝者云々」とありますから、春秋左氏伝が抜けたやうに思はれます。多少錯簡があるかも知れません。

【喜田】家守の叙位についてでありますが、続日本紀延暦十年正月戊辰七日の条に、家守が正六位上から外従五位下に叙せられた記事があります。十四枚六行の「補二得業生一」とあるのは文章得業生で此の得業生は紀伝道の方であったかと思ひます。試験のことを一寸申しますが、文章道志望の学生に、史記、漢書の中から五条を試問し、三条以上に通じたものを及第として、これを擬文章生に補します。ついで式部大少輔が問題を出して詩を作らしめ、文章博士と成績を調査し、及第すると文章生に補します。この文章生に更に詩を作らせて試験し、及第したものを文章得業生と云ひます。この文章得業生は方略の宣旨を蒙り、方略の策といふ論文を書いて及第すると、はじめて叙位任官に預るのです。こゝに「大同四年課試登科」とあるのは、方略の策の試験に合格したことを指して居るのであらうと思ひます。

（3オ）

[倉野] 八行目に「兼任大学助教」とあり。九行目に「遷大学助」とありますのは「どうですか。

[喜田] 大学助教は博士と同じく経書を講授する者で、大学助は大学寮の官吏で別のものです。

[山田] 大学の助は事務を掌る官で、次官です。博士は教授を掌る官でおなじく大学にある官ですが系統は違ひます。

[喜田] 八行目「転任博士」とありますのは、助教から文章博士に転じたのです。次に「十一年以二明経一改授二従五位下一」とあるのは、文章博士から明経博士に転じたので、それに応じて位を進められたのかと思ひます。

[喜田] 伊与部氏の同族で、家守より以前の人に伊余部連馬養（馬飼）と云ふ人があります。此の人は持統天皇三年に、勤広肆撰善言司に任ぜられて居ります。馬養は学問、殊に律令に明るい人であつたらしく、文武天皇の御代に、直広肆で大宝律令の撰修に与り、その完成した時には従五位下になつて居ります。その後間もなく亡くなつた貞之大宝三年二月、律令撰修の功により、その子（缺名）が田と封戸とを賜つて居ります。

（3ウ）

[倉野] 馬養は丹後風土記に見えてゐます、浦島子伝の作者です、文章の上手な人「であつたやうに思はれます。

[山田] 馬養と家守との系統上の関係は分りませんか。

[喜田] 連絡するやうな文献はありません。

［山田］名家だから続いてゐるでせうが家守の伝の所には誰の系統と云ふことは無いのですね。

［喜田］突然出て居ります、家守が馬養の直系かどうかはわかりませんが、同族たることは確かで、学問の家としての系統は、家守、直貞と相次いで、馬養を継承して居るやうです。

［倉野］何か関係があるやうに思はれますね。

［喜田］〈十四枚表十四行〉「修二撰令義解一」とありますが、これにより令義解修撰開始の時期が察せられます。「八年遷二阿波守一、是時云々」とありますから、天長八年に令義解修撰の開始されて居たことは、わかりますが、此の記事の時間的関係は、曖昧で、真貞が阿波守を拝して赴任しようとする際に、撰者に任ぜられたから、赴任しなかつたといふことか、或は既に撰者であるのに、阿波守を拝したから赴任しなかつたといふことか、又真貞が修撰の開始と同時に撰者に加へられたのであるか、或は既に修撰の行はれて居た際に、真貞が後から撰者に加へられたのであるか、はつきりしません。「是時」とあるのは、天長八年を指すと見るよりも、漠然其頃と解すべきだと思ひます。

（4オ）

〈十四枚裏一行〉「散位」とありますから此の時は阿波守をやめて無官になつて居たのです。令義解撰進後五年のことです、どういふ事情でせうか。次の四行目「賜二明経碩儒従四位下善道朝臣真貞一」は、現官でなくても、明経道の大学者として遇せられたことが分ります。次の行の承和十二年の際は亡くなつた時の伝です。次の六行目の「用二世俗踳訛之者一」の踳訛の字ですが、これは問題で新訂増補国史大系本は踳の字ですが、異本には別の字を使つて居ります。佐伯有義氏校訂の朝日の六国史によると踳駮を書いてあります。これは牡子には此の熟語があります。一本によると踳を蹐として居ります。踳は乖、即ちソムクで駮は錯、即ち「ゴチヤ〳〵マジル」と云ふことです、此の人は支那の音を知らぬので発音が正しくないと云ふことでは御座いませ

（4ウ）

んか。

【倉野】切韻を学んだといふことはどう関係しますか。

【山田】それは親の家守の方です。

【喜田】七行の「拝東宮学士」の処です、令義解が撰上されたのは、天長十年真貞の六十六才の時です、其の後七十才で東宮学士に任ぜられましたが、其の中間一時散位の時期があります。此の人は撰者の中では明経道にすぐれてゐた人です。次の「遭二皇太子廃一」とあります皇太子は恒貞親王のことです。

【山田】一寸。家守の処ですが、今古事類苑をひいてみると此（十四枚裏二行）の文を引用して遣唐使とし「使」の字を入れ、公羊、穀梁の二伝としてあります。これをまう少し諸本を校合して見て下さい。古事類苑にあるからと云ふわけにも行きませんが紀略の方をまう少し校合してみて下さい。

【喜田】学令の集解には三伝ともあります。延暦三年に三伝まとめて講授したともありますが、然し一応考へて見る必要があります。

【山田】本文があるやうだからどちらか良く校合して置く必要があります。どちらが本当か容易には分りませんが。

九、小野朝臣篁

【喜田】（一読）〈十五枚裏二行〉借位について内田さんが唐の方の例について調べて居られますから、内田さんにお願ひいたします。

（５オ）

【内田】借位は清の六部成語註解に「借品調補」のことがあります即ち

借補（借品調補）如此員本係五品　暫以六品之缺調補、後日仍以五品補用

とあります。これによると五品になるべき人を五品の官に任ずる時に缺員が無い時には、一旦六品にして、五品が空いた時に五品に任ずるのです。さうすると借すのではなくて「カリル」でせう、高いものを借りて来て低いものにあてる、さう云ふことになります。

【倉野】此の借はそれとは反対になりますね、少し様子が違ふやうですね、正しい位があり、一段低いものにして、空いた時に入れる、さうすると今と同じです。ここは高い処へ入れると云ふことだから少し違ふやうです。これはどうですか、遣唐使に行く人が申出て借りるのでせうね。それとも貸すの方でせうか。

【喜田】自分としては借りるのですが。

【倉野】無論朝廷より授けられるのですが、支那にかやうな例はありませんか。

【内田】調べて見ませう。

【山田】借品と云ふのは借品調補の略語とあるが、少し違ふやうだね、話は逆のやうだね。

【倉野】さうですね。

【山田】日本ではかう云ふことは良くあります。これはずつと後の時代のことですが公の使者に低い人を出す時に臨時に高いつもりにして出し、帰ると元に戻すわけです。

【倉野】行政査察使などの類でせうか。

【山田】それには位は授かりませんから少し違ひます。

【倉野】位ではありませんが。

（５ウ）

（６オ）

[山田] 此処では位のあることにすると云ふ所ですから。幕末の例を見ますと、随分甚しいと思ふことは、高杉晋作の例で、晋作は英仏談判には長州藩家老になつて行つて居ります。

[原田] 今日でも宮内省では無位の者が御進講する時には従五位の取扱になされるといふことです。

[山田] それは昔からある。昔はさういふ取扱になつた者を大夫と云つたのです。陛下に物を申し上げる時には皆さうです。義大夫にしても浄瑠璃にしても万一陛下の御聴に達する時にはさういふ取扱にならないと物を申しあげたことにはならないのです。此の場合辞令は出るのですか。

[倉野] 出ないのではないでせうか。告身を授けずとありますから。口宣のみでせう。

[山田] 然し日本では本来口宣の方が大事です。日本に於いては天皇親ら御命になる程有難い事は無いのです。徳川幕府などでもさうで辞令を貰ふものは将軍にお目通り出来ない様の身分の卑い物に在つたことです。この辺の処では支那流と日本流と混合して居る。どうしますか、今一応調べていたゞく事に致しますか。

[喜田] 此の前はカスでした。

（文章ツヾカズ喜田氏ノ前ニ何カ一言アツタ筈デス）山田

（６ウ）

[山田] カスかカルかむつかしいものです。

[倉野] これは「遣唐使の」と読むか「遣唐使に」と読むか、詠み方によつてどち「らをとるか、と云ふことになつて来ます。

[山田] 遣唐使の規位が定まつて居ればその点が考へ易いが遣唐使には一定の位が無いやうです。

[倉野] さうするとよくわかりますがね。

[山田] 「使」だから官位令にはない。借だけで無くかういふことは往々同じ文字でもカリルとカスは自分の

違で実は同じだ。佐藤君借の字のよみの相違は日本ではどうなつて居りますか、調べて見て下さいましたか。

【佐藤】しらべて来ませんでした。

【山田】かう云ふことが物をきめる根拠となることだから。だらう〳〵では研究になりません。借の字のことはまう一回先にのばすことに致しますか。若い人はどん〳〵と積極的にやらなければいけません。

【喜田】〈十五枚裏十二行〉「水淚穿缺」とあるのは、朝日の六国史によれば「水沃穿缺」となつて居ります。

〔旧輯国史大系第三巻では「水沃㆓穿缺㆒。」＝荊木註〕

【倉野】戻の字の下の方は十二枚表一行の攴（叐）と同じではありませんか。

【山田】一寸違ふやうだ。此の文ですとコレを防がんでせう。

【佐藤】此の処の支は之となほしたでせう。これには「戸」がないでせう。

【山田】この処は防支ともよめる処だな。

【喜田】佐伯氏は沃をソソグとよんで居ります。

【山田】そそぐといへば逃げた形だ。ここはやはり水穿缺を沃《イ》るでせう。即ち穴があいたといふ意でせう。此の字は穴から水が勢よく出るといふ字です。イルとよめば良くわかります。

【喜田】〈十六枚表二行〉匹夫之孝は立身出世して祖の名を顕はすことによる孝ではなく、親之許に居て身の廻りを世話する一般人の孝でせうか。

【山田】さうでせう。孝経では庶人の孝に当ります。

【喜田】次の「礭」の字は朝日の六国史は確としてあります。同じ字です。

【山田】十六枚表六行「美艷藻」の美はどうでせうか。

（7ウ）

[山田] 劇奏美新の「美」でせう。

[喜田] ホムでせう。

[喜田] 〈表八行〉「賦二謫行吟七言十韻一」の処は如何でせうか。

[山田] 七言十韻ですか七十韻ですか。篁入集にはありませんか。

[喜田] 最後の行の古例とは何でせうか、後の方に卜定とありますから、これが古例でせうか。

[山田] やはり占ふのが本当でせうね。前の十五枚の裏に船の次第を定める時のことがありますから種々あったのでせう。

[喜田] 〈十六枚裏〉「其詞牽興多犯二忌諱一」は何でせうか。

[倉野] 前の国史大系本では興は與となつてゐる。

[喜田] 本によると牽与とある。紀略は牽興とある。文牽の代り率の字もあります。佐伯氏は率興を採って居ります。

[山田] それもをかしい。よく調べれば何とか出て来ませう。

[倉野] 「率」だと大体よめさうにも思はれますが。

[山田] 牽の字には少々意味がありさうだ。まう少し調べて見る必要があります。

[倉野] 国史大系本には與の字は而の誤かとあります。

（8オ）

[山田] 牽は牽強附会の牽としても見られるが、興はわからない。私は不覚の至りだがこれから少し調べませう。

[喜田] 〈八行目〉「披黄衣」の「披」はどういふ意味ですか、どの本も同じやうですが、披はヒラクですから、

こゝでは被ではないでせうか。
[山田] 披にキルといふ意味がありますか。
[喜田] ないらしいです。篁を配所より召された時は、文徳天皇実録の篁の伝には四月とあり、続日本後紀の編年の記事には二月とあつて、月が違つて居ります。
[内田] 被も披も同じく使つて居ります。「披髪左袵」の場合被も披も用ひてゐます。
[山田] それではなほす必要もないでせう。被に通ずるとすればどちらでもよいですから。
[山田] 十六枚十一行「悔失晨」の失晨には出典がありさうです。
[喜田] 〈十一行〉降優貫の貫は本によつては貰となつて居るのもあります。
[倉野] 調べて見ましたがよくわかりません。
[喜田] 佐伯氏は優貰を採り、説文に貰貸也とあることから、優貸、即ち寛赦の意に解して居られます。
[内田] 貰には事の意がありますが、それなら意味が通りますが。
[倉野] 私は賞の誤ならばと思ひましたが。
[山田] 賞ではをかしい。又貫でもをかしい。例によると一位落して位に復するので本位には復らないのですが此の場合は特に御取扱があつたのです。
[喜田] 法隆寺僧善愷の訴訟事件の記事ですが、こゝだけの記事ではよく分りません。この文徳天皇実録仁寿二年十二月癸未（廿二日）の小野朝臣篁伝の外、続日本後紀承和十三年九月乙丑（廿七日）の和気朝臣真綱の伝、同書同年十一月壬子（十四日）の事件に関する明治《ママ》博士等の断文、同書承和十四年五月辛卯（廿七日）の記事、三代実録貞観四年八月十七日の讃岐朝臣永直伝、同書貞観五年五月癸亥朔の正躬王伝、及び同書貞観八

（９オ）

年九月廿二日の伴宿禰善男伝等を綜合すると事件の概要を察し得ます。此の事件は、承和十二年春夏の際、法隆「寺の僧善愷が、少納言登美直久直名を、同寺の檀越として法を犯したと称して、太政官に訴へ出たので、参議右大辨正躬王等が、その訴状を受理したところ、右少辨伴宿禰善男は、直名を援けんとて、その辯口と天皇の寵遇とを恃んで、正躬王等と論争し、正躬王等が善愷の違法の訴状を許容したことは、善愷のために私曲をなすものであると、正躬王等を誣告するに至りました。これがため問題は、正躬王等の罪を断ずることが主となり、私曲といふことの解釈について、辨宮《（ママ）》内に於て意見が一致せず、分争が起りました。即ち名例律の私曲相須之義の解釈について、善男は私と曲とは明かに二であると主張しましたが、更に明法博士等の意見を徴しました。博士等は善男の権勢を憚り、敢て正言せず、各人の論は一致しませんでした。明法博士讃岐朝臣永直も、善男権勢を憚り敢て正言しませんでしたが、私曲は両字で一科に処すものと主張して、大いに善男の者に忤きました。かゝる際に、当時有識の式部少輔小野朝臣篁が、権右中辨を兼ねて、善男の論に賛成したため、正躬王等辨官数人は、善愷の違法の訴状を受理したといふことで、官を解かれ、位を削られました。

（９ウ）

[倉野]〈十七枚表十行〉「糺二法求《（ママ）》之不一熟二律義一」の処ですが一本によると「家」の字を「処」「として居ります。

[喜田] 朝日の六国史は家です。

[山田] 家の方が私等にはわかります。

[倉野]〈十七枚表十四行〉議定の議は言篇がない方がよいやうな気がします。即ち所レ執律文ノ義とよみたいのですが。

[内田] 一寸前の処ですが「有一於此」は私曲を一つでも犯せばといふ意味と思ひますが。

（10オ）

【山田】さうです。

【佐藤】此の律文は上表に添へて出したものでせうか。

【倉野】さうでせう。

【小松】言篇の議のことですが、それより前の十行目の処に「請レ議二定私曲律義一」とありますが、此の議定とどう関係しますか。

【倉野】律文の議はやはり言篇のある方がよい。義のことを言つてゐるのでは無いやうです。請レ議二定私曲律義一を承けた議定と見ると穏かです。

【山田】此の処はどうも国史大系のよみが良いやうです。

【喜田】新しい国史大系本は議です。

【山田】さうすると可考申までが勅旨になりますがね。

【倉野】さうですね。元《モト》の法律の解釈は文句の解釈らしい、私と曲との処などはさうです。

【内田】〈十七枚裏三行〉疏は唐律をいひますか。

【喜田】日本のです。私曲の処は名例律の下の方がないのでよく分りません。

【山田】この辺の文によつて考へて見ると永直は疏を読んでゐないやうで、篁の方がよく知つゐると思はれる。

【倉野】それを永直が曲けたらしい。知らぬことは無いらしい。

【山田】篁は権左中辨になつてから関係を始めたのですね。善愷は法隆寺の僧だから治部省の管轄だが、それは左辨官の仕事ですか。

【喜田】大抵は右辨官がやつて居ります。

（10ウ）

[山田] 事が大きくなつたから左右を問はずすることになつたのかも知れない。
（刑部省、治部省ノコトモアツタヤウニ思フ（山田））
[喜田] 刑部省は右辨官です。篁は権左中辨だから定員外として関係したのでせう。一年以上続いた事件です。
[倉野] 後から二行目の遙授ですが、此の先例はありますか。
[山田] あります。任国に赴かないのです。
[倉野] 国司の場合ですね。
[内田] 吏学指南では公務を釐めざるの官とあります。即ち遙授。不釐公務之官也俗云虚職とあります。
[山田] 遥任の先例は、続日本紀宝亀三年七月の条にも見え、相当あります。
[喜田] 最後の行の「趍視病根」の「趍」の字ですが朝日の六国史では診とありますが、国史大系本には「趍」とあります。又「趁」の字の本も「赴」の字の本もあります。国史大系本は「或当作赴」として居ります。
[山田] 趍の字はあるではありませんか。趁の俗字です。
[倉野] 趍には遂の意味があります。
[内田] 明代の写本では趁の字に此の趍を使つた例があります。

（11オ）

[喜田] 内閣本には「赴」とあります。
[山田] 趁には赴の意はあります。それですからこゝは問題はありません。赴き視るです。それより病根とは何ですか。
[倉野] どういふ原因で病気になつたかといふ意でせう。
[山田] さうかも知らない。医者の診察の上の病根ではないね。此の人は学者で豪傑です。初から弾正ばかり

（11ウ）

やって居る。憎まれ役を一生やった人です。人気のある人は違ふので今でも人気があります。人物が立派だったのですね。

［内田］「世論嗷々」は此の通り「々」としてゐるのですか。

［喜田］国史大系本はさうなって居ります。

［倉野］法を曲るは、律を見ると死罪に当る。そこで私曲と云ふことが問題になって来る。

［喜田］正躬王が訴状を受付けたのでいけないと云ふ結果になって居ります。

［山田］太政官の中での事ですね。

［喜田］辨官上下でやったのです。

［山田］此の律文の解釈如何によるといふことを篁が申し立てて居ります。此の意味を定めれば良いと云ふのでせう。

十、讃岐公永直

［喜田］（一読）十八枚裏十五行 に踖とあるのは蹐の誤りです。朝日本では蹐になって居ります。十九枚裏二行 の括弧の中の文徳天皇実録に見える「為㆓大判事㆒」の処ですが、三代実録貞観四年八月十七日の永直伝の方には斉衡三年に大判事になった記事はありません。

［山田］大判事は亡くなった所にあります。其の処一寸ぬけて居ります。続日本後紀承和八年二月六日の条文には「外従五位下讃岐朝臣永直為㆓兼阿波掾㆒。大判事勘解由次官如故。」とあります。それで、承和八年の記

事を加へる必要があります。其の前に大判事になつたことは書いてありませんか。

[倉野]（コ、ニ文句ヲ加ヘル必要アリ）承和元年正月「為二大判事一」とあります。

[山田]これでよいですね。

（12オ）

[喜田追記]永直は承和元年正月、大判事となり、嘉祥元年配流になるまで、引「きつゞき大判事であつたやうです。配流のため召人官となり、其の後召されて本位に復され、斉衡三年十二月、再び大判事に任ぜられたのであると思ひます。つまり配流の前後大判事であつたわけです。

[喜田]此の方は優遇された方です。

[山田]此の人は本当の法曹で専門家です。学問の方は大学者だつたのでせう。

[倉野]実際にやつた人ですね。

十一、川枯首勝成

[喜田]（一読）河目如伎表の表は袁の誤でせうか。

[山田]新撰姓氏録にも表とあります。後の人が表は袁の誤かとしてヲと訓むことになつたのでせう。

[倉野]古事記の写本にも此の例は沢山あります。

[山田]永直の官職について法曹類林の勘文には見当りませんか。

[喜田]官職は無く、唯讃岐永直とあります。

（12ウ）

［山田］この終の行の明法博士の姓は何といひますか。

［倉野］珍しい名前ですね。ミタスケでは如何でせうか。

［山田］御輔は姓ですか名ですか、明にして置きたいものです。

［佐藤］これには（大日本史音訓便蒙）ミスケノナカミチと訓んで居ります。

［喜田］御輔長道の処ですが或本では其の次に朝臣が入つて居ります。

十二、漢部松長

［喜田］（一読）漢部と云ふ処は、

［山田］大本教の綾部ではありませんか。漢部は新撰姓氏録には無いですね。丹波と関係深いから何か縁がありさうです。

［佐藤］帰化人ですか。

［山田］漢部は帰化人です。

［倉野］令義解の撰者の中には、身分の低い人が名を連ねて居りますね。

［山田］実際にやつた人はかう云ふ人です。

　これで一応終つたことになります。

［倉野］御陰で撰者の伝も一応終りました。纏めて頂くことにします。

［山田］多少疑問がありますがそれは此の次にいたしませう。

（13オ）

以上

（１オ）

令共同研究会記録　第八回

日　時　昭和十九年七月十五日午後一時―同二時三十分

場　所　学長室

出席者　山田。小松。倉野。新開。原田。喜田。新美。高橋。川出。佐藤。森。岩垂。内田。

（１ウ）

［倉野］先づ前回問題として残して置いたことから解決致したいと思ひます。二三問題がありましたが、借位のことについては、佐藤君にお調べを願つて置きましたが如何ですか。

［佐藤］借の字の訓について調べて見たのですが、類聚名義抄を見ても色葉字類抄を見てもカルともカスとも、両方の訓がありますので読み方の上からはどちらとも判断出来ません。類聚三代格に見える太政官符に借叙のことがあります。即ち次の如く出て居ります。

太政官符

応レ賜下借二叙五位一郡領位禄上事

絹三疋　綿三屯　調布廿端　庸布卌段

右太政官去年八月廿日下二式部省一符偁。撿二正三位行中納言兼右近衛大将陸奥出羽按察使良岑朝臣安世奏状一称。郡領者今之県令也。親レ民行レ化。実在二斯人一。時澆俗薄。称レ格者希。伏望。善政為三国司所二挙申一者。借二授栄級一。令足二自展一。然後考績依レ実与奪者。依レ奏者。左大臣「宣。奉レ勅。宜下且賜二件禄一使中

（２オ）

自勧励上。但位田資人并子蔭。不レ在二此限一。

天長二年七月八日　（類聚三代格巻六）

（2ウ）

これは遣唐使の場合と趣が違ひ假に授けて見て後の功績を見て与奪するといふことですが、やゝ似た例と思ひます。この場合假に授けると見てカスでもよいと思ふのですが、訓の方からは何とも判断出来ません。

［喜田追記］ 佐藤さんが示された借叙に関する太政官符と同様の記事がいくつか国司の中にありましたので、参考までに左に抄出します。

・承和八年三月癸酉。陸奥国柴山郡権大領外従六位下勲七等阿倍陸奥臣豊主。黒川郡大領外従六位下勲八等靭伴連黒成。江刺郡擬大領外従八位下勲八等上毛野公毛人等。並借二授外従五位上一。皆由二国司褒挙一也。（続日本後紀）

・斉衡二年十一月癸《八》丑。筑前国奏言。上座郡大領外従七位上前田臣市成。理レ郡年久。善政日聞。百姓同レ声。謂二之不煩一。請仮二外従五位下一。積レ効為レ真。従レ之。（文徳天皇実録）

・貞観四年三月廿日戊子。河内国河内郡大領正六位上河内連田村麻呂。信濃国埴科「郡大領外従七位上金刺舎人正長。小県郡権少領正八位下他田舎人藤雄等。並授二借外従五位下一。（日本三代実録）

・貞観六年七月十五日己亥。陸奥国磐瀬郡権大領外正六位上（同上）
磐瀬朝臣長宗借二叙外従五位下一。（同上）

・貞観八年八月七日己卯。越前国今立郡大領外正六位上生江臣氏緒授二借外従五位下一。以下献二稲十万束一充中公用上也。（同上）

・仁和元年閏三月十九日甲辰。下総国海上郡大領外正六位上海上国造他田日奉直春岳。借二外従五位下一。以下

代二百姓一済中調庸上也。（同上）

・仁和二年十二月十八日壬戌。越中国新川郡擬大領正七位上伊弥頭臣真益。以二私物一助二官用一。代レ民済レ公。仍授二借外従五位下一。（同上）

以上は何れも郡領に外従五位下をかりに授けた例であります。叙せらるゝ者の家柄及び当時の位階から見て、五位を授けるのが無理な場合に、敢て五位を授けんとする時借叙が行はれるやうです。その故に「積レ効為レ真」ともあります。遣唐使の場合と郡領の場合とは、借叙の目的は異なるやうですが、或る位階に相当しない者に、その位階を授けるといふ点に於ては、借叙の「意義は同様と思はれます。

（３オ）

[内田]　康熙辞典《ママ》には、広韻集韻韻会正韻により、借、假也、貸也とあり、カスと全然同じ意味にとつて居ります。

[内田追記]　借貸相通の例として逆に貸を借の意味に用ひし例に晋書恵帝紀に見ゆ。即ち八王之乱当時恵帝の蒙塵の時の事銭無くして侍従の者より金を帝が借りたことを大弟頴与帝単車走洛陽。……侍中黄門被嚢中齎私銭三千、詔貸用通鑑は此個所を詔貸《カル》レ之とし所在買飯と見ゆ。胡三省は貸、假借也と註せり。

[倉野]　此処も借は貸の意味にとつてはどうですかね。つまりカリニアタヘルといふ意味で。

[山田]　假に与へるか、假に授けるかだね。

[倉野]　佐藤君の引かれたやうに郡領に五位を与へるといふやうなのと同じで。無論実質は異なるけれども。

[佐藤]　遣唐使の場合では帰つて来た時にはとりあげると云ふいみでせうか。

[倉野]　それはさうですが、読み方の上では同じでせう。

（３ウ）

[佐藤]　さうだと思ひます。

（４オ）

［倉野］貸といふ意味はとるとはつきりします。假に授けると云ふ意味にきめていたゞきませう。次に十六枚裏三行の牽興についての問題ですが、これは高橋君に調査を頼んで置きましたが。

［高橋］これはどうも字の誤かと想像しました。牽強の字の誤かと。

［喜田］牽興、牽興、牽与、奉興、奉与など本によつて、いろ〳〵ありますね。

［高橋］此の前の筆記では四つ出てゐたのですが何れも腑に落ちないやうです。

［内田］牽興は佩文韻府に丁監之雑感詩を載せ、その中の「牽吳興」の略が即ち「牽興」であるとして居るやうです。

［高橋］あれは此処には宛てはまらない。興味をひくとかいう意で。

［内田］興味をひくと云ふのでよいのではないですか。

［高橋］それでは体を為さないでせう。

［倉野］牽強附会では却つて意味をなさないでせう。

［内田］「興味本意でやつた」といふ程の意味でせう。

［倉野］内田君の言はれる方が正しいやうだ。牽強では意味をなさない。

［内田］興に強いいみはないでせう。

［倉野］興に牽かれて事実さながらを謡つたので忌諱にふれたのです。

［高橋］なるほど

［倉野］内田君の引かれたものの意味をまう少しはつきりさせないといけないでせう。

［高橋］あすこはどう云ふ文章でしたか、確か対句でした楚の悲しみに対して興をひくと云ふことです。あの

（４ウ）

例が沢山あればと思ふのですが稀な例を持つて来るのは無理ではありませんか。

[内田]　その略を牽興ととつたのです。

（山田退出）

[倉野]　二十枚表の御輔の訓は、喜田さん如何ですか。

[喜田]　三代実録の貞観二年九月二十六日の条に勘解由次官従五位下兼行明法博士御輔朝臣長道卒として、その伝がありますが、訓は分りません、朝日の六国史索引のよみの順ですとミホと読んでゐるらしい。

[倉野]　姓は勿論姓でせうね、何か記事があるでせうね。

[喜田]　さうです。伝の中にもあります。明法博士、大判事、勘解由次官になつたことはありますが、何う云ふ系統の人か、伝の中には書いてないので、よく分りません。

[倉野]　永直や勝成の官職は分りませんでしたか。

[喜田]　法曹類林ですか、これには讃岐永直、川枯勝成等と書いてあるだけで、官職は附けてありません。

[倉野]　「表」は勿論「袁」の誤でせう。それから失晨の晨は時を失ふこと。此処では時を失ふことを悔むといふ意味でせう。後で高橋君にも聞いて見たのですが、

[内田追記]　三国志管輅伝に山鶏の詩として高岳巌々、有鳥朱身、羽翼玄黄、鳴不失晨と見ゆ。失晨は時を失ふの意歟。

[喜田]　続日本後紀纂話（ママ）には晨は時也とあります。

[倉野]　優貫はどうですか。

[内田]　これは私が此の前に申した貫は事也で正しいと思ひます。魏書高道悦伝に臣既疏魯濫蒙栄貫〈云々〉

（5オ）

といふ句がありますが、この栄貫と優貫は殆ど「同じ意味と考へられます。

【佐藤】貫《ママ》には赦のいみがありますね。

（山田入室）

【倉野】山田先生、さつきの牽興ですが、今のところ、興に牽かれると云ふ説と、牽強と云ふ誤字説との二つに分れて居ります。

【山田】まだそこですか。

【高橋】牽強附会で意味がとほります。面白く云ふならば読んで面白いでせう。

【倉野】言葉は興味深く述べてゐるが、内容が忌諱に触れたといふのではありませんか、歌を作つて諷刺したから牽強では強すぎるばかりでなく却つてをかしな事になります。

【高橋】私は疑問でしたが、さう云へば牽興になるでせう。此の佩文韻府のでは面白さが涌いたと云ふので特別の使ひ方でせう。

【喜田】国史大系には牽而に作るべきではないかともあります。

【倉野】而では意味が通りません。興に牽かれてとはよめませんか。よめるでせう。

【内田】兎に角興に牽かれての意味でせうね。

（5ウ）

【喜田】牽興では何うでせうか。

【倉野】其場合でも同じことでせうね。率と牽とは同じやうな意味ですから。興にひかれて詩を作り諷刺したことから太上天皇の御怒にふれたと云ふのです。

【高橋】私は字が間違つて使はれたと思つたのです。

(６オ)

[山田] 例があれば字の誤は穏当でない。(佩文韻府の文一読) これはをかしいね、どうして牽興になりますか。
[高橋] 興と牽を熟字としたのです。
[山田] 然し語の字をはさんでゐるでせう。これはどうしてもをかしい。何か他に例があるでせう。無理をして熟字を作るのはをかしいね。熟字があるならば倉野さんのお説が御尤のやうに思ひますね。
[高橋] そこの処は楚の悲に対してゐる。その例からの説明は無理のやうです。
[山田] 無理は無理です。
[倉野] それにヒントを得たのです。
[山田] 牽強は尚をかしい。興に牽かれてとはよめる。
[倉野] 遺唐のことを諷刺したので御怒を買ったのです。このことは内田君も讃《(ママ)》成されたのですか。
[山田] それはさうです。
[佐藤] ひかれてと受身にすることは何うですかね。
[山田] さういふことを言ふのは無理です。合理的にやらうとするとさうなる。東洋のものは合理的に必ずしなければならぬといふやうに窮屈に考へるとかへって不明になることが少く無い。カスとカルの例もあるのですから。
[佐藤] 牽は無理にひくといふので、興をそしるといふいみにとれませんか。
[山田] ヒカレテとよみました例はいくらでもあります。朗詠集を見て下さい。
[高橋] その例は序文にもありました。

（6ウ）

[山田] 色々と伺つてゐるうち、今までの説では興に牽かれてが一番よいやうですね。少し無理の様に思はれるが、字をとりかへるよりはよい。字を変へて何々だらうでは困る。又牽強附会の牽強では此処では具合が悪い。やつぱり調子に乗つてといふことでせう。さう云ふことは我々の場合でもよくあります。興は或は又興奮の意で「もよい。さうすれば「興奮しすぎて」の意味で興味の方ではない。

[倉野] やりすぎたのですね。

[倉野] 晨を失ふはどうでしたか。高橋君。

[高橋] 私は時を失つて出発しなかつたといふことだらうと思ひます。

[倉野] さう云ふことですかね。

[高橋] さうでないですか、前に舟にのらなかつたと云ふことかと思つたのです。晨には明方の意味であります、晨門と云ふこともあります。何かさう云ふやうな出発すべき時に出なかつたと思つたのです。

[山田] 佩文韻府には出典はありませんか。

[高橋] ないやうです。

[倉野] 悔むのは篁の方でせう。だから篁は元来心の中には国に報ずることを期してゐる人だつたが、たま〳〵流謫されたから、国につくすべき時のないのを悔いてゐたのではないですか。

（7オ）

[高橋] かう云ふ場合の時に晨が使へれば問題はない。

[山田] 何か出典がありさうだ。朝の意味はないですか。朝廷に朝する意味はないかね。たゞ時を失ふのではなく朝廷といふことは朝出勤し昼退るかう云つた失晨といふのも、出勤する時を失ふの意味かと思つてゐるのだが

（７ゥ）

［高橋］佩文韻府では朝といふ意味だけに使つてゐるが、守晨といふ例はあります。

［山田］それはありますそれはトキモリのことです。それからここにいふ晨はこれはどうしても夜明けですね。

［高橋］先生のおつしやるいみでせうね。昔の出勤は「晝卯」といつて卯の刻に出て来るからそんなことを云つてゐるのではありませんか。

［山田］さう云ふことですね。何んだかそんな気がしてならないのです。朝する時刻については令や式を見ればあります。

［喜田］大化改新の詔にもあります。

［山田］さうでないと所謂太政官庁の朝所《アイタンドコロ》で朝餉をいたゞくことが意味のないものになります。

［倉野］さう云ふ意味であるとは思ふのですがね。

［山田］上に報国とあるから此の晨も国家に関係しないと意味をなさない。

［倉野］時期を失ふのは、結局不遇の意味になりますが、不遇と云つただけでは足りないやうな気がします。

［山田］時期でなくて事実そのものを言ふので、どうも今日いふ不遇といふ意味ではないらしい。まう少し努力するとその意味も明かになりませう。

［倉野］明法博士の御輔の姓ですが、その読方はどうでせうか。

［山田］読み方はどうか確かな典拠がありますかどうか。しかしその姓は国史に出てきます。

［倉野］前回は読みだけの問題のやうでしたが。

［山田］よみ方のこともともよりですが、此の前はかういふ姓はあるかどうかのことでした。そこで続日本後記承（ママ）和六年七月の条を見ますとある。その御輔氏の元の姓は安倍です。即ち「甲辰、左京人外従五位下安倍宿

禰真男等賜二姓御輔朝臣一」とあります。

【喜田】先程申したのですが、御輔朝臣長道の伝が三代実録の貞観二年九月二十六日の条にあります。朝日の索引では、ミホとよんでゐるやうです。

（8オウ）

【山田】「ミ」はよいが「ホ」はをかしい。下を「ホ」とよむのならばゴホともよめます。「ミ」とよめば下を「スケ」とよむのではないでせうか。

【倉野】此の人の伝に朝臣とありますので丁度合ひます。勝成の官職はいろ〳〵見ても何にも書いてないさうです。

【山田】此の人はこれでよいでせう。

【内田】十五枚裏の「淚」は字引にはないやうです。涙の字の間違のやうです。

【倉野】此の前は沃と決めてゐたのでせう。

【内田】淮南子主術訓に水淚破舟とあります、全く同じ文です。淮南子の異本には戻るの字があてゝあります。

【山田】これでせうね。涙がもれるといひますかね。沃だと水がどっととばしり出ることでよく分りますが、国語では「射る」と同じ語で「いる」とよむ。それは、

【喜田】少しづゝじめ〳〵といふことでせうか。

【倉野】淮南子の句とよく似て居りますね。同じ事のやうです。

（8ウ）

【山田】「沃」はじめ〳〵と出るのでなく水鉄砲で弾き出す様に出ることです。淮「南子をよく調べて見るんですね。此の頃は字を変へて使って居りますから厳密なことは申されませんが。

（９オ）

官位令第一

[倉野] それではいよ〳〵官位令に入ることにいたします。新美さんどうぞ。

[新美] 官位令については取扱方如何で問題が多からうと思ひますが、どう取扱つて行きませうか。制度の歴史的なことは今略いて、令集解で問題にせられたものを見ますと、官位令となつてゐるが、「位官令」といへないのか、官が先で位が後か等先後、尊卑、高下の問題がとりあげられ、結論としては官位相当をあげるのが目的だから前後貴賎で考へるべきでないとしてゐます。その他散位、散品のこと外位のこと、官、位、令の出典訓義などが考へられてゐますが、官位令がどういふ性質目的のものかの問題が重く意識せられてゐると見ることが出来ませう。この官位令第一のよみ方について假名をつけたものは見当りませんが、多分、官をツカサと訓し位はクラヰと訓し二つを併せて恐らく字音で読みならはしてゐたのだらうと思ひます。

[倉野] 字義を問題にしてゐるのですね、先づそれから発展させるとよいと思ひます。

（９ウ）

[新美] ――一読――此の本文について或本に慶本と文字の差がある。有等級の級に「差」の字を使つたものがあります。それから義解の後につゞけて、慶安本がさうですが、頭註を加へたのがあり、慶安本より更に多い註を加へた古写本もあります。これは訪書餘録の旧岩崎文庫本の写真版で見たのですが。また一者の者が無いもの曰となつてゐるものなどがあります。何ちらがよいものか定められるなら、本文校訂に関してお考へいたゞきたいと思ひます。

[倉野] 同じことですね、意味は。

[山田] それでは前のことを伺ひますがクワンの音の語尾はmですかnですか、高橋君。

［高橋］ nです。
［山田］ それではクワンミとはよめない。クワンヰです。そこからはつきりさせる必要があります。それから大臣以下書史《ショシ》以上と読まれましたが、これは書吏《ショリ》です。これは初に親王大臣が出て最後に書吏が出て居りますから合ひます。これも訂正願ひます。
［倉野］ それからさつきの官位相当のことですが義解の立場は官位相当と考へて居る、官位か位官かの問題で（10オ）すが、名目は支那の官品令に基づいて官位令となつたヿのでせう。
［新美］ さういふことなら倭名抄にもあります。その通りでせう。
［倉野］「位」といつても、親王は「品」となつて居ります。
［新美］ 名称の差別はさうなつてゐます。どうして差別したのかが重要でせう。
［山田］ さうでせう。支那では何故官品といつたか問題でせう。勲位もあるから官位相当とも云へない。
［小松］ 位を立ててそれに官と勲とがついたのでせう。
［山田］ 重いことならば官が重い。官が本体です。
［新美］ 位より官が重いかどうか位を先づ立てゝ官の高下を示したのでせう。
［倉野］ 位を先に立ててゐるのは記述の便宜からだと思ひます。
［小松］ さう云ふ便宜的の意味ですか。
［倉野］ これは編纂記述の上の立場からで各官に一々位を書きつけることになると繁雑になるからだと思ひます。
（10ウ）
［山田］ これは官を明にするのでなく位を明にするのです。ここは官の相当する位を明ヿにすることです。で

(11オ)

ないと、勲位が出て来るのが分らなくなる。勲位は官ではありませんから。
[倉野] 義解は勲は位に相当するからといつてゐます。
[山田] それはをかしい。この註は支那流の註解の形式ですね。官のことは職員令で出るからここは位が主体でせう。然し官の意味は何うでせうか。
[新美] 官についての註釈は職員令に出て来ます。
[山田] 職員令は個々のもので、纏つたものは出て来ません。ここでは官といふことの一括した意味をやつていたゞきたいと思ひます。
[倉野] 註釈本に何か手がかりはありませんか。
[小松] 国家の官吏のいみでないでせうか。
[山田] それはもとより国家が任命する官です。今までの官位令の釈解ではこれに触れたものは無いやうですね。説明せずに図表のみにした方もあります、この研究は大分新しい方法が入りさうです結局は支那の官と日本の「つかさ」と両方から研究を進めて行くべきでせう。官と職との委しいことは職員令でやるべきでせう。
[新美] 官の支那の意味は何でせうか。ツカサとよんでゐますが、ツカサの意味はどうでせうか。
[佐藤] 説文によると宀は家の意、𠂤は衆の意とあり、之を合せて家の中に多くの人が居て事を処理するの意の如く見えて居ります。これが官の元の意味かと思ひますが、これを官の意義に用ゐてゐるのはどういふわけでせうか。
[高橋] 多くの人が集つてゐるといふことでないですか、そこが官の字に当てられた理由だらうと思ふ。
[佐藤] 官とツカサはその性質、成立ちは全く違ひます。

【山田】そのことについては今問題にする前に、官は周礼にあるからこれを押へないと国語の「ツカサ」とどう違ふかについては云へない。少くとも周礼から唐の官品令まで来、日本語の「ツカサ」のもと、それから何処まで使つて来てゐるかを挙げないと分らないでせう。

【佐藤】新美さんがツカサと官の相違を問題にしたので官といふ文字とツカサといふ語とは本質が違ふと言つたのですが。

【山田】違ふ違はないはまだ早いと私は言つたのです。此の処が大切です。

(11ウ)

【佐藤】文字と言葉と本質と、三つの方面からする必要があるでせう。漢字の位はどうか、それからクラヰとはどう云ふ関係かを調べる必要も、

【倉野】品もさうです。

(12オ)

【山田】これは皆日本の歴史の結果ですから。此の研究については相当の調査、準備が要ります。これについてその一部分一部分を分けて調べていたゞくのが最もよいやうです、まづ官といふ文字については高橋さん、つかさは佐藤さん、その本質については新美さんにお願いたします。それから位の方も。それから官の方になると言葉だけでなく歴史があるから官の歴史を支那の歴史の方から内田さんに調べていたゞく、日本の官位は推古天皇以降のことだがそれ以後の変遷を喜田さんにお願し又それを位の総合的意味を新美さんに纏めていたゞくやうに、お願いたします。

【倉野】それからまづ最初に官位令と云ふことの意味をはつきりさせて置く必要があります。さうでないと官と位の令か、官位の令か明瞭ではありません。併し多分は官位の令と云ふのではないでせうか。

(12オ)

【山田】ここで官位令を調べる上での要点は官位令そのもの、官、位、官位相当、「品、勲位、勲位に対し文

位と言ってよいかどうか、位が服飾に関係してくるがその関係する処を明にする、位記の問題、内位外位、慶安板に唐名がついてゐること、など沢山あります。

〔倉野〕次回はどうしませうか。

〔山田〕調査すべき事が大分あるやうだから、八月は調査に当てて会は開かないことにしませう。

第三章　神宮皇學館大学『令共同研究会記録』㈢（第九回〜第十二回）

はしがき

第三章では、前章に引き続いて、戦時中、神宮皇學館大学でおこなわれた令の共同研究の速記録である令共同研究会記録』を翻刻する。

この資料については、すでに渡邊寛氏が「神宮皇學館大學における「令」の共同研究―『令共同研究會記録』―」として『皇學館大学史料編纂所報　史料』一二四〜一二七（平成五年四・六・八・十月）に、その一部を翻刻しておられることは、第一章の「はしがき」にのべたとおりである。

前二章では、第一回から第十二回までの速記録のうち、第八回までの分を紹介したが、今回は、残る第九回から十二回までの分を翻刻する。本章では、研究会の当日出席者に配布された資料も紹介するつもりでいたが、「令義解の撰者」と題する資料が思いのほか長く、これらについては、次回にまわさざるを得なかった。読者諸彦のご諒解を乞う次第である。

翻刻は、筆者所蔵の速記録により、皇學館大学神道研究所所蔵の古川真澄氏旧蔵資料の、おなじ速記録を参照したことは、前回までと同様である。

常用漢字は、原則として常用漢字体に改め、それ以外の漢字については正字体としたが、他はおおむね原文に忠実に飜刻することをこころがけた。

ただ、なにぶんにも、粗悪な謄写版印刷による記録で、ところどころ文字の不鮮明な箇所があり、判読に苦しむ場合も少なくない。とくに、第九回の分については、印刷が不鮮明で判読できない箇所が多かった。どうしても判読できない文字は、缺字のままとしたが、前後の文脈から類推するなどして、なるべく缺字を埋めるようつとめた（なお、一四二頁五・六行目の□は原文のままである）。

読者の便宜を考慮し、袋綴じ体裁の原本の頁数を「１オ」・「３ウ」などと、鼇頭に示し、改頁箇所に「を附したことも、これまた前回の体裁を踏襲した。ただし、第九・十・十二回の速記録では表題のある第一紙を第一丁と数えたため、実際に速記録に附された丁数とは一つづつずれている。

なお、第九回の研究会の際に配布された資料が現存しないのは、遺憾である。しかしながら、議論の対象となった部分については、速記録の当該箇所及び巻末に資料の原文が引用されているので、内容を把握するうえでとくに支障はないと思われる。

（1オ）

令共同研究会記録　第九回

十月一日　午後一時三十分―三時三十分迄

於学長室

出席者　山田。小松。倉野。新開。原田。喜田。笹月。新美。川出。高橋。佐藤。内田。森。近藤

（2オ）（1ウ）

（白紙）

［山田］初めに一寸申し上げて置きたいのですが、それは先月この会を開くべき処、私の方の都合と、新美教授が学徒出動の附添で行かれ留守になつたのとで、遂のび〳〵となり、八月は休み、九月も休んだ形になりました。そこで本日の会は八月の会の意味で御願いたします。

［倉野］一寸報告させて戴きます。先般皆様に研究していたゞいた令義解の撰者の部分が喜田教授の格別の御骨折で御覧の通りの一冊に纏まりましたが、これはどういたしませうか

［山田］出来上がつたのですね。

［倉野］撰者の部分だけ出来上りました。何れ回覧にでもいたしませうか。

［山田］結構です。

［倉野］まう一つ御相談を御願したいのですが、それは序文攷を纏めるに当つて、序文の結構を決定して頂かないと都合が悪いので、これをなるべく早く決定していたゞきたいのです。如何でせうか。此の次の会にはそれをきめて頂きたいと思ひます。それで前に差上げました資料を次回には御持参下さい。本日は前に分担を決

（２ウ）

めていたゞいた部分に関する資料が出来て来ましたのでそれをやっていたゞきたいと思ひます。支那の方は高橋助教授、日本の方は佐藤「助教授にお願いたしました。只今御手許に差上げましたのがそれであります。初に支那の方からしていたゞきませうか。

［山田］結構です。

［高橋］この前のお話で、これだけの資料を作りました。幾分到らない点も発見されましたが、これを標準として進めて行きたいと思ひます。官位とある、位の方はよく分るのですが、官の方はよく分らない点もありますので、御意見を承りたいと存じます。

（高橋刷物一読并に説明。説明のみ掲ぐ。）

一枚一行の官　唐韻。古丸切。集韻。韻会。正韻。沽歓切。寒韻。とあります。これは音のことです。どういふ音か出して置きました。平の音です。

三行、四行の説文解字、吏事君也。从宀从𠂤𠂤猶衆也此与師同意。とあります。これは官は宀《ベン》即ち家に从《シタガヒ》、𠂤《タイ》即ち衆に従ふと云ふのです。それから官の文字のつくり𠂤は師のつくりの𠂤と同じ意だと云ふわけです。師については次の処を見るとよく分ります。

（３オ）

殷虚文字類編の処で注意することは、説文の頴と作り方が変ってゐることです。後の「得之于此而失之于彼」と云ふのは説文解字では、𠂤を阜と同類即ち小丘と説いたが、これはいけないと云ふのです。「参考までに𠂤朿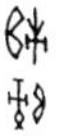の字をあげて置きましたが、之は即ち師であると云ふ例を見る為です。

（印刷、官官師室父鼎　梁上官鼎　平安君鼎上官二字異文　皆古鉢文）

（3ウ）

一枚裏六行の説文古籒《(ママ)》補は説文に金石文の古体を補つたものです。こゝでの𠂤の形はどう云ふものを象とつたかよくわかりません。皆古鉥文とある鉥と云ふ字は普通見受けませんが、之は璽の字に違ひありません。印のことです。

大体以上で官と云ふのは役所に多くの人が居ると云ふことを表はしたものと云ふやうに見当がつきます。

（印刷、説文解字注、段玉裁　人衆而帀□之無事衆而宀覆之其意司也。）

一枚裏十三行の説文解字注の帀□《サクヰ》はぐるつとめぐらす、かう説明して宀覆と説いて行くのですが、これには異説があります。

次の注箋の言はんとする処は、𠂤上即ち丘の上に家が立つてゐる。然も闤闠即ち普通の町並より高い処にある。官は岡の上に家が立つてゐる形だと思つてゐるやうです。つかさに似てゐます。義証は段注と並び称せられるものですが、此の説は朝廷治事処と落着けて居ります。家と云ふことがはつきりして居ります。

説文字通の「古環字訛為𠂤」と云ふ処ですが、これは官はKの音、環はKAの音である。その間に相違があるが、官は元は環の音に従つてゐたのが訛つて𠂤となつたのだと云ふのです。これは転じ易いかの「です。このことは次を読めばわかります。又「官有宦音」と云ふのは、官はK音で平声、宦はHの音で去声ですが同じ音があると云ふのです。字通には証明としてやはり古い例をあげてゐるので参考までに出して置きました。

以上は大体官の文字の解ですが、これから以下その使様について出して置きました。この用例は主として経籍纂詁によりました。用例はあげれば限りがありません。ずつと読んで見ます。（用例は最後に附加す）

官と位の一字一字の意味を調べるようとのことでしたが、なほ念の為終りの方に官位と熟語に用ひた例を佩文韻府から出して置きました。

(４オ)

官の考に諸説がありますが、私の考へた処では、官は多くの人が役所に於て政治を執つてゐる、その事を文字の形にした。実際の意味がいろ〳〵にうごいて参りますが多分官職と云ふのが元のやうに思ひます。抽象的で甚だ困るのですが、多くの臣下が君に仕へる即ち官職といふ事だらうと思ひます。

[新美] 集解に官は法たりといふ注を引いて居りますが、その出典は何にありますか。その例も此の用例に加へたらどうでせうか。

[高橋] こゝには出てゐませんが、その例は礼記礼運の処です。其官於天也、鄭玄注字猶法也とある。家語では官職分也です。礼記の礼運篇には官は法なりとあります。

[山田] 家語の礼運篇ですか、礼記の礼運篇ですか。

[高橋] 礼記の礼運篇です。

[倉野] 日本の「ツカサ」に近い説は、説文解字注箋ですね。

[高橋] さうです。

[倉野] 日本では高い処を「ツカサ」といひますから、この意味でこの語に官の字を当てたんですね。

[高橋] その例が金文などにあればよいが形の上から行くと全然違ふのですがね。

[倉野] 宀とはどう云ふ意味ですか。

[高橋] 家です。屋根の覆うた形です。

[倉野] 官の実際的意味から云へば、家語の官は職分也が当りますね、語源的解釈は別として。

[高橋] 具体的には朝廷治事も当りませう。

[倉野] それは違ひませう。

【高橋】それを処に当てればさうなります。

【倉野】結局支那の「官」と日本の「ツカサ」とを考へ合せた上で定めるべきです。

【高橋】使ひ様についてはまだ〳〵出す可きでせう。此の刷物で略いた例ですが、古い処で金文の中に「官」を「文句として入れてある処に「汝に官を命ず」と云ふ句があります。これはどうしても位です。こゝに云ふ官は私の見た処では三つあります。頌、鼎、殷、壺がそれです。

（４ウ）

【倉野】官を人と考へるのは悪い。

【高橋】さうです。役目とでも言ふのですか。

【倉野】職ですね。但し職についても調べる必要が大いにあります。と云ふのは、御承知の通り我が国では職員令を以前は客員令と言って居た。さうしてみると官と職とは同じ意味に取られてゐたのではないでせうか。官職と熟字に用ひてゐることと考へ合せると重要な問題があると思ひます。後で国語とにらみ合せた上で考へて見ませう。

【新美】支那での使ひ様では、官に「仕へる」と「臨む」と云ふ二つの相反するものがある、かう云つてよいのでせうね。

【高橋】その中心は公の役目といふ処で、そこから出てゐるのでせう。

【新美】ここが重要な処で、と云ふのは役人が君主に対し、又人民に対するという二つの面をもつてゐる。そこを見定てゐるやうに思はれます。官は小政也、官は小臣也の「小」をつけたのはどういふ意味でせうか。

【高橋】「小」と云ふのは政事では事の方に当る。その方ではないでせうか。

【山田】これは呂覧の本文を見ないとわからない。私の想像では前の文章からすると此処では小臣であり、小

（５オ）

「政であると云ふのでせう。この文章の引用の仕方は良くありません。

[高橋] 注の意味は勿論先生の御言葉の通りです。

[山田] 官に「小」の意味があるとは言へないでせう。官は政なり臣なりと出れば良いのではありませんか。

[倉野] 前後の関係で意味が制約されてゐるのですね。

[高橋] 使ひざまとして見て下さらないと。

[山田] 此の儘の文章の引き方ではいけません。前後の関係を抜いて単語だけを出したのでは本当の意味はとれません。又私どもの知りたいのは、官の文字の本当の意味と、大宝令で使つてゐる文字の「官」は何う云ふ意であるか。それが支那ではどうなつてゐるかを知りたいので、官の文字の変遷が知りたいのではありません。大宝令で使つてゐる「官」の文字は支那では何の辺で使つてゐるのか、支那の何の例に当るかを知りたいのです。私どもの研究の上には、さつき高橋君のいはれた金文の例「汝に官を命ず」が参考になりますが何ですか。

[高橋] 本文です。

周礼の「設官分職」は周礼の本文にあるものですか。

[山田] これも参考になります。支那でもさうですが日本でも官職のことは大体周礼が根本になつて居ります。このことは支那でも日本でも同じだと云へませう。此の「設官分職」の後に王安石の注があります。即ち

（５ウ）

「官。言㆓「所㆑司之士㆒。職。言㆓所掌㆑之事㆒。」と見えて居ります。王安石の注ですから採るか採らぬかは別といたしまして。

[倉野] それが寧ろ日本のに近いやうに思はれます。大変参考になります。

[山田] 周礼の説が日本には近いと思ひます。その周礼の説が何処から出てゐるか調べる必要がありませう。

官の字の方はこれ位にして先に進んでいたゞきませう。

［高橋］　それでは位の方を読んで行きます。（用例は最後に附加す、参照）

説文解字校録の「空一字」と云ふのは、先の説文解字の「从人立」の下に一字空字《アキ》があつたと云ふのです。次の類纂の処ですがはこの第二字か第三字を位と解したのです。

［高橋］　位の方は系統がはつきりして居ります。説文の出来た頃に官は朝廷に臣下の居る処を指してゐると解して居ります。位は地面に人が立つてゐるところを指したのです。

［山田］　位にリフと云ふ音がありましたか。

［高橋］　わかりません。立と位は源は一で同音だつたと思はれますが、今は分れて二字二音となつてゐます。それだけは明かです。

［山田］　立はもと地上に人が立つてゐると云ふ意があります。人扁をつけたのは後の字です。これは分りよいですね。

（6オ）

［高橋］　立の処で、説文に立は住也とあり、段注では住を逗と直してあり、その説明には大が一の上にあるのにしたがふと言つてゐる。人の地面の上に立つてゐると言ふことです。

［新美］　位の字自体に尊貴の意をつけて使つた例はありませんか。

［高橋］　使方によつてさう使ふ場合があるでせう。

［新美］　朝意とか爵位とかあるから。

［倉野］　位は人の立つてゐる処であるから自然と尊貴の意も出てくるでせう。

［山田］　貴と云ふ意が出てくるか、と云ふのですか。

（６ウ）

[高橋]　前後の関係からさうなることはあります。易の繋辞伝では。
[山田]「聖人之大宝日位」といふのはどう云ふ意味ですか、俗的に解すと新美教授の言はれるやうにもとれますが。
[新美]　逆に位は聖人の大宝也といへば。
[山田]　その説は成り立たないでせう。ここは位は大切だから、聖人は重んずると云ふ意味でせう。
[近藤]　私は日本では宝祚、みくらゐといふ意にとります。古文真宝後集に大宝箴といふ文がありますが、その大宝でありませう。年号の大宝の出典は。
[山田]　易ではせう。尚こゝは聖人の聖人たる所以は位にありといふ意でせう。こゝでは位は大きい意味を持つてゐるのです。
[近藤]　官位の熟語は周礼にはありませんか。
[高橋]　ありません。
[内田]　先の新美さんのお話についてですが、東洋史、特に文化史の方面で注意せられてゐることですが支那では 孟子に 天子位一位 卿一位 大夫一位云々とあり、天子と人民とは社界的に絶対に違つたものと見てゐない。即ち位に直ちに天子の位、貴いと云ふ意味はないと思ひます。支那では位に尊貴はありますが、それは単なる階級です。
[近藤]　もつと古いものにありませんか。
[新美]　熟語としての官位の使方はどの程度唐の影響を受けたかもつと用例を出していたゞきたいと思ひます。官品令が官位令になつてゐる点などありますから。

（7オ）

［山田］こゝで云ふ官位は支那の例です。日本ではもつと深い意味があると思ひます。唐にさういふ用例があつたので日本で採用したか、日本独特の「官位」の使方があつたの「か、もう一度考へてみる必要がありませう。

［倉野］唐の官品令を我が国で官位令と直したものか、最初から官位令であつたものか、兎に角この二通りに考へるべきであると思ひます。といふのは三代格や、令集解や続日本紀によると職員令は最初官員令と言つてゐたことが知られますから。何れにしても品が位にかはつてゐる理由は十分考へるべきでせう。

［山田］支那に無い文字を日本が使つたとは言へない。官品令とは言はず、官位令と言つたのは何故か、もと〳〵官と位との関係を論じてゐる令なのだから、その理由を調べることは必要ですね。尚、周礼に官と品との関係に就いての名目があれば都合がよいが。

［高橋］ないですね。若し別な言葉でいふなら、九命作伯のやうなのが官位相当の事実にあたります。

［倉野］そこで官位といふのは、官と位か、それとも官の位かどちらであらうと思ひますが、この問題は大きいと思ひます。

（7ウ）

［山田］こゝに出てゐる例は官と位とを同じに並べたゞけですね。（用例は最後に附加す）

［倉野］佩文韻府の例はそれを決めるのには適当と思ひますが、唯最初の一例「は幾らか参考になるやうに思はれます。（プリント参照）

［山田］尸位素餐の徒と言ふ言葉もある通りそんな例は多いでせう。従つて官と位の関係の説明に使ふのは無理ではないですか。

［高橋］支那には官位とか官品とか、その間の関係について官位といつた例は無いでせう。

（８オ）

［山田］さうならば日本独特です。

［高橋］支那では皆「品」です。日本では品が少いから官位となつたのでせう。

［倉野］私は官の位と解するのがよいと思ふ。位官ではなく官の位で官の位処を規定したものではないかと思ふ。

［新美］然し令制では「位」に各種の特権が伴つてくるから官と位は分れるでせう。私は官と位の観念は明瞭に分れてゐると思ひます。

［倉野］勿論分れてはゐるが、官に序列をつけるとそれ〴〵の位に当るといふことを規定したのが官位令と思ひます。

［新美］さうすると益々別なものになるでせう。別なものを併せて官位と熟させてゐる、その所に何があるかゞ問題でせう。

［山田］話は混雑してきましたが、日本では最初は「位」でした。大宝に入り初めて親王の位を品と言つた。その初は位であつた。そこへ唐令の品を採り入れたのです。その採り入れ方ですが、日本では品を貴い方にあてたわけです。臣下の方は前々よりの位です。そこで大宝令の実際から行くと品は四品、位は三十階もある。従つて官品令とは言へなかつたではないか。尚、話を元に戻しますが、先程は官位を使つた例があるかないかといふことでしたね。どうですか、官と言ふのはどの辺に落着けますか。

［近藤］職掌を言ふのでは、此の頃では都合がよいやうですが。

［山田］我々がどう解釈するかと言ふのではなく、この令の頃はどう解したかと言ふことです。

［倉野］私の考では我が国に於ける官の意味は語源的には解字の注箋が近いし、具体的には家語礼運の「職分

也」とあるのが近いと思ひます。

（8ウ）

[山田] 私は「官《ハ》職分也」には賛成出来ない。尚語源の方では、解字の「説と殷虚文字類編の説とどちらが正当ですか。問題はどちらに落着けるかにあります。

[高橋] 形の上からの解き方では解字の方は誤りです。

[山田] 誤りと云ふ意味は。

[高橋] 解字は𠂤を阜にとって居りますが、殷虚文字等から研究した結果、阜は𠂤となり全く形が違ってゐるのです。此の点は明瞭です。

[山田] 𠂤の意味は。

[高橋] 阜から来た𠂤でなく、師の𠂤がよいと思ひます。

[山田] 殷虚文字の研究はこの頃の流行だが、どの程度に確実ですか、何だか危ないやうにも思ひますが。

[高橋] 羅振玉の研究はたゞ殷虚文字だけでなく、古文の説も金文の説も採り入れてあります。金文によっても形の上からは説文に従ふことは出来ない。

（9オ）

[新美] 説文解字の説が日本に思想的にどの程度の影響を与へたものですか、わからないでせうか。

[高橋] 別に調べたわけではありませんが、日本では字の説明には古くから説文解字によってゐたことは事実です。相当の権威を認めます。

[山田] さうでせう、殷虚文字の研究は最近の説でせう。それで古くからの説を覆へしてはいけません。その結局の解釈はどちらも師でせう。たゞ文字の起源の解は少々違ってゐるだけで結局の意味には間違がない筈です。日本の文字の解は結局説文解字によってゐたのだから、解字の説が間違ってゐるからといって捨てゝしま

（9ウ）

つてはいけない。何処が日本と関係したかを明らめるのだから。

[高橋] 先生のおつしやることはよく分りました。然しその元が大切ではありませんか。文字の起源に多少でも間違ひがあれば。

[山田] 間違つてゐても結局の解釈には間違ひがなければ、ことに必要な場合のものとしては良いではないですか。

[高橋] その元を明らめなくては。源が濁れば流も濁る。どうしても一往源を清める必要がある。

[山田] 元を明らめるのは良い。さうなれば問題はこゝだけではありません。さつき位にリフの音があるかないかお尋ねしたが、あなたはわからんと言つたでせう。先づその元を明らめるとしたらどうですか、都合の良い所だけ元を明らめ、都合の悪い所はそのまゝにして置くのでは困ります。今問題にしてゐるのは元は種々にとかれても最後の所は同じである。然も元とか語源の如何に拘らず解字の考へ方が日本に一番関係が深い。それで分つてゐるでせう。此処ではやはり周礼の「設官分職（附録参照）」が良いでせう。尤もこれは王安石の註ですが。位は問題ないでせう。官位とつゞけて用ゐる例に就いては官位令の所で致しませう。これで大体の見当がつきました。

[倉野] 今日は大分勉強になりました。

[高橋] 大分失礼なことを申しましたが。

[山田] 遠慮はいりませんよ。どし〳〵やつて下さい。

[倉野] 次回は作文大体に拠つて先づ序文の結構を決定していたゞき、次に佐藤さん提出の刷物について研究し、次に内田さん喜田さんに各々分担の部分に就いてお願ひするやうに予定して居ります。では今日はこれ迄

に致します。

（10オ）

参考

〇二枚裏、官の用例

官　主也。管子宙合。不官於物而旁通於道注、

官　猶事也。礼記楽記。楽之官也注、大地官矣注、

官　猶仕也。礼記雑記下、官於大夫者之為之服也注、

官　職分也。家語礼運。其官於天也注、

官　法也。礼記礼運。

官　小故也。呂覧務本。治官耳也注

官　小臣也。呂覧愛士。広内之官也注

官　謂朝廷治事処也。礼記玉藻、在官不俟屨注、

官　官府也。周礼士師。二曰官禁注、

官　居官者也。礼記学記。凡学官先事注、

官　精神所在也、謂人有五官五府。孟子告子上、耳目之官注、

官　君也。広雅釈訪一、

官　猶公也。史記孝文紀、五帝官天下索隠、

終り

（10ウ）

○四枚裏、位の用例

説文解字

列中庭立左右謂之位从人立、

説文解字校録、　繫伝立下空一字疑是声字葢声兼義古立位通

簠室殷契類纂、古位字金文中即位之位均作此同立字重文

説文古籀補、　古位字頌鼎王各大、室即立立当読位、

説文古籀補補、　古鉢三位信鉢位字反文从企、即立古鉢及斉刀文往如此、

段注。按中廷猶言廷乎、雖有北面南面之臣皆以在石約挙之左、傳云有位于朝是也、引律之凡人所処皆曰位、

爾雅釈宮。中廷之左右曰位、

位猶止也。　位者謂其所立也。　位禄也。　位爵次也。　位朝位也。

位所坐処也。位立処也。

聖人之大宝曰位、　易繫辞下伝、

○六枚表　官位の用例

佩文韻府

史記日者伝、司馬季主曰才不賢而託官位利上奉妨賢者処是竊位也、

漢書李尋伝、良有不得已可賜以貨財不可私以官位誠皇天之禁也。

呉越春秋、計硯曰官位財幣金賞者君之所軽也。

論衡、才知行操雖高官位富禄有命、

潜大論、且凡四海之内香聖人之所以遺子孫也官位職事者群臣之所以寄其身也

杜甫詩、才尽傷形体病渇汗官位、

○参考追加資料

・周礼天官冢宰、帷王建国辨方正体国経野設官分職〈鄭司農云置冢宰司徒宗伯司馬司寇司空各有所戦而百事挙〉

（1オ）

令共同研究会記録　第十回

日　時　昭和十九年十一月三日（十時―十二時半）

場　所　学長室

出席者　山田　倉野　新開　喜田　笹月　新美　川出　高橋　佐藤　森　内田　岩垂

（1ウ）

（白紙）

（2オ）

【倉野】それでは今日は先づ序文の結構に就いて、此の前申上げた通り、佐藤君に説明していたゞく事に致します。

【佐藤】それでは私も文の構造に就いては多く存じませんので、作文大体に示した所に随つて名を付けたのですが、たゞこれに従ふと韻の上からは、平仄に合はぬのが多い。たゞ文字の排列から見たので厳密に云へば合はないと思はれます。この刷り物の各句のもとに付けた名称がそれです。その中に高橋さんからの注意もあり

（2ウ）

ましたので、二三訂「正して置き度いと思ひます。一枚の裏「皇帝陛下」の下の（傍句）を（漫句）に、二枚表「臣謹（中略）」は何も書いてありませんが、（漫句）と書込みます。一枚目の「僶俛南畢」の「南」は「甫」の誤りですから改めます。次の「分為一十巻。名曰令義解」は対句としましたが、これも漫句と改めます。それから、「凡其篇目条類。具列于左。（漫句）也。（送句）」の「也」の一字を引離して送句としましたが、作文大体によれば、上に含めて（漫句）と改めた方がよいと思ひます。

（3オ）

【倉野】これは作文大体に依つたものですね。

【佐藤】さうです。

【山田】筆は韻をふまねばならぬといふわけではない。

【高橋】韻ではなしに平仄でせう。

【佐藤】間違ひました。

【山田】文と筆とは違ひますから、文の様に厳密に考へることはいりません。古事記の序文でも平仄は合ひません。これはさう深く考へなくていゝでせう。
（3ウ）
【佐藤】大体先生の古事記序文講義における結構の説明に倣ひました。

【山田】「伏惟」は発句ですか。

【佐藤】高橋さんに聞いたのですが、発句でよいと言ふことでしたから。

【倉野】作文大体に「伏以」とか「予聞」とかあって、「伏惟」の例はありませんが、大体同じ意味なので、発句として置いていゝでせう。

【山田】いゝでせう。それから「臣謹」の所はそこだけで、後はどうなつたのですか。

【佐藤】「臣謹」以下「辨論執議」までを漫句としたのです。

【山田】この中略の仕方は拙いです。「臣聞与（中略）……等」の様に、「与」と「等」を入れなければいけません。そしてその次の文を一続きの長い漫句にしなければわかりません。それから「分為一十巻。名曰令義解」の所は、一緒にして漫句にするのか、分けて漫句にするのかね、高橋君。
（4オ）
【高橋】二句でも一つの漫句としていゝでせう。作文大体に例があります。

【山田】さうですね。漫句だから続けていゝですね。

（４ウ）

［倉野］この前の所もさうですね。［牽拙経稔。僶俛甫畢］（漫句）」

［山田］終りの「凡其篇目条類。具列本序」の所もさうですね。この「也」は送句で「はいけないのですか。

［佐藤］送句の場合は上が対句になつて居ると思はれますから、「也」を含めて漫句とした方がよいと思はれます。

［山田］併し上が漫句であるとか、対句であるとかによつて決まるわけではない。「也」の一字で送句になるのではないですか。

［倉野］さうですね。これは原案の通りに生かしては如何ですか。

［山田］さうしませう。焉哉乎也を送句と言ひます。此が漫句についた時は、漫句に入れてしまふといふわけにはゆきません。

（５オ）

［倉野］送句の例を見ると、「也」だけで、「雑事無対」とあります。

［山田］「也」を漫句の中に入れると、送句といふものはなりたゝぬことになる。

［高橋］山が対句ならばなりたちませう。

［山田］併し送句は一字ですね。漫句についた場合は送句といはずに、漫句としてしまふものか、これは文鏡秘府論でも見ればわかると思ひます。

［高橋］文鏡秘府論には、細かい句の結構は無い様に思ひますが。

［山田］多少は細かい所もあります。

［佐藤］古事記序文講義には送句としてありましたのでかうしたのですが。

［山田］分ければ送句とするより仕方がない。あれは上が対句だつたのでせう。

（５ウ）

（6オ）

【佐藤】懸鏡吐珠。而百王相続。（長句）

喫剣切蚍。以万神蓄息　与（送句）

邦家之経緯　（長句）

王化之鴻基　焉（送句）

とあり、漫句の例としては、

運移世異、未行其事（漫句）矣（送句）

とありました。

【倉野】ここは必ずしも上が対でなくとも、送句としていゝでせう。

【山田】作文大体の例は、「也」は下にかゝるから漫句にしたのです。「哉」の方の例は「漫句を送句の代へるといふのです。

【高橋】その例によつたのですが、それでは間違ひました。

【佐藤】それでは元のやうに再訂正します。

【山田】私の感じた所はこれだけで、これ以上はありません。

【倉野】それでは今日の原案を訂正した所は、

（1）皇帝陛下（漫句）

（2）臣謹与（中略）等、輙応明詔。辨備執議。（漫句）

（3）僶俛南畢。「南」は「甫」と改める。

（4）分為一十巻、名曰令義解。（漫句）

（６ウ）

といふことになります。

[高橋] 一寸伺ひたいのですが、私の疑問は最後の三つの漫句は夫々分けるべきなのか、それとも一つに続けられるならば続けるべきなのでせうか。

[山田] 私は続ける方が良いと思ふ。漫句とはそんなものではないでせうか。

[倉野] それでは続けることにしませう。但し書き表はし方ですが、「也」を別行にして、上に上げることにしたらと思ひます。それから作文大体によつて、発句とはどんなものか等の説明を初めに附加しないといけませんね。さうしないと、一般の人にはわかりかねると思ひます。高橋君に念の為文鏡秘府論を一度見ていたゞくことにしませう。

[山田] 細かい句の名はないが、発端とか終りとかはわかります。

（７オ）

[倉野] では続いて、我が国に於ける「つかさ」「くらゐ」の語に就いて佐藤君に説「明をお願ひ致します。

[佐藤] それでは日本の方で、「つかさ」及び「くらゐ」といふ語をどんな風に使つてゐるかに就いて、印刷物により説明します。古い時代から令義解の時代迄の全部に就いて申上げるといゝのですが、主として奈良時代の文献や、国語で書いたものを集めてみました。

始めに「つかさ」から申上げます。

古事記雄略天皇の巻に

（７ウ）

大后歌其歌曰　夜麻登能　許能多気知爾　古陀加流　伊知能「都加佐　爾比那閇夜爾　淤斐陀弖流　波毘

呂　由都麻都婆岐　曾賀波能　比呂理伊麻志　曾能波那能　弖理伊麻須　多加比加流　比能美古爾　登余

美岐　多弖麻都良勢　許登能　加多理碁登母　許袁婆

（8オ）

万葉集巻十七の山部宿禰赤人詠鵬歌一首とあるに

安之比奇能　山谷古延底　野豆可佐爾　今者鳴良武　宇具比須　乃許恵

仝じく巻二十、大伴家持の歌に

多可麻刀能　宮乃須蘇未乃　努都可佐爾　伊麻左家流良武　「乎美奈弊之波母

同じく巻四、大伴坂上郎女の歌に

佐保河乃　涯之官能　小歴木莫刈焉　在乍毛　張之来者　立隠金

同じく巻十、黄葉を詠める歌に

里異　霜者置良之　高松野山司者　色付見者

以上の例に見られる「つかさ」は同じ意味にもちゐてゐると思ふので、これらを一括して申します。これらについて古事記伝には

（8ウ）

伊知能都加佐は、市之《イチノ》高処《ツカサ》なり。師ノ云ク、都加佐とは、最《モトモ》高キ処を云。契沖云ク、万葉に山のつかさ・野のつかさ・岸のつかさなどよめり。高き方「を云べし。水のつかさなど云も、つかさの上略なるへしと云へり。凡て官司《ツカサ》と云は、もと最モ高キ処を云より出たるなるへし。［然るを契沖が、つかさどる意にて、高き方を云べしと云るは言の本末違へり。つかさどると云は、官司より云言にて、末なるをや。又水のかさなど、凡て物のかさを云は、まことに都加佐より出たる言にもあるべし。かさが高い・かさがないなどと常にいへり。］野山司《ヌヤマツカサ》、万葉十［四十五丁］に見え、野豆加佐、十七［十一丁］又は［廿丁］に見え、涯之官、四［廿丁］に見ゆ。皆その高き処を云りと聞ゆ。さて此市も、即ち上の高市なり。［別に物賣る市を云には非ず。］

(9オ)

稜成言別には

市之堆なり。都加佐とは、地の高き処を云。土加佐の義なるべし。水の高きを美加佐と云ひ合せて、然かおほし。［今、言にも加佐があるとも、加佐が高いとも云フ是也。塚と云も同語かと思へど、是は築《ツク》と云言の活するなるべし。］されば官・司を都加佐と云も、堆の高底さまざまあるに比喩たるにて、官司《ツカサ》が本にて云にはあらざるべし。万葉に、野豆可佐とも涯之宮ともよみたり。［猶此ノ加佐と云言を思ふに、椀《モヒ》の蓋《フタ》を、加佐といひて、笠も瘡も、其形相似たれば、中のふくれ上りたる故の名なる事しるし。又船馬に荷加佐と云類も准へしるべし。］

と云つてあります。

(9ウ)

これらの説明によつて、ほゞ「つかさ」の意味が知られると思ひます。即ち野とか山とか涯とかについてその土の高い処を「つかさ」といつて居ります。さうしてこれらを通じて見て「つかさ」には「高い」といふ意味が本質的なものとして含まれてゐると考へられます。次に万葉集巻十八、大伴家持の歌に、

須賞呂伎能　之伎麻須久爾能　安米能之多　四方能美知爾波　宇麻乃都米　伊都久須伎波美　布奈乃倍能　伊波都流麻泥爾　伊爾之敝欲　伊麻乃乎都頭爾　万調　麻都流都加佐等　都之里多流　曽能余里波比乎　安米布良受　目能可佐奈礼波　宇恵之田之　麻吉之波多気毛　安佐其登爾　之保美可「礼由久

(下略)

(10オ)

これを万葉集古義では

万調麻都流都加佐等は、諸の貢調の中に、稲はどの長上なればいへり。

と説明して居ります。これによれば、この「つかさ」も「高い」といふ意味で使はれてゐると思ひます。次に

万葉集巻十八、大伴家持の賀陸奥国出金、詔書歌に

（上略）大伴家　佐伯氏者　人祖乃　立流辞立　人子者　祖名不絶　大君爾　麻都呂布物能等　伊比都雅流　許等能都可佐曾　梓弓手爾　等里母知弖　剣太刀　許之爾等理波伎　安佐麻毛利　日布能麻毛利爾（10ウ）大王能　三門乃麻毛利　和礼乎於吉弖　「且比等波安良自等　甲夜多弖　於母比之麻左流　大皇乃　御言乃佐吉乃〈一云乎〉　聞者貴美　一云貴久之安礼婆

又巻二十に同じく家持の喩族歌に

（略）安米能之多　之良志売之祁流　須売呂伎能　安麻能日継等　都芸弖久流　伎美能御代御代　加久佐波奴　安加古許己呂乎　須売良弊爾　伎波米都久之弖　都加倍久流　於夜能都可佐等　許等太弖氏　佐豆気多麻敝流　宇美乃古能　伊夜都芸都岐爾　美流比等乃　可美里都芸弖氏　伎久比等能　可我見爾世武乎（11オ）安多良之伎　「吉用伎曽乃名曽　於煩呂加爾　己許呂於母比弖　牟奈許等母　於夜乃名多都奈　大伴乃宇治等名爾於敝流　麻須良乎能等母

この二つの歌に見える「つかさ」はいはゆる「つかさどる」ところ、職業といふやうな意味で用ゐてをりますが、併したゞ商売といふやうな意味での職業ではないことは勿論で、おほやけには仕へ奉る所の職といふ意味で、ここにも「高い」といふ意味が籠つてゐると思ひます。

次に万葉集巻八、大伴坂上郎女の歌に

官爾毛　縦賜有　今夜耳　将飲酒可毛　散許須奈由米

（11ウ）同じく巻十六、筑前国志賀白水郎歌十首の中に

官許曾　指弖毛遣米　情出爾　行之荒雄良　波爾袖振

これらの歌に用ゐた「つかさ」は民に対する官、「お上《カミ》」といふ意味で用ゐられてゐるので、官が民に比べて高い地位を占めてゐるといふ意味があると思ひます。

又万葉集巻十八、大伴家持の庭中花作歌に

於保伎見能　等保能美可等々　末伎太末木　官乃末爾末　美由伎布流　古之爾久太利来　安良多来能　等之能五年　之吉多倍乃　年枕末可受　比毛等可受　末呂宿乎須礼婆（下略）

同じく巻十九、やはり家持の詠んだ挽歌に

（12オ）

天地之切時従　宇都曽美能　八十伴男者　大王爾　麻都呂布物跡定有　官爾之在者　天皇之命恐　夷放国乎治等　足日木山河阻　風雲爾　言者雖通　正木遇　日之累者　思恋　気衝居爾（下略）

これらに見える「つかさ」は前の場合の官に似てゐますが、これらは官位令といふ場合の官、即ちお上に働いてゐる場合の官職を指してゐると思はれます。かういふ例は続紀宣命には数多く例が見えますが、ここに一例だけ挙げて置きき《ママ》ました。神亀六年八月の詔に

卿等〈乃〉問来政〈乎〉者加〈久耶〉答賜加久〈耶〉答賜〈止〉白賜官〈爾耶〉治賜〈止〉白賜〈倍婆〉「教

（12ウ）

賜於毛夫気賜答宣賜随〈爾〉

以上「つかさ」といふ語の用例を通じてみるに最初の「野づかさ」「野山づかさ」といふ場合の「つかさ」がもとに在つて、その場合有してゐた「高い」といふ観念が本質を差して種々の場合に使用され、官位の場合の官の意義もさういふ所から出て来たものと考へます。

【倉野】それでは今御説明を願った事に就いて何か御意見があれば。

私の疑問とするところは、万葉集巻十八の「万調　麻都流都可佐等都　久里多流云々」の歌の、「つかさ」

(13オ)の意味で、今の説明ではどうも納得が出来かねます。「長上」といふ意味ではどうものみ込めません。

【佐藤】略解には「稲は万づの貢に奉る物の中にて専らとする物なれば然か言へり」「とあり、又古義には「諸の貢調の中に稲はその長上なればいへり。」とありますが。

【倉野】その趣旨はわかりますが、私は矢張り「職」の意味、即ちここではなりはひとみるべきではないかと思ふ。この表現ではどうも稲が最上のものとは考へられません。

【佐藤】併し田を作る人を「つかさ」と言ふのもをかしいと思ひます。

【山田】この所は決定しておかなければならぬ所です。佐藤君はそれでよいとしたのでせうが、他に異説はありませんか。ここの始めから読んでゆくとわかるのですが。

【倉野】それから巻八の「官爾毛縦賜有云々」の歌には調書はありますか。

(13ウ)【佐藤】左註に「右酒者官禁制。偁宮中閭里不得集宴。但親親一云」とあります。

【倉野】それから後の官ははっきりしてゐて、官位令の官の意と同じだと思はれますね。はっきり官制の出来た後ですね。

【佐藤】これが官位令の官ですね。

【山田】それは少々違ひますよ。巻十八のと、宣命のとは官職の意、巻八と巻十六のとは官、ーではわかりにくいが官庁の意です。少し違ひます。その前の二つ、巻十八の「大伴家佐伯氏者云々」のと、巻二十の「つか(14オ)さ」は、令の言「葉では職業ではなく、職掌ですね。これはよいが、その前の巻十八のだ。これは前から読んで行けば見当がつくのではないですか。この「四方能美知」の道は単なる道路の意ではなく、東山道、山陰道などいふやうな広い意味の国々です。次の「宇麻乃都米伊都久須伎波美、布奈乃倍能　伊波都流麻泥尓」の所は祝詞の祈年祭、月次祭にある文句で古事記序文の「御紫宸而徳被馬蹄之所極、坐玄扈而化照船頭之所逮」をこれを土台にしたものです。そこでここは皇威が八紘に行波なのをいふのです。至る所から貢を奉る、それで万調と云つたのはよくわかりますがね。

（14ウ）

【倉野】空間的には四方八方から、時間的には古より今までを云つたのですね。

【山田】さうです。そこで次の「万調麻都流都加佐」ですが、これを古より万調の長上であるといふ事ならその上に「麻都流」といふ語がある筈はない。下が上を「まつる」体言として用ゐるのは無理です。

【倉野】「まつる万調のつかさ」とあれば略解の解釈でよいのですが。

【山田】「古よ今のをつゝに」まつるのです。

【倉野】奉るのが万調なのですね。

【山田】空間的には四方八方から奉り、時間的には古から今まで絶えず奉る調をいふので、稲を長上とすると「まきし畠も」が長上でなくなると共にいらぬこと「を加へたとも見える。

（15オ）

【倉野】「そのなりはひを」の「を」は如何でせう。

【山田】「なるを」といふ意味でせう。

【倉野】詞書がありましたね。

【佐藤】あります。「天平感宝元年閏五月六日以来起小旱百姓田畝稍有凋色也至于六月朔日忽見雨雲之気仍作雲一首〈短歌一絶〉」

【山田】ここの「つかさ」も職掌の意味だね。近頃の人は百姓は職掌と思はないやうだ。現今の供出の事を考へればそれも大切な「つかさ」です。

(15ウ)

【佐藤】それではここも、次の例と同じく（「ことのつかさの」の例）とび離れた例にはならな「いわけですね。

【山田】農も陛下の命令を受けて一番重い。その時代の制度を考へると、弓削氏は弓を作る、これは武器だから重いと云へば云へるが、笠縫氏に至っては笠を作る職掌でせう。少しぐらゐ雨が降っても我慢が出来るのに笠縫が職掌なら、お米を作るのは「つかさ」の中の最も重い「つかさ」でせう。百姓、町人、土百姓といふ頭で徳川時代の学者は見てゐたかも知れませんが、私はここにはつきりした日本思想の特色が出てゐると思ふ。他の説を調べてみて下さい。きつとあると思ふ。

【新美】古義などは官即ち高所の意味と解釈したため誤解したのでせう。

(16オ)

【山田】それもあるかも知れませんが、支那流といふか、徳川時代の俗人の土百姓といふ考へ方と両方あるのでせう。

【新美】「つかさ」に高い意味と職掌といふ意味とがあるとすれば、どちらが先かわかりませんか。

【佐藤】私は「伊知能都加佐」の方が早いと思ひます。

【新美】さうだとすると古義のやうになると思ふのですが。

【佐藤】いやそれでも高いといふ意味が含まれて居ります。

【倉野】高いといふ意味から分化して、種々の意味になり、職掌の意味の「つかさ」に官の字をあてたのでせう。

(16ウ)

【佐藤】官《くわん》は国語の「つかさ」よりも狭いと思ひます。

【倉野】結局この資料によると奈良時代或いはそれ以前に於いては「高所」「官職」「職掌」などと意味が既に

分れてゐたことがわかりますが、古くは高所といふ意味ではなかつたでせうか。

【佐藤】「つかさ」は公には、奉ると言ふ意味でも高いといふ観念があると思ひます。

【山田】職掌、官庁、官職の「つかさ」は一つに見てよい。所が前の高所といふ意味は全然違ひます。この場合どちらが先かといふ事が問題でせう。第一私は「つかさ」の語源はわかりませんが、「つちかさ」でせうか。その「かさ」とは何ですか。

【倉野】「かさ」は量の意味でせう。

（17オ）

【山田】「かさなる」の「かさ」は量の意味ですが、ここに云ふ「かさ」と関係がありますか。「水《み》かさ」といふと普通の水面より段々と高くなる意味があるので、これは「かさなる」と関係があるやうであります。

【笹月】「つか」と関係があるやうに思はれますが。

【倉野】「つかへる」の「つか」とも関聯してゐるやうに思はれます。万葉でツカサに官と司の文字わあてゝゐるから、当時これらの字を「つかさ」と訓んだのは確かですが、もとの意味との関聯があるかどうかわかりません。

【佐藤】私は「高い」といふことで支那の官につながると思ひます。

（17ウ）

【山田】私は「つかさ」といふ事になるといつも宇治拾遺物語の「利に芋粥の事」を思ひ「ます。夜ねてゐると高所に登り大声で薯蕷を持つて来いと号令してゐるが、早朝からがやがや多くの人々が来たやうだが、起きてみるとその庭先に山野やうに薯蕷を持つてきた積んであつた。即ちこれは近いあたりの家来共に命令を口頭で下す為に高い塚の上にあがつて叫んだので、それによつて家来がそれを守つてその命令が行はれた。即ち「つかさ」の上に立つて号令を下す。あれが「つかさどる」の事実上の源だと思ふ。「つかさ」は高い山といふ意味ではなく、平地の上に一寸うづ高（ママ）くなつてゐて全部を見渡し、又全体が見える所で、今よく体操する時、台に上るのがちやうどそれと同じです。

〔倉野〕播磨風土記を見ますと、揖保郡大家里の条に

　大法山。品太天皇於此山宣大法。故曰大法山。

（18オ）

とありますが、参考になりますね。

〔山田〕ですから「つかさ」の「つか」は塚でせう。塚に立つて命令を下すその人と思ふ。「つかさどる」はここから起つたのではないですか。日本の官職の源はそこから出てゐると云ふのが私の持論です。

〔倉野〕お墓を云ふのは後の事でせう。

〔山田〕昔は「つかさ」と云つて塚とは云はなかつたのでせう。それを「つか」と云ふのは後の言葉でせう。

〔佐藤〕瀧川政次郎氏もさういふことを云つてゐるやうに覚えてゐますが。

（18ウ）

〔山田〕さつきの宇治拾遺には「男のさけびていふやう、この辺の下人うけたまはれ、明日の卯の時に、切口三寸、長さ五尺の、芋各一筋づゝ持つて参れ、といふなりけり。あさましゆう…」この話は今昔物語にもあり、寧ろ今昔物語の方が本でせう。さうして今昔の方が意味をよく分るから、そこをよみませう。「あやしくも云ふかなと聞きて寝入りぬ。未だ暁に聴けば庭に筵敷く音す。何態為るとか有らむと聞くに、夜曙けて蔀上げたるに見れば、長筵をぞ四五枚敷きたる。何の料にかあらむと思ふ程に下衆男の木の様なる物を一筋打置て去ぬ。その後うち次ぎ持て来つゝ置くを見れば、実に口三四寸許りの薯蕷の長さ五六尺ばかりなるを持て来て置く。

（19オ）

巳時まで置きければ居たる屋ばかりに置き積みつ。夜前叫びしはやう其の辺「に有る下人の限りに物云ひ聞かする人呼びの岳とて有る、墓の上にして云ふなりけり。云々」とあります。

【倉野】それでは次の位の方をやつて貰ひませう。

【佐藤】では「くらゐ」について、一通り申し上げます。「くらゐ」といふ語の假名書の例は古典に見当りませんが、この語は「くら」と「居《ゐ》」との熟語と考へます。「くら」といふ語は古事記上巻に

　於是八百万神共議而於建速須之男命負千位置戸亦切鬚及手足爪令抜而神夜良比夜良比岐

　又

（19ウ）

　故爾詔天津日子番能邇邇藝命而離天之石位押分天之八重多那雲而伊都能知和岐知和岐弖於天浮橋宇岐士摩理蘇理多多斯弖天降坐于筑紫日向之高千穂之久士布流多気

とあつて、「位」といふ字を当てゝ居ります。これを古事記伝では千位置戸を説明したところで、

　千位は、書紀に千座と作《カケ》り、私記に、座者是置物之名也と見えて、其祓ヘツ物を居置《スエオク》物［案《ツクエ》にても何にてもあるべし、］といふ。人の座《ヲル》処を久良章《クラキ》と云も同シ意なり、故ニ此記には位字を書ケり。

といひ、又「天之石位」について、

（20オ）

　位《クラ》は座《クラ》と同じ［久羅章《クラキ》は座居の意なり、又人の坐処《ヲルトコロ》のみならず、物を居《スウ》る台などをも、久羅と云り、又倉鞍《クラクラ》なども、同意の名なり］

と述べて居ます。即ち「くら」は、ひくもつを置くべきところをいひ、その占むべき位置を「くらゐ」といふと考へます。これが「くらゐ」の根本の意味であります。そこから官位の位の意味が出て来たと思ひますが、古典の用例をみると、「位」を「官位」といふ場合の「位」と違つて、むしろ官職といふやうな意味で使つてある場合が少くありません。今その重なる例を挙げて置きました。（別刷参照）

　これらによつて「くらゐ」といふ語の本来の意味が知られると思ひますが、更にいはゆる「位」の意味に用

（20ウ）

ゐてゐる場合も見られるのであつて、続紀天応元年二月の宣命に

然〈毛〉治賜〈牟止〉所念〈之〉位〈止奈毛〉一品贈賜〈木〉

天平神護元年八月の宣命に

此〈爾〉依〈天〉官位〈乎〉昇賜治賜〈都〉

とあることなどがそれであります。この場合「冠」に一緒に用ゐてある場合も見られ、和銅元年正月の宣命に

是以天下〈尓〉慶命詔〈久〉冠位上可賜人人治賜

天平十五年五月の宣命に

天地与共〈尓〉長〈久〉遠〈久〉仕奉〈礼等之弖〉冠位上賜治賜〈布〉

又逆に「位冠」といつた例もあつて、天平神護元年十一月の宣命に

大嘗〈乃〉政事〈乎〉取以〈天〉奉供〈良之止〉念行〈天奈毛〉位冠賜〈久止〉宣

天平神護元年正月の宣命に

然此多比賜位冠〈方〉常〈与利方〉異〈仁〉在

（21オ）

なお単に「冠」とだけ云ふ場合もあります。参考に例を挙げますと、天平十五年五月の宣命に

皇太子宮〈乃〉官人〈尓〉冠一階上賜〈布〉此中博士〈等〉任賜〈部留〉下道朝臣真備二（ママ）階上賜〈比〉治賜

〈波久等〉勅天皇大命衆聞食宣

天平勝宝元年の宣命に

然猶止事不得為〈天〉恐〈家礼登毛〉御冠献事〈乎〉恐〈美〉恐〈美毛〉申賜〈久止〉申

【倉野】 今仰言つた官と云ふべき所を位と言つたとあるのは言過ぎで、「そこに居るべき位置といふ意味にと

(21ウ)

りたいのですが。

【内田】寧ろ朝廷における座席、所謂朝位といふ意味にとつていゝのではないでせうか。

【倉野】その座席に居ることですね。その意味で、官と位の観念は別にする必要があります。

【山田】さつき官位の事を言はれたが、之は推古天皇の冠位十二階を考へねば生きてこないぢやないですか。それも言はずにずらずらと言はれたのではよく分らないのではないですか。官位令の位と一般の位とは別個のものです。位といふ説明だけなら前の一枚で尽きてゐる。

【倉野】続紀天平神護元年八月の詔の「官位〈乎〉昇賜云々」については実際を調べてみて下さい。

(22オ)

【喜田】冠位のことは国史の方でも調べてみませう。

【山田】たゞここで面白いのは国語では位は「座」とあり、漢文では「位」の字の源「立」とあります。これは支那では立礼であるが、我が国では陛下の御前ではひざまづいた。座礼の国だから「くらゐ」と「ゐ」の語を用ゐ、立礼の国だから「立」が字の源となつてゐるといふことで座礼、立礼の別がこの国語と漢字との対比ではつきりするといふことは面白い。ここに日本と支那との違ひがはつきりと出てゐると思ひます。

【倉野】では今日はこれで終ることにします。

追記

【佐藤】天平神護元年八月の詔は

(22ウ)

従三位和気王(「坐」脱カ)謀反誅。詔曰。今和気〈仁〉勅〈久〉先〈尓〉奈良麻呂等〈我〉謀反〈乃〉事起〈天〉在〈之〉時〈仁方〉仲麻呂〈伊〉忠臣〈止之天〉侍〈都〉然後〈仁〉逆心〈乎〉以〈天〉朝廷〈乎〉動傾〈止之天〉兵〈乎〉

（23オ）

備〈流〉時〈仁〉和気〈伊〉中〈天〉在此〈爾〉依〈天〉官位〈乎〉昇賜治賜〈都〉可久〈方阿礼止毛〉仲麻呂〈毛〉和気〈毛〉後〈仁方〉猶逆心以〈天〉在〈家利〉

とあり、猶続紀をみるに、天平宝字八年九月壬子の条

軍士石村村主名楯斬押勝伝首京師

同甲寅の条

是日討賊将軍従五位下藤原朝臣〔「蔵」脱カ〕下麻呂等凱旋献捷。（中略）又勅。以道鏡禅師。〔「為大臣禅師」脱カ〕所司宜知此状。職分封戸准大臣施行。授正二位藤原朝成豊成従一位。従四位上和気王。正五位下山村王。並従三位。

同十月壬申の条

高野天皇遣兵部卿和気王。左兵衛督山村王。外衛大将百済王敬福等。率兵数百。圍中宮院。

同癸未の条

兵部卿従三位和気王為兼丹波守

天平神護元年正月己亥の条

正三位諱。従三位和気王。山村王。（中略）並授勲二等。

（１オ）

令共同研究会記録　第十一回

日　時　昭和十九年十二月二日午後一時―同三時三十分

場　所　学長室

出席者　山田。小松。倉野。新開。原田。喜田。笹月。新美。川出。高橋。森。内田。近藤。

［倉野］それでは第十一回研究会を始めていたゞきます。本日は先づ内田助教授から御手許にお渡しました資料について説明して戴きます。

（１ウ）

［内田］私の分担は日本の官位令の淵源を見る上から、支那の官位の変遷について調べる、と云ふ事でありま す。結局支那の官位の制度を古代から調べると云ふことになり極めて広い範囲に亘ることになります。それ故此処では特に日本の官位に関係することのみに限定いたしまして御手許に差上げました刷物を作りました。次に刷物を読んで参ります。（読む）

先づ第一に挙げました。

（一）有虞氏、官五十。夏后氏、官百。殷二百。周三百。（礼記明堂位）

は舜以後周に至る各朝の官数を示したものであります。尤も此の数字に関しては既に注疏にも異説があり、厳密に謂つて必ずしも正確とは申し得ないのでありますが、疏が既に誤つてゐる如く、此の場合其の概数を謂つてゐるものと見て差支へ無いと考へられます。

（２オ）

周代になりますと官数のみでなく、其官階の如きものも稍明となり、（二）（三）（四）の様な史料も認め得

られるのであります。即ち（二）は宗伯の職掌を叙べたもので、

（二）九儀の命を以て邦国の位を正す。壱命にして職を受け、再命にして服を受け、三命にして位を受け、四命にして器を受け、五命にして則を賜り、六命にして官を賜り、七命にして国を賜り、八命にして牧を作り、九命にして伯を作る。（周礼春官）

（2ウ）

とあり、宗伯は毎命（即ち九命の事ですが、）の異儀を以て邦国、即ち諸侯の国に於ける貴賤の位を正したのであります。受職とは識事を治すること、「受服は祭の衣服を受くること、受位は別国の卿が始めて王臣としての位を受くる事等々、と注せられて居ります。九命の作伯は諸侯の長として方伯となることと注されてゐます。

（三）王者の祿爵を制するや、公侯伯子男、凡そ五等。諸侯の上大夫卿、下大夫、上士、中士、凡そ五等（礼記王制）

注によれば、二つの五等は五行剛柔を象れるものとあり、疏は「公侯伯子男の五は、並びに南面の君にして剛を象り、上大夫以下下士に至るの五は北面の臣にして柔を象れるもの」と説明してゐます。

（四）は衛人北宮錡が孟子に周室が爵祿を班ちたる方法を質したのに対し、孟子が答へた言葉であつて、

天子一位、公一位、侯一位、伯一位、子男は同じく一位、凡そ五等也。君「一位、卿一位、大夫一位、上士一位、中士一位、下士一位、凡そ六等（孟子万章）

（3オ）

とあり、上掲王制篇の記載とは稍々異論があるのであります。此の両者の何れが正しいか。或又両者共に正しく唯周代中に於て或時期によつて斯様な異つた制が前後して施行せられたものか、遂に断定することは出来ないのであります。

（3ウ）

然しこの外周礼を検しますに、

（大宰）以二八則一治二都鄙一、一曰祭祀以取二其神一、二曰灋則以馭二其官一、三曰廃置以馭其吏、四曰禄位以馭其士、……

（小宰）以二官府之六叙一。正二群吏一。一曰以叙二正其位一。……

（宰夫之職）掌二治朝之灋一、以正二王及三公六卿大夫群吏之位一、……

とあるが如く、周代に於て官位の制度が大いに整頓発展したことは推察に難くないのであります。而して是等の記事より観て当時「位」を云ふ語には、朝廷に於ける「座位」を云ふ場合と、観念的な「位階」を云ふ場合と二つあつたと考へられます。

秦は爵を二十等に分つて功労を賞したことは、漢書百官公卿表の、

（五）爵一級を公士と云ひ、二は上造……十九は関内侯、二十は徹侯

なる記事等によつて知られるのであります。

（4オ）

漢も亦秦に倣つて二十等爵を設け、其制は徹侯を通侯と改めた如きことの外は異る所無いのでありますが、此頃に至り、漸く官秩の制度は整頓せられたのであります。即ち刷物の（六）の（二）、

（1）万石〈月三百五十斛〉（太師・大伝……前後左右将軍）

（2）中二千石〈月百八十斛〉（太常・光禄勲……執金吾）

（3）二千石〈月百二十石〉（太子大伝・太子小伝……州牧）

（4）此二千石……　（5）千石……　（16）百石……　（19）斗食之吏

の如く詳細なる官秩の制が規定せられたのでありまして、その全般は漢書百官公卿表・通典に備載せられて居

ります。

而して、此の官秩の制度は「令」に著録せられたものゝ如く、又如何なる名前の令にかと申しますに、「品令」又は、「秩禄令」と云ふ名称の令でなかつたかと考へられてゐますが尤も品令の佚文としましては、

品令曰若盧郎中二十人主弩射（漢書百官公卿表上如淳注引）

があり秩禄令の佚文としては、

（4ウ）

秩禄令曰、姫並内官也。秩比二千石。位次婕妤下、在八子上（後漢文帝紀臣瓚「注引）

とあり、両者を比較するに漢の官牧の制度は「秩禄令」に於いて規定せられたものではなからうかと思はしむる点が多いのであります。

三国の魏に至つて、刷物の第七

第一品　黄銭大将軍・三公……大丞相
第二品　諸四征四鎮大将軍等……第九品諸州郡防門等

の如き九等の官位、所謂「九品」が制定せられました。詳細は矢張り通典に載せられてあります。この九品は勿論魏の「令」に於いて規定せられてゐたものでありませうが、其の令の名称は群ではないのであります。尤も唐六典巻五に引用せられた魏の甲辰令——恐らく魏文帝黄和甲辰五年班下の令の事でありませう。——には、

輔国将軍、品第三、　　游騎将軍、品第四

（5オ）

の二条がありますから、この甲辰令が九品を規定した魏令の一つであつた事は殆疑無いと謂へませう。

「官品令」なる名称は晋令に至つて始めて見られる。即ち（八）の（1）に

晋は買充等に命じて令四十篇を撰せしむ。一は戸、二は学、三は貢士、四は官品、五は吏員、……三十九、

　四十は皆雑法。（六典注）

とあります様に晋令四十篇の第四篇が官品令であったのであります。而して其晋官品令の内容は通典等が詳しく、

　（２）第一品（公・諸位従公）……第九品（軍司馬）

の如く伝へてゐる所でありますが、通典以外の諸書に残存してゐる佚文、

　（３）三公は緑綟の綬なり。（初学記・太平御覧所引）

（５ウ）

や北斉書に引かれた該官品令の品階による置妾数の規定せる条文等より観「れば、該令は単に官の品階を示すのみの令ではなく「官品に関聯する多くの事柄を綜合規定したもの」であったことを、窺知し得るのであります。

　宋斉梁陳は何れも晋の官品制度を仍用したのでありますが、ただ梁陳に於ては、

　　（九）に八班（丞相等）一班（武庫府令……）二品に登らざる者の七班（皇弟、皇子、府長史参軍等）……

　一班（庭姓持節府功曹督護）三品蘊位（著作正令史等）三品勲位（中書正令史等）

の如く九品の中を更に班に細分したのであります。蘊位勲位の字義に就いては特に之を説明した古い注は存しないのでありますが、蘊は精蘊深奥の義であり、勲は勲労の義と解されます。

（６オ）

　宋斉梁陳の南朝に対し、魏斉等の北朝諸朝も其官品の制は概ね魏晋の制「に仍ったのでありますが尚そこには若干の相違が認められるのであり、且つ此の魏斉の改制は隋唐の制度の淵源となったもの多く注意に値するのであります。即ち（十）の（２）にある如く、後魏は九品に対して夫々品を加へ、更にその正従の品を上中下の三級に細分したのであります。

（十）の（2） 太和某年令、九品従品あり、毎一品の内、又上中下三等の差あり。第一品上（三師・大司馬・大将軍）・第一品中（三公）・第一品下……従第九品下）

この九品を細分することは、太和二十三年制定の職令に於て若干改変せられ、従品を置くのは同じであるが、毎品を上中下に三別するのを上下に両分することゝし、而して其れは四品以下に対して行ったのであります。

（十）の（3） 太和二十三年職令、九品、品各、従を置く。凡三十八品、四品「より以下毎品分ちて上下階とす。凡そ三十階、第一品、従第一品、……第四品上、第四品、従第四品上、従第四品、……従第九品上、従第九品。（魏書官氏志）

この太和二十三年の品階区別法は、（十）の（4）に

按ずるに、前代の職次は皆従品無し。魏氏始めて之あり。四品より以下、正従又分ちて上下階と為す。亦一代の別制なり。（通典）

と挙げました如く、後魏の創制であると共に、隋唐の品階区分の藍本となつたものとして注意に値すると考へられます。而して此の後魏の官品制度は、後魏律令の如何なる名称の令に載せられたか。後魏には官令、品令、職品令、職令等の名の令が存したことは、後魏書礼志、刑罰志、官氏志、及び唐六典等によって知られるのでありますが、（（十）の（1）参照）現在残ってゐる其等の令の佚文、

職品令佚文・太和中改定百官、都官尚書管左士郎、（六典）

職令佚文・光禄小卿第四品上第二、請用粛勤明敏兼識古典者、（御覧）

より推すに、「職令」の官品を規定したものであったと思はしめる点がある。（尤も後魏は一代中数次の律令改修を行つてゐるので時期によつて別であつたかも知れない。）

（6ウ）

（7オ）

北斉は概ね後魏の制によつたことは、（十一）の（２）（３）、

後魏に循ひて九品を置く。品各々正従あり。第四品以下毎品別ちて上下階となす。（２）流内比視官十三等、第一領酋長視従第三品……司州武孟従事視従第九品。（３）（隋書百官志）

に見ゆるところである。ただ北斉に至つて官品に対する禄秩給賜の制が明定せられたのは注意すべきでありませう。

（７ウ）

（官一品、毎歳禄八百匹、二百匹一秩たり。従一品七百匹、一百七十五匹一秩たり。……従九品二十四匹、六匹一秩たり。（同上））

尚、北斉も亦「官品令」なる名称の令は存しなかつた。北斉は令五十巻を撰定したのでありますが、その篇目には尚書省の二十八曹、例へば吏部とか三公とか右民とか云ふ様な曹名をとつたからであります。然し兎も角その五十巻の令中の一つにこの官品の制が規定せられてゐたことは云ふ迄も無いのでありませう。（ママ）北周は其の国名が示してゐる通り、周の制度を理想としたので、魏晋以後の九品制を採らず、周代の九命制によつたのであります。その内容は、

（１）「内命」三公九命、三孤八命……中士再命、七士一命

「外命」諸公九命……子男の大夫中士、公伯の上士一命、（隋書百官志）

（８オ）

（２）正九命（太子大伝……大将軍）九命（驃騎将軍……雍州牧）……正一命・一命（通典）

と隋書百官志と通典との間に若干の差異があります。何れが正しいか、何れが誤か、或は時期によつて前後して此の両制が行はれたのか、今遽かに断定し難いのであります。隋は北周の禅をうけ、天下を統一した国でありますが、法制は北周の煩密を嫌ひ、概ね魏斉の旧に従つたから、官品の制も亦同様であります。其れは開皇

令二十巻の第一篇、第二篇を占める官品令上下によって、規定せられたものでありまして、其の内容は（十三）中に、

（2）流内、正一品従一品……正四品正四品下……従九品下（九品正従あり、四品以下上下階あり。）

（3）流内視品十四等（視正二品―視従九品）

（4）流外品九等（流外勲品―流外九品）

（5）流外視品九等（視勲品―視九品）

（8ウ）

とその一部を揚げて置きました如きもので、其の詳細は通典及び隋書百官志に備載せられております。尚、煬帝が即位するに及び相当変改を加へ、正従を置くのみとし、上下階を除いたりしたのでありますが、其の詳細も矢張り隋書百官志に詳記せられて居ります。

以上で刷物について古代より隋に至る迄の官位制度の変遷を申上げたわけでありますが、こゝで一寸申し加へて置きたいのは、官秩、官品令と云ふ言葉の外に「官位」と云ふ言葉も用ひられてゐたと云ふことです。例へば北斉書唐邕伝に、邕の記憶力の優れた事を云って、「軍吏の選を掌るに、文簿をとらずして「官位姓名」を暗唱せり「と見え、同祖鴻勲伝にも「今弟の官位既に達せり云々「等の語が見えて居ります。尤も「官位令」なる「令の名称は全くなく、官品令であつた事は申す迄もありません。

（9オ）

［山田］これで唐の官品令のくる迄の次第がよく分りました。

［倉野］さうですね。御蔭で非常によく分ります。ところで先程云はれた（六八）の漢の秩禄令と云ふのは、官品令よりは寧ろ禄令にあたるのではありませんか。

［内田］秩禄令の佚文は後漢文帝紀の臣瓚の注に引かれて残つて居るのですが、これには「姫並内官也秩此二

千石位次婕妤下在八子上」と秩の事にふれてゐます。位階のことにもふれてゐます。秩の事及び位階の事の両方にふれて居ります。

（９ウ）

［倉野］さうですか、さうすると秩禄令が分化して禄令と官品令になつたのですね。文字から見ても、内容から云つてもさう思はれるやうです。

［内田］恐らくさうでないかと思はれます。

［喜田］一寸お尋ねしますが、流内、流外とはどう云ふ意味ですか。

［内田］流内と云ふのは本官と云ふ意味で、流外とは清流外即ち本官以下の官を云ふ事です。

［高橋］大初位下、少初位下以下の官の事でせう。日本のものも説明の場合には使つてゐますね。

［内田］流内視品とは相当官の意です。

［山田］事実はそれで良いが、その流とはどう云ふ意味ですかね。

［内田］清流の流で、貴族的なと云ふ意でないかと考へてゐます。

［近藤］九流の流と云ふ用例もあります。

（10オ）

［山田］その流と云ふのに相当の意味がなければなりませんが、九流の流か「ら来たのでせうかね。これとても相当考へなければなりませんが。

［近藤］さうでせう。

［山田］何か歴史の結果でせう。然し九流の流から来たとすると、九流が問題になりますが、あれは漢書藝文志の流だがどうもその流とは違ひますね。

［近藤］あれは流派の意味でしたね。さうするとこの流内、流外の流は内流ととるのが適切なやうです。

［山田］内流ではないでせう。周礼あたりに用例はありませんか。

［高橋］周礼にはなさゝうです。

［内田］後魏書に「武人の選格を削り、清品に預らしめず。」とか北史に「官婚班歯は清流を失ふに致る。」と云ふ事がありますが、令により九品の官吏になる家柄、なり得ない家柄と云ふ事かと考へられます。
（10ウ）
［山田］清流と云ふ語はありますか。

［内田］あります。九品の官になり得る家柄と云ふ意があります。

［山田］それだけではどうも腑に落ちない様に思はれます。

［倉野］位を内と外とに分けたのは、何時からでせうか。

［内田］北斉からです。北斉では流外官の名は実見しません。が流内の語がありますから、内外に分けたものと思はれます。北周の内命、外命は中央地方の意味で少々違ひます。

［倉野］具体的に実際に相当する官位はどうかと云ふことが分れば良いのでね。

［内田］調べれば相当迄分るでせう。

［山田］それが内外に分れると。

［内田］この流内、流外は矢張り家柄のやうに使って居ります。
（11オ）
［高橋］官品令にのつて居るのが流内官で、それ以外が流外と云ふ意でせう。

［倉野］官品令にのつて居るだけならば問題はないでせう。

［内田］現存の北斉の令では、流内の品はありますが、流外の品は載ってありません。隋では載っております。流は本官の意でせう。

［新美］流内、流外は上下の関係ですか。

［内田］唐では、流内に続けて流外をあげてあります。

［喜田］重なるものか、全然別系統のものか、どうでせうか。

［内田］実例を探して見なければなりません。

［新美］今日の判任、奏任と云ふやうに続きますか。

［内田］さあ、どうでせうか。
（11ウ）
［山田］この流内、流外の思想が源をまして、日本の内位、外位に影響してゐるからこの際よく突きとめて置かねばならない。令にはないが、外従五位下がのぼると従五位下になります。

［高橋］六位はどうでせうか。

［内田］ある筈ですが後世あまり使はれて居りません。外従五位下は従五位下よりも下で六位より上です。本官であるのに外従五位下を戴き国司などでも従五位下を戴いた例はあります。かうした点に流内流外の思想が実際の官に影響した処があらはれて居ります。

［倉野］新美教授の云はれるのは、流内九品の次に流外が来るのか、又それとは別個のものがと云ふのでせう。
（12オ）
［山田］流外の場合は一等と云ふのはなく、勲品とあり、次から二等三等と「ですね。この流外官は日本の勲位に近い。日本の例では、勲一等は正三位の待遇となる。此の辺りは勲品の影響と思はれます。

［倉野］左内外文部両官と云ふのがありますが、これは地域の別で、京官と地方官の別でせうか。

［喜田］日本では内外の別は、令義解の式部省の処に「卿一人掌内外文官名帳云々」とあります。

［山田］それに内外とあつても官位令にはありません。

［小松］流外は流内の下につくのが自然でせう。

［山田］かう云ふ事は、理論ではいけません。歴史の結果から来るので清流と云つてこの語の解釈が分つたとしても、何が清流かと云へば分らなくなると云ふこともありませう。

［倉野］つまり官の内容ですね。その具体的内容を調べて見ると見当がつきますね。
（12ウ）
［内田］調べたら分る可能性はあります。

［山田］北視官は良く分ります。北魏の例を見ると本官になれないものですね。

［倉野］かうして見て参りますと、支那の令と日本の令とが如何によく似てゐるかと云ふ事が分りますね。

［山田］さうですね。北周の九命などを見ると日本の命婦などはこゝから来たのかも知れません。尤も周礼に既に命婦の名目はありますが。又禄のことですが、日本の季の禄は支那の禄に当るのですね。これで唐の令だけでは本朝の令の本当のことは分らないと云ふことが分ります。大体これで日本の官位の考へ方、名前、区別のよつて来るところがよく考へられますね。
（13オ）
［倉野］よく分りますね。

［山田］今後これを基礎にして、やつて行く事が出来るでせう。

［内田］一寸戻りますが、何で九品を九に分けたかと考へて見ました。これは矢張り周礼の「九命」や、国語周語に「内官は九御に過ぎず、外官は九品に過ぎず」とあります。九品、この場合、九卿の意味ですが、あゝ云ふところから来たと思はれました。尚五胡十六国のとき、五品に分けた例はあります。

［山田］日本では、位八までゞ第九を初位とした。こゝら辺にも矢張り日本的の考へ方が出てゐます。

［倉野］九は支那では他の場合にも、よく使用してゐる処です。それから五がありますね。

（13ウ）

［内田］それは五行から来てゐます。

［倉野］それにまた三が用ひられた。支那では三とか、五とか、九が用ひられたのです。日本では大体支那の例によつてゐますが、矢張り日本的に取り入れて居りますね。流内、流外については調べて見て下さい。

［内田］よく調べて見ませう。

［近藤］流の内外について辞海を見ましたところ、先づ流は、等列也如謂人品学最高者第一流郎此義とあり、流外の条に 旧官制自一品至九品謂之流内、不入於九品者謂庫之流外、後魏時已有此名、官制流外官自勲品至九品別為九級、皆雑途所就、如謂司、令史、府史、亭長等是、明、清之未入流 とあります。結局流は等級の等に当ると云つて居ります。それがよく当るかと思ひます。

（14オ）

［山田］それは面白い考方です。私は縦に考へて居ましたが、それは横に考へてゐます。段階ですね。正しい等級を清流、即ち流内と云ひそれ以外を流外と云つたのです。なほ流官の説明に東川徳治氏は六部成語注解に「有品級之官、流乃等次之意」とあるのを引いて流は即ち等次の意ととつて居られます。そして要するに、流官は未入流及び土官に対する語と云つて居られます。

［倉野］辞海の説明は大体内田君のと同じですね。

［山田］流内、流外は清流の内と外と云へば一番分りやすい。清流と比視とはどの程度の段階の差があるでせうかね。

［内田］流内は本官で、流外は待遇官ではないでせうか。

［新美］今の高等官、判任官と同じやうにも考へられますが。

（14ウ）

［内田］書記と書記補との違ひと云ふ程度ですかね。

［倉野］さういふ考へ方も面白いですね。

［山田］大体は、さう云ふことでせう。しかしなか〳〵よく分りませんね。流外勲品はあまり上ではないですね。等外一等と云つたものですね。

［高橋］六典では、初めに品のついたのが並んで、次に何もついてゐないのが並んでゐます。無品は流外ですから低い官でせう。

［喜田］日本で支那の流外に相当するものは、官位令に載つてゐない郡司の軍毅などではないでせうか。

［山田］一寸別の事ですが、ついでに御尋ねしますが、官品令の品と云ふのを官位令では親王様の位にして使つて居りますが、たゞそれをヒンと云はずホンと云ふのは何時頃のものでせう。隋、唐ではホンだつたでせう

（15オ）
か。「それは古事記は「品太」をホンダとよみます。もし古い音だとするとホンの音が隋唐以前に入つて来たか、そんな気もします。その音の差で又意味も違つて来ますが。

［高橋］私は呉音だと思つて居りました。

［山田］呉音ならば問題ではありません。

［高橋］古事記の音は大体定まつておりますか。

［山田］大体呉音です。地名、人名にはもつと古いのがあります。

［倉野］橋本博士は周代の古韻を研究しなければいけないと言つて居ります。

［高橋］古いところの音をしらべて置きます。

［倉野］（三）の文章は意味は大体分りますが、一寸をかしいですね。

（15ウ）
［内田］こゝは対句で、王者之制禄爵、諸侯之制禄爵と来る処です。そし「て諸侯之上大夫卿と云ふのは、上

（16オ）

大夫即ち卿の意味です。

［新美］位と品との字の用法ですが、支那では古いところでは位を用ひ、後に品を使ってゐるのが、これは仏教の品《ホン》の影響でせうか。

［山田］それは寧ろ反対でせう。

［内田］周代でもさきに申した九品の様に品は使ってゐます。それが魏晋になって品となつたのは、その頃門閥人品についてやかましく言ひ九品中正の制度が出来、人物を品定することが流行った関係上、品を用ひる事が復活して来たと考へられます。

［山田］大体さうでせう。御経を訳すに、新に語を拵ったこともあるでせうが、当時の慣用語を使った例が多いからです。

［倉野］（二）の礼記《（ママ）》の宗伯のところに、三命受位とありますが、この位と云ふ「のはどうでせうね。壱命受職、大命賜官などと重なる様にも思はれます。即ち同じことを何度も言ってゐるやうに思ひますが。

［高橋］此の処の位と云ふのは、鄭元の注では、天朝に於て王臣としての位を貰ふの意味にとってゐます。

［山田］本邦で受爵と云ふ場合に似た感じがしますね。

［倉野］では本日はこれ迄とします。

［高橋］この前、文教秘府論を調べて来いと云ふ事でしたが、それに当るものはありませんでした。御知らせして置きます。

（1オ）

共同《ママ》研究会　第十二回

昭和二十年一月十二日午后一時ヨリ三時マデ

於新館会議室

出席者　山田　小松　倉野　新開　喜田　原田　内田　佐藤　森　岩垂　近藤

（白紙）

（2オ）（1ウ）

【倉野】それでは始めさせて戴きます。今日は我国の官位の沿革につき、先日御手元にさしあげました資料について、喜田教授に説明をお願いいたします。

【山田】一寸その前に、この研究会の条規の改正について御相談願ひます。

（共同研究会条規改正終了）

【喜田】大宝令制定以前に於ける位階の変遷について申上げますが、此のことについては坂本博士の「大化改新の研究」に相当詳しく発表されて居りますので、大体坂本博士の研究によって説明して行きたいと思ひます。それではまづ推古天皇十一年に制定された我が国に於ける最初の叙位に関する史料を一通り読んでみます。

書紀　推古天皇十一年十二月条、翰苑巻四　倭国条、書紀　推古天皇十六年八月条、同十九年正月条、隋書倭国伝、北史東夷伝倭国条、上宮聖徳法王帝説、聖徳太子伝略、一読了

以上について説明いたします。推古天皇十一年に制定された我が国に於ける最初の叙位は、氏族中の個人に授けたものであるとする説と、従来の姓のやうに氏族に授けたものであるとする説とがありますが、私は坂本

（2ウ）

博士と同じく、個人に授けたものと思ひます。何分徴すべき史料が少いので、両様に解釈出来るのでありまして、氏族に授けたものとする解釈は、此の最初の冠位を、明かに個人に授けるやうになつた大化三年以後の冠位を従来の姓との中間に位する過渡的な意義を有するものと考へることに基くのでありますが、この解釈によると、最初氏族に授けた冠位を大化三年以後は、個人に授けるといふことをになつた冠位の意義を一本考へますと、不自然になります。劃期的な冠位の意義、使命を一本と考へますと、やはり最初から個人に授けたものと解釈する方が穏当のやうに思はれます。此の最初の冠位を個人に授「けたものとすれば、冠位の精神は、これまでの姓に対して明白に対立するものであります。即ち姓は氏に属して、世襲し得るものでありますが、冠位は個人に属して、しかも一身限りのものであります。要するに冠位には、門閥打破、人材登用の使命が窺はれます。

一目見て、其の位階を際し得る冠位の制度と同じものは、大陸の制度に視ることは出来ません。但し似た様なものは、色々ありまして、坂本博士は、支那古来の印綬の制、進賢冠の制、及び百済の官帯などが、素材を提供したものであらうとして居られます。支那の印綬は、漢書によれば、金印紫綬、銀印青綬、銅印黒綬などがありまして、架空表示の直接的なる点に於て、又表示の方法を色の差別によったことに於て、我が冠位に似て居ります。進賢冠は、冠の梁の数によって貴賤を分つものであり、百済の冠帯は、百済の十六等の官の等級を帯の色によって示したもので、紫帯、皀帯、赤帯、青帯、黄帯、白帯などがありました。これらのものが、我が冠位の素材となつたとしても、構成された統一体は、我が独自の文化に外ならないわけです。位の相違によつて、官を別にする思想は、大宝令に規定された位服の精神と同じでありまして、令に規定する諸臣の礼服は、一位は深紫衣、三位以上は浅紫色、四位は深緋衣、五位は浅緋衣となつて居ります。兎に角服装の別によ

（3オ）

つて栄誉を表示することは、直接的な感覚に頼るものであります。此の冠位から令制の位記と位服とが派生したのであります。次に冠位十二階の名は、冠の名か、位の名か、一見不審であ「りますが、何れにも用ひられたことは、推古天皇十四年紀に「大仁位」と見え、又続紀和銅七年四月の条に「大徳冠」とあることによつて察せられます。冠は、後の位記の代用をするもので冠を賜はることによつて、位階が正式に認められるのであります。この冠と位との離すことの出来ない関係が、冠名と位名との同一を導き出したと考へられます。そして後に、位をカガフリとかカウフリとか申しますが、このことも右の関係に基くものと思はれます。尚聖徳太子が冠位を御制定になられたのは、始めて小野妹子が隋に使いした時より、数年前のことであつたことも注意すべきことかと思ひます。

次に冠位十二階の徳目の順位は、坂本博士の調べによりますと支那に於ける五行と五常との配当にあらはれた順位では説明できないもので、仁、礼、信、義、智の次序に太子の御理想が見られると、言つて居られます。この順位は法王帝説も日本書紀と同一でありますが、支那の文献、即ち翰苑に引かれ、括地志や、隋書や北史などに記されて居る、我が冠位の順位は、支那で普通に行はれた仁義礼智信の順位に置き変へられて居ります。坂本博士の解釈によりますと、此の仁礼信義智の順序の中、五常の生成に於て最も新参な信を中堅に置いてあるのは、憲法十七条の中の第九条の「信是義本〈云々〉」とあるのに通ずる太子の御理想の表示であり、又礼を仁と義の間に挿入したのは、憲法第四条の「群卿百官改礼為本〈云々〉」とあるのを相《（ママ）》映発すべきものであるとして居られます。以上に反して富《（ママ）》山房の国史辞典に見える松本教授の説によると、我が冠位の徳目の順位は、漢魏の頃に専ら行はれて居た順位を採用したもので、当時は遣隋使派遣以前のことであるから、

（3ウ）

既に我が国に伝「はつて居た書籍の記すところによつたものと考へられるとして居られます。出典は示されて

（４オ）

居りません。次に十二階の十二と云ふ数は、支那古代より基準数として特殊の意義を有するもので、十二支、十二宮、十二星、十二州、十二諸侯など色々ありますが、その十二を用ひられたものであります。又徳を第一に置いてあるのは太子伝略に「徳者摂五行。徳也、故置㆓頭首㆒」と解釈して居りますが、此の徳を第一とすることは支那に既にあることで、老子卅八章に道徳仁義礼の系列が認められ、又礼記にも道徳仁義の序列が見えて居ります。故に仁義の上に徳を置いた系列は珍しいものではありません。大体以上であります。

【倉野】何か御質問は御座いませんか。

【新開】冠位十二階は個人の功勢によって賜つた次第転昇の位を見ていいでせうか。

【喜田】姓氏即ち家柄について与へたものとも云はれて居りますが、やはり氏族の中から個人を抜擢任用するために個人に賜はつたと見るのが妥当かと思ひます。推古天皇十四年に、帰化人の子孫の鞍作鳥は、その技術によつて、大仁位を賜つて居ります。

【新開】少くとも精神に於てはさう見なければ、この制度の歴史的意義が薄くなりませう。殊に十七条憲法の第七条にある「為官以求人。為人以不求官」などに、この精神が現れてゐます。これが後に律令の考課令の編目となるわけでせう。ところでこの冠位に道義性を表はす名をつけたのはどういふ理由からでせうか。

【喜田】憲法十七条に関係するところがあるやうです。

【新開】と云ふのは、たゞ厳粛な名をつけて徒らに威容を誇ると云ふので「なしに、人倫的国家の実現のために官吏には重大な道義的責任のあることを示されたものと考へられますね。

【山田】この徳目の順序は坂本君は支那に同一の用例はないと云ふのですか。

【喜田】さうです。

［山田］私はあると思ひましたが、五行大義にはあると思ひました。五行の説はいろ〳〵ありますが、その中に確にあった筈です。私も大分調べて見ました。このことは「国語の中に於ける漢語の研究」に少しあげて置きました。兎に角「徳」を上位に置くのは純粋の儒教の説ではなく、道鏡の説です。これによって聖徳太子の思想がわかります。日本思想の源がこんな処にもあると云ふこともわかります。

参考　国語の中に於ける漢語の研究　第六章　源流の観察（三六二頁－四頁）

冠位十二階の名目及び、その次第は明かにそれが支那思想を目せらるべきものなり。今その名目を考ふるに、

			春秋繁露（董仲舒）	中庸（鄭玄）	（先公伝、京易、白虎通、漢書、天文志、律暦志）
大徳	小徳	（徳）			
大仁	小仁	（仁）	（木）	（木）	（木）
大礼	小礼	（礼）	（水）	（火）	（火）
大信	小信	（信）	（土）	（水）	（土）
大義	小義	（義）	（金）	（金）	（金）
大智	小智	（智）	（火）	（土）	（水）

（4ウ）

の如く、その五常と五行との配当は諸説あり。この冠位の国語としてのよみ方「の当時存せしことは既に述べたる如くなれど、これらの文字をあてたることゝ、それらの文字の意義と排列とは全く支那思想に基づくことといふまでもなき事なり。ここに徳を第一にせるが、その次下は所謂五常の目なり。然れど、五常は普通

にいふ所は

仁　義　礼　智　信

の排列による。この五常は孟子がもと仁義礼智の四端を以て主徳とせしを漢の董仲舒が五行説と調和せむ為に立てしものにして、その順序は上の如きものなり。然るに、推古天皇の朝のこの徳目の順序はこれに一致せざるを見れば、董仲舒のなせる所に倣ひしものにあらずして他に源の存すべきを思ふ。然るに、法王帝説には、

准㆓五行㆒定㆓爵位㆒。

とあり。「五行者五常也」とは五行大義に説く所なるが、その配当は五行大義に説くが如く、諸説区々たり。而して、五行の排列は、木火土金水を以てすること五行大義に示す所の如し。この順序を以てすれば、この五常の徳目の配当は班固の説（白虎通、漢書天文志、律暦志）（五行大義にいふ毛公伝の説、京易房の説これにおなじ）によれるものといふべきに似たり。

（木）　（火）　（土）　（金）　（水）

仁　　礼　　信　　義　　智

然るに、此の五常と五行との配当はそれ自体に変遷あるものなれば、それらの変遷を導きたる因縁あるべきものなるが、こゝに疑ふべきことあり。五常を以て目とするものならば、大小を分ちて十階とすべきに、徳を主位に立てゝ大小十二階とせることはこれ全然五常五行の説のみに基づくものとは見るを得ざるなり。余は従来これを老子の説に基づくものと観じ来たり。老子に曰はく

上徳………下徳………上仁　上義………上礼………

（5オ）

と。これ徳より仁、義、礼と下さるもの、老子の時来た五常の名目あらざるが為にここに止まれど、その基づく所ここに存すべきを見る。而して鄭玄が礼記の郊特性の注に、六天を立て、五行を五常としてそれを統ぶる上帝太乙を置きこれに徳の名称を附したる説もまた基づく所はこゝに存す」と思はる。

参考　（新開）

学長の御研究の通り五行大義には巻五、論人合五行章に「人有五位、故天地之間二十有五人」とし、その真中の五位に「有仁人礼人信人義人智人」とあります。そしてその上の一番上位に「徳人」を挙げてゐるのもここでは参考になります。

【倉野】新開教授が先に言はれたやうに位を個人に与へるか氏に与へるかには問題がありませう。十二階には特に加階がない。然も個人又は氏に賜るのであると云ふ辺りは冠位を与へる規準の変り目即ち過渡期にあたつてゐたのではないでせうか。

【新開】さうでないかと思ひますが、つまりこの制度は精神から云へば、個人の功労に対して与へられる次第転昇の位ですが、当時の状勢は未だ必ずしもこれが断行を許さぬ事情があつたと考へられます。

【倉野】又漢は単に姓で定てゐたのが此の時代には目で見てよく分るやうな制度をとつたのは支那的な考が採用されたからでせう。

【山田】それにはまう少し深い意味があらう。寧ろ衣とか色で尊卑をあらはすのは日本にあつたことと考へられる。新に創意したとするのはどうかと思ふ。

【倉野】当色と云ふのがありますから。

【山田】その思想は六朝にあります。又僧侶仲間の色に紫を第一とする例があります。このことは支那にもあ

（５ウ）

ります。それは支那の例から続いて来たものです。

［内田］冠についての例は支那にもあります。

［山田］天子が冕冠を冠つてゐるからやはりあります。今までの学者は支「那のことについての研究はあつさりしすぎてゐます。もつと支那の事を調らべないといけません。

［倉野］色によつて位を示すことは支那の思想によつて定められたと思ふのですが。

［山田］それはさうでせう。然し具体的に表現すると云ふことは日本の思想ですから一概には断定出来ません。私は紫を上位に置くことが支那の思想だと云ふことは明瞭にわかると先程申したのです。

［倉野］色で位を表すことは今日も残つて居りますね。例ば神宮の服装など。

［山田］あれは平安朝になつての慣例に基づいて此の頃になつて定めたことでせう。

［倉野］さうですか。

［山田］服色の問題となると大変ですね。それから太子伝暦が藤原兼輔の撰と決定したのでせうか。あれは一名平氏伝又は平氏太子伝と云はれ平兼輔が書いたと言はれてゐる。処が「平」では疑はしいと云ふので藤原としたのですが、丁度時代が合ふので此の辺の処で問題にされてゐるわけです。今なほ不明のやうです。

［喜田］次に進みます。（日本書紀大化三年条一読）

（６オ）

此処で分りますやうに大化三年に制定された冠位は、推古天皇の御代に制定された冠位十二階より一階増して十三階となり、其の冠位の名称も、前者の観念的であるのに対し、冠の材料の質又は色をもつて直接表すことになつて居ります。冠位の階級は、以後漸次増加する傾向にあります。が、位階の増加は、冠位を以て群臣を階級づけることが「精密になつて行く事情に応ずるものと考へられます。そして目立つことは、下の階数の多くなつて行くことです。坂本博士のこしらへた大化三年の七色十二階の冠の構成及び服色の表を掲げて置きました。（資料追加）此の大化三年に制定された冠位に於ける冠の質又は色を以て直ちに位階の名をするところの冠位構成の原理は其の後天智天皇の天平に制定された冠位にまで、一貫して居ります。次に進みます。（日本書紀大化五年二月条以下一読）大化五年に制定された冠位は、以前より六階増して十九階になり、階数を増された三階級の名称は、旧制と区別するためか、改められて居ります。即ち錦が華に、青が山に、黒が乙に変つて居ます。此の新名称には、大体に於て、平易な字劃の簡単な文字が採用されて居りますが、いづれも前の名称と聯関が認められます。たゞ黒と乙については少し説明が要ります。乙は鳦《イツ》（ツバメ）と相通ずる文字で、鳦は黒いから黒と乙との間にも聯関が認められます。天智天皇三年制定の冠位に、大化五年の制で、上下に分けられたところを、更に上中下に分ち、繍を縫に改め、華を錦に復し、又初位を大建小建に分けて居ります。それで合計七階増して二十六階になつて居ります。一覧表を御覧になるとよく分ります。日本書紀天智天皇十年正月の条に、冠位法度之事を施行したことが見えて居りますが、これは近江令の冠位制を施行したことゝ考へられますので、日本書紀の天智天皇十年より天武天皇十四年に至る冠位に関する記事は、近江令の冠位制によるものと見做されます。近江令の冠位制で従来と著しく異つて居る点は、位階に内外の制を設けたことゝ、諸王の位を諸臣の位と区別して居ることで「（6ウ）あります。位階に於ける内外の別は、後の例から考へまして、氏姓の尊卑による区別と思はれます。内位は之を示さない場合もあります。冠位は元来氏姓の尊卑による秩序を打破して、人材を登用するために始められたものでありますが、家柄を重んずる精神は依然として続いて居りますので、こゝに位階制を氏姓の観念に協調させて、内位と外位との区別を設けたものと考へられます。其後天武天皇の十三年に、八色の姓が制定されまして、個人の国家的秩序たる位階制に対して、家の国家的序

（７オ）

列が定められたわけであります。其の結果、位の内外は一応解消して、天武天皇十四年に制定された諸臣の冠位には、内外の別はありません。次に近江令に於ける諸王の位は、諸臣の位と区別をされて、数字で表はされ、諸王の二字を冠して、諸王二位とか、諸王五位とか見えて居ります。天武天皇十四年正月に制定された冠位は、大化三年以来続いて居た冠位の伝統を打破した劃期的なもので、従来の名称を止めて、明浄正直勤務追進と云ふ特殊の名称を採りました。此の冠位の名称は、日本固有の道徳観念をあらはした国語に基いて定められたものであります。又階毎に大広の別を設けたことは、支那の正従に倣ったのでありませう。が、大広の文字は我が国独特のものであります。次の持統天皇四年四月の条に示されて居ることは、冠位を授ける基準と、冠位に応ずる朝服の定められたことであります。文中に見える考仕令は飛鳥浄御原令の考仕令と思はれます。此の時は飛鳥浄御原令の行はれて居た時でありますが、冠位の名称は以前と同じであります。ここで注意されるのは、畿内の人を官吏、有位者と同等に扱って居ること丶、考仕令のよって、冠位を授けるのに、善最功能の外に、「氏姓の大小を参考するといふことであります。次に朝服の規定の中「畐《フク》」と云ふ字は、昔から問題にされて来たもので、幅であらうとか、布帛の一巾のものであらうとか云はれてゐますが、明らかではありません。「部」も同様詳らかではありません。然し、「スベル」（統、総）と云ふ意で「一部」とは他物を交へず一色に総ると云ふ意味であらうと云ふ解釈があります。次の持統天皇六年三月の条の「脱其冠位」とありますが、此の冠位は資料追加に掲げた霊異記の文に「脱其蝉冠」とありますから、冠であることが分ります。次の持統天皇三年九月の条に「給送位記」とありまうのは、位記のものに見えた最初のものであります。冠がありながら位記を授けるのは変ですが、大宰府は遠いので、まづ位記を賜り、本人が上京した時に、冠を賜ふのであらうといふ解釈があります。併しながら明る五年二月の条に「授宮人位記」といふ記事もありますので、或る期

（7ゥ）

間、冠と位記とを共に賜ることが行はれたとも考へられます。続紀大宝元年三月の条に「始停賜冠。易以位記。語在年代暦」とありますから、此の時まで、冠を賜ることは、引き続き行はれて居たと考へられます。次の大宝元年三月に制定された位階は、先の天武天皇十四年の位階と大体同じです。但し階数が増加し、諸王以上が親王の位と諸王の位とに分れ、大広が正従となり、親王の位階には品の字を、諸王以下の位階には位の字をつけることになりました。又階数の上に、以前の位階と同じく、明浄正直等の字を冠して、正正一位とか直正五位とか、勤従六位とか称するのでありますが、間もなく此の冠する文字は省略され、数字が主になつてしまいました。その為、諸王の位と諸臣の位との区別がなくなつてしまつたのです。

以上で位階についての大体の説明を終ります。

【山田】内田さん、制度通に「唐ノ大宗貞観四年ニ詔アリテ百官ノ服色ヲ定メラル」とあつて、「唐服色四等」と題して「紫、金玉帯〈一品、二品、三品〉緋、金帯〈四品、五品〉」「緑銀帯〈六品、七品〉」「碧銅鉄帯〈八品、九品〉」と出て居りますが、これは日本のものと似て居りますね。唐で始めたのではないでせうか。

【内田】漢の時に既にこの制はあつたやうに思ひます。

【山田】隋の時にあつたでせうか。衣服令の所になるとどうしても必要になつてくるのだが。

【内田】しらべて見ると簡単に分ると思ひます。

【倉野】位の名称については大いに考へる必要があると思ひます。まづ初めは仁義〈云々〉と徳目を以てし、次は色を用ひ、次は数字と明浄正直〈云々〉を用ひて居ります。この明浄正直勤務は大体わかりますが追進はどうでせうか。

【新開】勤務は明浄正直と同様宣命などに、例へば「努結而仕奉〈止〉語」「疑将奉人者」（文武天皇御即位宣

（８オ）

命）とあるのでわかりますが、追進はわかりません。

[山田] 追進は其他のと比べて何か違つた性格をもつてゐるやうですね。

[倉野] 進はススムで勤や務と照し合せるとわかるやうに思ひますが、追は一向わかりませんね。

[山田] 名称が初め支那流の徳目によつて表はされたのが後に日本流に変つたことは面白いことですね。

[新開] ここで神代史に於ける清明心の導説がはつきり蘇つたわけでせう。ところで以上の冠位制度の中で、実際に転昇されたのは何時からでせうか。又姓氏と個人に追冠することについての身分の点も明にしたいものです。

[喜田] 問題の処ですが、持統天皇四年四月に、その点に触れた記事がありますね。

[山田] どうも氏姓を重く見たやうですね。単なる個人でもないらしい。

[倉野] 単なる個人でもないことは分ります。それから天武天皇十四年の条に爵位とあるのが、位は爵位に当るやうですね。

[内田] 天武天皇十一年の条の処に褶を莫著とありますが、支那では袴褶と云ふものがあり、胡服と見なされてゐます。ここは何うも夷風に類するのでせめたのでせう。

[倉野] 此の処はぽつんと出てゐるが、何か前後の関係がありさうですか。

[喜田] 書紀ではやはり突然出て居り、此の次に少々文章があるだけです。

[山田] 位冠及云々とあるが、位冠を止めよと云ふのはをかしい。大錦小錦大紫小紫と云ふ間に一位二位と云ふ位の名称が出てくるのは面白いですね。だん〳〵簡単な名称を用ひるやうになつてくるのですね。

[倉野] さうですね。徐々に変つて行くのですね。

（８ウ）

【山田】それから正従に当る大、広があるのも面白いですね。この用方は正従の日本風のよみ方としていつまでも残つて居ります。

【倉野】支那に此の用例はありませんか。

【山田】支那には無いでせうね。神様に広前とか大前と云ふやうに日本のもとからの用例でせう。

【倉野】広と云ふのは中で、大と云ふのは量ではないかと考へて見ました。此の分け方は支那にはないですね。古い処では大と若ですね。例へば大湯坐、若湯坐の如くに。

【山田】大と少の例もあります。

【倉野】大と若も面白いと思ひます。今日までつながつてゐる言葉もあります。例へば大丹那若丹那などがあります。

【内田】突飛な例ですが、此方の鮮卑では尊長のことを大と称して居り、又匈奴の単于は広大の意であると古来注解されて居ります。

【倉野】大広は対ではないでせうか。

【山田】大きなものを二つあげた、即ち大と広と対となるのです。□□□言へば、広は空間的の極限、大は惣てを総合したものでせうか。大も広も日本流の積極的な考方です。大に対し少と言はず、広に対し狭と言はぬ。即ち対立したものと見ないわけです。正従をこのやうに変へたのは面白いことです。

【倉野】此の時分には日本的自覚が盛り上つて来たのですから、このやうに変へたのですね。

【山田】さうです。だから古事記もこの頃に出来たわけです。

【倉野】それでは本日はこれで会を閉ぢることにいたします。

（９オ）

追記　　新開

天武朝位階の「追進」の意義については松本愛重博士（大宝二年の戸籍に見える位階）と瀧川政次郎博士（日本法制史研究）の研究がある。松本博士によれば、「進は初めて官位に進む」意味で、「孝徳天皇の朝の初階を立身といつたと同じ例」で、「追はオヒツリ、ヒシリなどいふ意で、次「第に官位が追ひ進むといふ縁語をとつたもの」と言ふ。瀧川博士は選叙令集解の「何者官仕之道、以進為宗」。（散位身才条）を引いてこの説を支持してゐる。則ち追進の二字は「官吏が最善を積んで次「第に官位を追い進めてゆくべきことを意味したものである。」令の制度によれば（考課令）、官吏は最と善とを積んで中中以上の考を得ることによつて次第に追ひ進めて行かねばならぬ。「故に追進の二つは考課令の善最条に見える官吏の徳目を綜合したものである。」かくして博士は明浄正直勤務追進が朝廷に奉仕する官吏の徳目を挙げたとみるのがより適切であると云はれる。以て参考とすべきであらう。

以上

第四章　神宮皇學館大学『令共同研究会記録』㈣（研究会資料）

はしがき

本章では、前三章に引き続いて、戦時中、神宮皇學館大学でおこなわれた令の共同研究の速記録である令共同研究会記録』を翻刻する。

この資料については、すでに渡邊寛氏が「神宮皇學館大學における「令」の共同研究―『令共同研究會記録』―」として『皇學館大学史料編纂所報　史料』一二四〜一二七（平成五年四・六・八・十月）に、その一部を翻刻しておられることは、第一章の「はしがき」にのべたとおりである。

前三章では、第一回から十二回（これが最終回ではないが、記録が残るのは、ここまで）を翻刻した。これで速記録そのものについてはすべて翻刻を終えたが、このほかに、研究会の当日、出席者に配布された、複数の資料がある。それが、本章で翻刻する①「令義解序原文とその訓読」・②「令義解序の平仄」・③「令義解の撰者」・④「位階制と官制の変遷」・⑤「「つかさ」と「くらゐ」に関する史料」、⑥「支那の官位の変遷」、の六点である（この括りは、読者の便宜を考慮したもので、資料のタイトルは、③以外、筆者がかりに附した）。皇學館大学神道研究所所蔵の古川真澄氏旧蔵資料では、①の大部分（六・七丁のみ残存）と、④・⑤・⑥のすべてが缺落しており、筆者所蔵の分が、現存する唯一の記録である。

これらの資料が、研究会開催のどの段階で作成・配布されたかものかは、これまで飜刻した令共同研究会の速記録をみればあきらかなので、ここではあえて一々指摘しない。なお、ここでの資料の排列は、筆者所蔵分の綴じかたにしたがったので、その点、あらかじめご諒解を乞う次第である。

○

飜刻にあたっては、原則として常用漢字は常用漢字体に改め、それ以外の漢字については正字体としたが、他はおおむね原文に忠実に飜刻することをこころがけた。

ただ、なにぶんにも、粗悪な謄写版印刷による記録で、ところどころ文字の不鮮明な箇所もあり、判読に苦しむ場合も少なくない。どうしても判読できない文字は、缺字のままとしたが、前後の文脈から類推するなどして、缺字を埋めるようつとめた。

なお、今回の飜刻では、資料を六つの括りにわけ（前述）、袋綴じされた原本の頁数を「1オ」・「3ウ」などと数え、それを鼇頭に示し、改頁箇所に「を附した。これまで飜刻した第一〜十二回の速記録では、回ごとに、表題のある第一紙を第一丁と数えたが、今回はそれとことなる。

○

今回飜刻した資料のうち、①「令義解序原文とその訓読」については、小林宏編「紅葉山文庫本」巻首附載〈官符・詔・

表・序〉訳文」（『國學院大學日本文化研究所紀要』四二、昭和五十三年九月）が、③「令義解の撰者」については、佐藤誠實「律令考」（『國學院雜誌』五－一三・一四、六－一・二・三、明治三十二年十一月～同三十三年三月、のち同誌六八－八〈昭和四十二年八月〉に再録、さらに佐藤誠實著・瀧川政次郎編『佐藤誠實博士律令格式論集』〈汲古書院、平成三年九月〉所収）・所功「『令義解』撰者伝」（『史正』一〇、昭和五十五年十月）と、その補註(2)・(6)に引用されている瀧川政次郎氏らの諸論文が、それぞれ参考になる。あわせて参照を乞う次第である。

○

四章にわたり飜刻してきた「令共同研究会記録」も、今回をもって完結する。

『令義解』については、清原夏野自身による序をはじめとして、やはり清原夏野の筆にかかる天長十年（八三三）十二月十五日の「上令義解表」、天長三年（八二六）十月五日の「応撰定令律問答私記事」と題する太政官符、承和元年（八三四）十二月十八日の『令義解』施行の詔、といった史料が残されており、これらに関する研究のなかには、一般に知られていないものが、まだかなりの数ある。「令共同研究会記録」の飜刻は終わるが、筆者が所蔵する他の資料については、第五章以降で順次飜刻・紹介したので、参照していただければ、幸いである。

①令義解序原文とその訓読

（１オ）

正三位守右大臣兼行左近衛大将臣清原真人夏野等奉　勅撰

臣夏野等聞。春生秋殺。刑-名与二天地一倶興。陰惨陽舒。法令共二風霜一並用。犯レ之必傷。蝋-炷有二爛-蛾之危一。触之不レ漏。蛛-糸設二黏-虫之禍一。昔寝-縄以往。不厳之教易レ従。畫-服而来。有-恥之心難レ格。降-周三-典。漸増二其流一。大-漢九-章。愈分二其派一。雖二復盈レ車溢一レ閣。半-市之姦不レ勝。鋳レ鼎銘レ鐘。満-山之弊已甚。降

（１ウ）

及二澆-季一。煩-濫益彰。上任二喜怒一。下用二愛憎一。朝「成夕毀。章条費二刀-筆之辞一。富軽貧重。憲-法帰二賄賂之家一。厳-科所レ枉。剣戟謝二其銛-利一。軽-比所レ假。君父慙二其温-育一。故令出不レ行。不レ如レ無レ法。教之不レ明。是為レ楽レ刑。伏惟皇-帝陛-下。道高二五-譲一。勤劇二三-握一。類二金玉一而垂レ法。布二甲乙一而施レ令。芟二春竹於斉-刑一。銷二秋-荼於秦-律一。孔-章望-斗之郊。無二復寃牢之気一。黄-神脱梏之地。唯看二香-楓之林一。猶慮法-令製-作。文約旨広。先-儒訓-註。案-拠非レ一。或専守二家-素一。

（２オ）

或固「拘二偏-見一。不レ肯レ由二一-孔之中一。争欲レ出二一門之表一。遂至二同-聴之獄生死

相半。連-案之断出入異レ科。念二此辨-正一。深切二神-襟一。爰使下臣等集二数-家之雑-
説一。挙中一-法之定-準上。臣謹与二参-議従-三-位行刑-部-卿兼信濃守臣南淵朝臣弘-貞。
参-議従-四-位-下守右-大-辨兼行下野守臣藤原朝臣常嗣。正-四-位-下行左-京大-夫

（2ウ）

兼文章博士臣菅原朝臣清公。従-四-位-下行勘-解-由長官臣藤原朝臣雄敏。従-四-「
位-下行刑-部大輔兼伊-豫守臣藤原朝臣衛。正-五-位-上行大-判-事臣興原宿禰敏久。
正-五-位-下行阿-波守臣善道宿祢真貞。大-宰少貳従-五-位-下臣小野朝臣篁。従-六-
位-下行左-少-史兼明-法博-士勘-解-由判-官臣讃-岐公永直。従-八-位-上守判-事少属
臣川枯首勝成。明-法得-業生大初位下臣漢部松長等一。輙応二明-詔一。辨-論執-議。陳
家古-壁之文。探而無レ遺。于-氏高-門之法。訪而必尽。其善者従之。不二以レ人棄一

（3オ）

レ言。其迂者略諸。不二以レ名取一「レ実。一加一減。悉依二法-曹之旧-云一。乃筆乃削。
非二是臣等之新-情一。猶有二五-剱難レ名。兩-壁(ママ)易レ似。必稟二皇-明一。長質二疑-滞一。有-
巣在昔。大-壮成二其棟-宇一。網罟猶秘。重-離照二其佃漁一。今乃成二之聖-日一。取二諸
不遠一。臣等遠愧二皐虞一。近慙二荀賈一。牽レ拙歴レ稔。僶俛甫畢。分為二一-十巻一。名
曰二令義-解一。凡其篇-目条類具列二于左一也。深浅水-道。共宗二於霊-海一。小大公-行。
同帰二於天-府一。謹序。

（３ウ）

第一　官位令　職員令　後宮職員令　東宮職員令　家令職員令

第二　神祇令　僧尼令　戸令

第三　田令　賦役令　学令

第四　選叙令　継嗣令　考課令　禄令

第五　宮衛令　軍防令

第六　儀制令　衣服令　営繕令

第七　公式令

（４オ）

第八　倉庫令　厩牧令　医疾令

第九　假寧令　喪葬令　関市令　捕亡令

第十　獄令　雑令

天長十年二月十五日　明法得業生大初位下臣漢部松長

従八位上守判事少属臣川枯首勝成

従六位下行左少史兼明法博士勘解由判官臣讃岐公永直
大宰少貳従五位下臣小野朝臣篁
正五位下行阿波守臣善道宿祢真貞
正五位上行大判事臣興原宿祢敏久
從四位下行刑部大輔兼伊豫守臣藤原朝臣衛
従四位下行勘解由長官臣藤原朝臣雄敏
正四位下行左京大夫兼文章博士臣菅原朝臣清公
参議従四位下守右大辨兼行下野守臣藤原朝臣常嗣
参議従三位行刑部卿兼信濃守臣南淵朝臣弘貞
正三位守右大臣兼行左近衛大将臣清原真人夏野

※速記録では、「・」・「・」という二種の符号を句読点として用いているが、ここでは、読者の便宜を考え、「。」に統一するとともに、訓読文のほうを参考に、適宜その数を増した。（荊木）

（５オ）

令義解序（訓読）

臣夏野等《シンナツノラ》聞《キク》。春《ハルハ》生《シヤウジ》秋《アキハ》殺《コロス》。刑名《ケイメイト》与㆓天地《テンチ》㆒倶興《トモニオコル》。陰《インニハ》惨《イタミ》陽《ヤウニハ》舒《ノブ》。法令《ハフレイ》共《トモニ》㆓風《フウ》霜《サウト》㆒並《ナラビ》用《モチヰラル》。犯《ヲカセバ》之必《カナラズ》傷《ヤブル》。蝋炷有《ラフチウアリ》㆓爛《ラン》蛾《ガ》之《ノ》危《アヤブミ》㆒。触《フルレバ》之不《ズ》㆑漏《モラサ》。蛛糸《シユシ》設《マウク》㆓黏虫《デンチユウ》之《ノ》禍《ワザハヒヲ》㆒。昔寝縄以往《ムカシシンジヨウヨリアナタ》。不厳《フゲン》之《ノ》教《ヲシヘ》易《ヤスク》㆑従《シタガヒ》。畫服《グワフク》而来《ヨリコノカタ》。有恥《イウチ》之《ノ》心《ココロ》難《ガタシ》㆑格《タダシ》。降周《リユウシウノ》

（５ウ）

三典《サンテン》。漸《ヤウヤク》増《マシ》㆓其流《ソノナガレヲ》㆒。大漢《ダイカンノ》九章《キウシヤウ》。愈《イヨイヨ》分《ワカツ》㆓其派《ソノミナマタヲ》㆒。雖《イヘドモ》㆓復《マタ》盈《ミチ》㆑車《クルマニ》溢《アフルト》㆑閣《タナニ》。半市《ハンシ》之《ノ》姦《カン》不《ズ》㆑勝《タヘ》。鋳《イ》㆑鼎《カナヘニ》銘《シルストイヘドモ》㆑鐘《カネニ》。満山《マンザン》之《ノ》弊《ヘイ》已甚《ハナハダシ》。降《クダリテ》及《オヨビテ》㆓澆季《ゲウキニ》㆒。煩濫《ハンラン》益《マスマス》彰《アラハル》。上《カミハ》任《マカセ》㆓喜怒《キドニ》㆒。下《シモハ》用《モチヰル》㆓愛憎《アイゾウヲ》㆒。朝《アシタニ》成《ナリテ》夕《ユフベニ》毀《ヤブル》。章条《シヤフデウ》費《ツヒヤス》㆓刀筆《タウヒツ》之《ノ》辞《コトバヲ》㆒。富《トメルハ》軽《カロク》貧《マヅシキハ》重《オモシ》。憲法《ケンパフ》帰《キス》㆓賄賂《クワイクワ》「之家《ノイヘニ》㆒。厳科《ゲンクワノ》所《トコロ》㆑枉《マグル》。剣戟《ケンゲキ》謝《シヤシ》㆓其銛利《ソノセンリヲ》㆒。軽比《ケイヒノ》所《トコロ》㆑假《ユルス》。君父《クンプ》慙《ハヅ》㆓其温育《ソノヲンイクヲ》㆒。故《ユヱニ》令《レイ》出《イデテ》不《ザレバ》㆑行《オコナハレ》。不《ズ》㆑如《シカ》㆑無《ナキニハ》㆑法《ハフ》。教《ヲシヘノ》之不《ザル》㆑明《アキラカナラ》。是為《コレナス》㆑楽《ネガフト》㆑刑《ケイヲ》。伏《フシテ》惟《オモンミレバ》皇帝陛下《クワウテイヘイカ》。道《ミチ》高《タカク》㆓五《ゴ》譲《ジヤウヨリモ》㆒。勤《ツトメ》劇《イソガハシ》㆓三握《サンアクヨリモ》㆒。類《ルイシテ》㆓金玉《キンギヨクニ》㆒而垂《タレ》㆑法《ハフヲ》。布《シキテ》㆓甲乙《カフオツヲ》㆒而施《ホドコシタマフ》㆑令《レイヲ》。芟《カリ》㆓春竹《シユンチクヲ》於斉刑《セイケイニ》㆒。銷《ケス》㆓秋荼《シウトヲ》於秦律《シンリツニ》㆒。孔章《コウシヤウ》望《バウ》斗《ト》之《ノ》郊《カウニハ》。無《ナク》㆓復《マタ》寃牢《エンラウ》之《ノ》気《キ》㆒。黄神脱梏《クワウシンダツコク》之《ノ》地《チニハ》。唯《タダ》看《ミル》㆓香楓《カウフウ》之《ノ》林《ハヤシヲ》㆒。猶《ナホ》慮《オモンバカリタマフラクハ》法令《ハフレイノ》製作《セイサク》。文約《ブンツヅマヤカニ》旨広《ムネヒロク》。先儒《センジユノ》訓註《クンチウ》。案拠《アンキヨ》非《アラズ》㆑一《イツニ》。或《アルイハ》専《モツパラ》守《マモリ》㆓家素《カソヲ》㆒。或《アルイハ》固《カタク》拘《カカハル》㆓偏見《ヘンケンニ》㆒。不《ズ》㆑肯《ガヘンゼ》㆑由《ヨリ》㆓

(6オ)

一孔之中《イッコウノウチニ》一。争欲《アラソヒテホッス》レ出《イデント》二二門之表《ニモンノホカニ》一。遂《ツヒニ》「至《イタル》二同聴之獄《ドウテイノウツタヘ》生死《セイシ》相半《アヒナカバシ》。連案之断《レンアンノダン》
出入異《シュツニフコトニスルニ》レ科《シナヲ》。念《オモホスコト》二此辨正《コノベンセイヲ》一。深切《フカクネンゴロナリ》二神襟《シンキンニ》一。爰《ココニ》使《シメタマフ》下臣等《シンラヲシテ》集《アツメテ》二数家之雑《スウカノザフ》
説《セツヲ》一。挙《アゲ》中一法之定準《イッパフノテイジュンヲ》上。臣謹《シンツツシミテ》与《ト》二参議従三位行刑部卿兼信濃守臣南淵朝臣弘貞。
参議従四位下守右大辨兼行下野守臣藤原朝臣常嗣。正四位下行左京大夫兼文章博
士臣菅原朝臣清公。従四位下行勘解由長官臣藤原朝臣雄敏。従四位下刑部大輔兼

(6ウ)

伊豫守臣藤原朝臣衛。正五位上行大判事臣興原宿禰敏「久。正五位下行阿波守臣
善道宿祢真貞。大宰少貳従五位下臣小野朝臣篁。従六位下行左少史兼明法博士勘
解由判官臣讃岐公永直。従八位上守判事少属臣川枯首勝成。明法得業生大初位下
臣漢部松長等《ラ》一。輙《スナハチ》応《コタヘ》二明詔《メイセウニ》一。辨論執議《ベンロンシフギス》。陳家古壁之文《チンカコヘキノブン》。探《サグリテ》而無《ナク》レ遺《ノコスコト》。于氏《ウシ》
高門之法《カウモンノハフ》。訪《タヅネテ》而必尽《カナラズツクス》。其善者《ソノヨキモノニハ》従《シタガ》之《フ》。不《ズ》二以《モッテ》レ人《ヒトヲ》棄《ステ》レ言《ゲンヲ》。其迂者《ソノウナルモノハ》略《ハブク》諸。不《ズ》二以《モッテ》
レ名《ナヲ》取《トラ》レ実《ジツヲ》。一加一減《イッハクハヘイッハオトス》。悉《コトゴトク》依《ヨル》二法曹之旧云《ハフサウノキウウンニ》一。乃《スナハチ》筆《ヒツシ》乃《スナハチ》削《サクス》。非《アラズ》二是臣等之新《コレシンラノシン》

(7オ)

情《ジヤウニ》一。猶有《ナホアレバ》二五剱《ゴケン》難《ガタク》レ名《ナヅケ》。両璧《リヤウヘキ》易《ヤスキコト》レ似《ノリ》。必「稟《カナラズウケタマハリテ》二皇明《クワウメイヲ》一。長質《ナガクタダス》二疑滞《ギテイヲ》一。
有巣在昔《イウサウノムカシ》。大壮成《ダイサウナシ》二其棟宇《ソノトウウヲ》一。網罟猶秘《マウコナホヒシテ》。重離照《チヨウリテラス》二其佃漁《ソノテンギヨヲ》一。今乃成《イマスナハチナシ》二之聖日《セイジツニ》一。

取《トル》二諸不遠《フヱンニ》一。臣等《シンラ》遠《トホク》愧《ハヂ》二皐虞《カウグニ》一。近《チカク》慙《ハヅ》二荀賈《ジユンカニ》一。牽《ヒカレテ》レ拙《ツタナキニ》歴《ヘ》レ稔《トシヲ》。僶俛《ビンベン》甫《ハジメテ》畢《ヲヘヌ》。分為《ワカチテナシ》二一十《イチジフ》巻《クワント》一。名《ナヅケテ》曰《イフ》二令《リヤウノ》義解《ギゲト》一。凡《オホヨソ》其《ソノ》篇目条類《ヘンモクデウルイ》具《ツブサニ》列《ツラネタリ》二于左《ヒダリニ》一也。深浅《シンセイノ》水道《スイダウ》。共《トモニ》宗《ソウシ》二於霊海《レイカイニ》一。小大公行《セウダイノコウカウ》。同《オナジク》帰《キス》二於天府《テンプニ》一。謹《ツツシミテ》序《ジヨス》。

②令義解序の平仄

（1オ）

臣夏野等聞　（発句）

春生秋殺。刑名与天地倶興。
陰惨陽舒。法令共風霜並用。）（雑隔句）

犯之必傷。蝋炷有爛蛾之危。
触之不漏。蛛糸設黏虫之禍。）（雑隔句）

昔　（傍句）

寝縄以往。不厳之教易従。
畫服而来。有恥之心難格。）（軽隔句）

降周三典。漸増其流。
大漢九章。愈分其派。）（平隔句）

雖復　（傍句）

盈車溢閣。半市之姦不勝。
鋳鼎銘鐘。満山之弊已甚。）（軽隔句）

降及澆季。煩濫益彰。（漫句）

上任喜怒。
下用愛憎。）（緊句）

(1ウ)

朝成夕毀。章条費刀筆之辞。　(雑隔句)
富軽貧重。憲法帰賄賂之家。)
厳科所枉。剣戟謝其銛利。　(軽隔句)
軽比所假。君父慙其温育。)
故　(傍句)
令出不行。不如無法。　(平隔句)
教之不明。是為楽刑。)
伏惟　(発句)
皇帝陛下。　(傍句)
道高五譲。　(緊句)
勤劇三握。)
類金玉而垂法。　(長句)
布甲乙而施令。)
芟春竹於斉刑。　(長句)
銷秋荼於秦律。)
孔章望斗之郊。無復寃牢之気。　(平隔句)
黄神脱梏之地。唯看香楓之林。)
猶慮　(傍句)

（2オ）

法令製作。文約旨広。先儒訓註。案拠非一。（漫句）

或専守家素。（長句）
或固拘偏見。）

不肯由一孔之中。（長句）
争欲出二門之表。）

遂至（傍句）

同聴之獄。生死相半。（平隔句）
連案之断。出入異科。）

念此辨正。深切神襟。（漫句）

爰（傍句）

使臣等（漫句）

集数家之雑説。（長句）
挙一法之定準。）

臣謹（中略）

輒応明詔。辨論執議。（漫句）

陳家古壁之文。探而無遺。（重隔句）
于氏高門法。訪而必尽。）

（2ウ）

其善者従之。不以人棄言。
其迂者略諸。不以名取実。）　（平隔句）
一加一減。悉依法曹之旧云。
乃筆乃削。非是臣等之新情。）　（雑隔句）
猶有　（傍句）
五剣難名。
両璧易似。）　（緊句）
必稟皇明。長質疑滞。　（漫句）
有巣在昔。大壮成其棟宇。
網罟猶秘。重離照其佃漁。）　（軽隔句）
今乃　（傍句）
成之聖日。
取諸不遠。）　（緊句）
臣等　（漫句）

（3オ）

遠愧皐虞。
近慙荀賈。）　（緊句）
牽拙経稔（ママ）。僶俛（ママ）南畢。　（漫句）

分為一十巻。（長句）
名曰令義解。）
凡其篇目条類。具列于左（漫句）也。（送句）
深浅水道。共宗於霊海。（雑隔句）
小大公行。同帰於天府。）
謹序。（漫句）

③令義解の撰者

（１オ）

令義解の撰者

（１ウ）

一、清原真人夏野

公卿補任弘仁十四年条云。天武天皇五子舎人親王曾孫。御原王孫。正五位下小倉王五男。母右馬頭小野縄手女（小野朝臣家主）。延暦元年生。同廿二年五月。任内舎人。日本後紀延暦廿三年六月甲《廿一》子条云。散位正五位下小倉王上表曰。臣聞。上天開レ象。両曜以レ之盈虚。聖人肇レ基。九族由レ其差降。是故尊卑有レ序。仰二星辰一而可レ知。親疎無レ替。命二氏姓一而立レ教。伏惟陛下。彫二鏤品彙一。陶二冶生霊一。人正二其名一。物安二其性一。小倉幸属二淳化一。謬霑二霈沢一。乾□云弘。大造無謝。但得二愚息内舎人繁野。及小倉兄別王之孫内舎人山河等款レ偁。臣等智効罕レ施。器識庸微。忝二天潢之末流一。仰二瓊枝一而悚懼。伏請依二去延暦十七年十二月廿四日友上王賜姓「故事一。同蒙二清原真人姓一。又繁野名語触二皇子一。改レ繁曰レ夏。小倉不レ忘二舐犢一。聞レ斯行レ諸。特望天恩。伏聴二進止一。其応レ賜レ姓人等。具目如レ別。不レ任二懇迫之至一。謹以申聞。許レ之。公卿補任弘仁十四年条云。大同二年二月中監物。五月。大舎人大允。弘仁元年三月十日蔵人。同二年六月八日従五位下〈日本後紀同じ〉。七月。宮内少輔〈日本後紀同じ〉。九月。春宮大進（或元年九月任之者。十月十一日任春宮亮）〈日本後紀弘仁二年十月壬《十一》申条云。従五位下清原真人夏野為二（春宮）亮一〉。同四年正月。兼讃岐守《〈誤植カ〉》。〈日本後紀弘仁四年正月甲《十》子条云。春宮亮従五位下清原真人夏野為二兼讃岐介一〉。日本後紀弘仁五年八月甲《十一》寅条云。幸二皇《淳仁》太弟南池一。命二文人一賦レ詩。春宮亮従五位下清原真人夏野授二従五位上一。公卿補任弘仁十四年条云。弘仁七年正月。兼讃

（2オ）岐守。同十一年正月兼伯耆守。同十二年正月。兼下総守。同十三年正月七日。正五位下。同十四年四月。蔵人頭。同廿七日。従四「位下。五月一日。兼左中将近江守等。十一月廿五日。任参議〈日本後紀同じ〉。弘仁十五年（天長元年）正月七日。従四位上。類聚三代格巻八農桑事天長元年八月廿日太政官符応三諸国荒田令二民耕食一事云。右参議左近衛中将従四位上兼行下総守清原真人夏野奏状偁。夫除二不堪田一之外。別有二常荒田一。百姓耕作。国司徴レ租。民畏二此迫一。常憚二耕食一。伏望。一身之間。永聴《ユルサレン》二耕食一。但六年之後徴レ租如レ法者。（下略）。又類聚三代格巻七牧宰事貞観十年六月廿八日太政官符　応レ聴下諸国官長任中一度入上レ京事云。右撰格所起請偁。天長元年八月廿日参議左近衛中将従四位上兼行近江権守清原真人夏野奏状偁。国中之政朝集使可

（2ウ）レ申。而或附二史生一至レ于問レ政。譬猶レ面レ墻。「伏望。差二官長一。副《ヘル》二史生一人一。其国滞政於二玉階之前一。令面《マノアタリ》二陳言一。然後罷却。便留二史生一。令レ成二遺政一者。（下略）。類聚国史巻九十九職官部四叙位四天長二年正月辛《七》亥条云。授二従四位上清原真人夏野正四位下。公卿補任云。天長二年七月一日。任中納言。叙従三位。八月。兼左衛門督。同二年八月廿二日。兼左大将。九月廿三日。兼民部卿。同五年三月十九日。任権大納言。左大将民部卿如レ元。同七年九月十一日。転正（大納言）。左大将民部卿如故。日本後紀卒云。（上略）後太上（淳和）天皇。詔副二左近衛大将従三位兼守権大納言行民部卿清原真人夏野。（中略）等一。続令二修緝一。（下略）。日本紀略天長七年九月壬《廿一》辰条云。天皇幸二大納言清原真人夏野新造山庄一。択二詞客卅人一賦レ詩。応レ製也。賜二侍従及文人禄一。授二主人室无位葛井宿禰庭子。第二男瀧雄従五位下一。同書同年閏十二月壬申《二》条云。幸二北野一。便幸二大納言

（3オ）清原真人夏野雙岡宅一。主人率二親属一拝舞。侍臣以下。山城国掾以上賜レ掾。公卿補任云。天長八年正月七「日。正三位。同九年十一月二日。任右大臣。左大将如レ元。日本紀略天長九年十一月庚寅《二》条云。天皇詔曰。云々。（中略）正三位清原夏野真人〈乎〉右大臣〈尓〉上賜。云々。類聚国史巻百四十七文部下律令格式天長十年二月

壬申[十五]条云。右大臣清原真人夏野。中納言直世王。源朝臣常。藤原朝臣愛発。権中納言藤原朝臣吉野。参議南淵朝臣弘貞。文室朝臣秋津。藤原朝臣常嗣。侍二殿上一。校二読新撰令釈疑義起請一。続日本後紀天長十年三月癸巳[六]条云。授二正三位清原真人夏野従二位一。同書承和元年辛丑[廿一]云。先太上天皇降二臨右大臣清原真人夏野双岡山庄一。愛二賞水木一。大臣奉献慇懃。用展二帍礼。是日。勅増二授大臣男息三人栄爵一。従五位下瀧雄従四位下。正六位上沢雄。秋雄並従五位下。同書承和元年七月甲戌[廿五]条云。右大臣従二位兼行左近衛大将清原真人夏野抗表。

（３ウ）

請レ褫二宿「衛職一曰。（中略）不レ許レ之。同書承和二年四月丁酉[廿三]条云。右大臣従二位兼行左近衛大将清原真人夏野上レ表。請レ辞二大将之任一。不レ許。同書承和四年三月戊辰[五]条云。天皇御二内裏射場一。有二右大臣従二位兼行左近衛大将清原真人夏野奉献之設一。因賜二侍臣酒一。是日。右大臣上レ表。請レ褫二宿衛職一言。（中略）不レ許。日本紀略承和四年六月己亥[八]条云。右大臣夏野上表。詔。唯停二大将之任一。不レ令レ還二食封一。続日本後紀承和二年二月丙申[廿一]条云。天皇御二紫宸殿一。右大臣従二位清原真人夏野献下芝草一茎有二両枝一者上。〈一枝長一尺六寸。一枝長一尺。〉其色紫緋相雑。毎茎之末有レ菌。而産二于大臣山荘双岳之下一。是日。賜二酒侍臣一。以賀二祥芝一。賜レ禄有レ差。同書同年十二月辛未朔条云。天皇御二紫宸殿一。賜二群臣酒一。先レ是。右大臣清原真人夏野在二楓里第一。見二五彩慶雲一。是日。以二其図畫。并相共見人姓名一奉覧。且効二慶賀之誠一。（下略）。同書及日本紀略承和四年十月

（４オ）

丁酉[七]条云。右大臣従二位清原真人夏野薨。「遣三レ使監二護葬事一。有二賻物一。天皇不レ聴レ朝三日。夏野。正三位御原王孫。正五位下小倉王之第五子也。薨時年五十六。

二、南淵朝臣弘貞

新撰姓氏録左京皇別上云。坂田宿禰。息長《オキナガ》真人同祖。応神皇子。稚渟毛二派王《ワカヌケフタマタノミコ》之後也。天渟中原瀛真人《アメノヌナハラオキマヒト》天皇

（4ウ）（諡天武）御世。出家人道法名信正。娶二近江国人槻本公転戸《ツキモトノキミクルベ》女。生正男石村《イハレ》（弘貞の曽祖父）。附二母氏姓一曰二槻本公一。男外従五位下老《オユ》（弘貞の祖父）。男従五位上奈弖麻呂《ナデマロ》（弘貞の父）次従五位下豊成。次豊人等。皇統彌照天皇《アマツヒツギイヤテラス》（諡桓武）延暦二十二年。賜二宿禰姓一。於レ是追二陳《シタヒテ》父志一。取二祖父生長之地名一。改二槻本一賜二坂田宿禰一。今上弘仁四年。同奈弖麻呂等。改賜二朝臣姓一也。文徳天皇実「録天安元年十月丙子《十三》条云。正四位下因幡権守南淵朝臣永河卒。永河。右兵衛佐従五位下槻本公老之孫。散位従四位下坂田朝臣奈弖麻呂第三之子也。（中略）（弘仁）十四年十二月与二兄正五位下弘貞一陳二父先志一。賜二姓南淵朝臣一。公卿補任天長二年条云。従四位下坂田奈弖麻呂二男。宝亀七年生。少遊二学館一。渉二百家一。弱冠推二補文章生一。大同元年五月廿四日。少内記。八月十六日。少外記。弘仁元年十二月二日。大内記。同四年正月十日美作掾。廿五日。式部少丞。同六年正月。蔵人。六月一日。転大丞。同七年正月。授従五位下。十日。但馬介。同九年四月廿三日。但馬守。同十一年六月四日。主計頭。同十二正月十日。伊世介。十五日。備中守。七月十三日。東宮学士（淳和銀牓之時）。九月。主税頭兼備中守。十月五日。右少辨。同十三年正月七日。従五位上。二月一日。左少辨（学士如元）。同十四年正月。伊与守（止辨）。四月十八日。式部少輔。廿七日。正五位下。九月廿七日。左少将。十二月。（5オ）改二坂田朝臣姓一賜二南淵朝臣一。天長元年四月九日。式部大輔（守少将如元）。「五月廿一日。従四位下。同二年七月一日任参議。式部大輔如元。同四年正月七日。従四位上。同五年正月十二日。任下野守。式部大輔如元。同六年正月十三日。任宮内卿。同七年五月五日。兼刑部卿。六月一日。正四位下。八月四日。任右兵衛督。下野守刑部卿如元。同八年正月七日。従三位。同十年正月十一日。兼信乃守。九月十八日薨。日本紀略天長十年九月壬申《十九》条云。参議刑部卿従三位南淵朝臣弘貞薨。年五十七。

弘貞の詩は、経国集に収められて居る。

（５ウ）

（白紙）

（６オ）

三、藤原朝臣常嗣

続日本後紀承和七年四月戊辰《廿三》条云。（上略）去延暦廿年遣唐持節大使中納言正三位葛野麻呂第七子也。少遊二大学一。渉二猟史漢一。諳二誦文選一。又好属レ文。兼能二隷書一。立性明幹。威儀可レ称。公卿補任天長八年条云。弘仁九年正月。昇殿。十一月十一日。遭憂父。同十一年二月。任右京少進。同十二年正月。蔵人。同十三年。式部大丞。同十四年正月七日。従五位下。十一日。下野守。三月廿一日。山城介。四月十八日。春宮亮。九月。任右少辨。天長元年四月九日。式部少輔（止辨）。九月廿日。勘解由次官。同三年正月七日。従五位上。同五年正月七日。正五位下。同七年正月廿二日。刑部少輔（坐事左遷也）。八月。補蔵人頭。九月廿日。兼勘解由次官。同八年正月七日。従四位下。廿三日。転長官。七月十一日。任参議。同九年正月十一日。兼下野守。「十一月七日。任右大辨。長官守如元。同十年十一月十八日。従四位上。承和元年正月十一日。兼相模守。〔続日

（６ウ）

本後紀は正月十二日とす〕。十九日。為遣唐使。〔続日本後紀承和元年正月庚午《十九》条云。是日。任二遣唐使一。以二参議従四位上右大弁兼行相摸守藤原朝臣常嗣一〈〉為二持節大使一。従五位下弾正少弼兼行美作介小野朝臣篁為二副使一。判官四人。録事三人。〕五月。兼備中権守。〔続日本後紀承和元年五月癸亥《十三》条云。以二遣唐大使参議従四位上藤原朝臣常嗣一〈〉為二兼備中権守一。右大弁如レ故。〕七月一日。兼近江権守。大辨如元。〔続日本後紀承和元年七月庚戌条云。遣唐大使参議右大弁従四位上藤原朝臣常嗣為二兼近江権守一。〕以上の経歴を要約して、続日本後紀承和七年四月戊辰《廿三》条云。弘仁十一年〈〉初任二右京少進一。尋遷二式部大丞一。十四年叙二従五位下一。出二下野

（7オ）

守一。不レ之レ任。留任二春宮亮一。俄遷二右少弁一。天長元年〈〉遷二式部少輔一。尋兼二勘解由次官一。三年叙二従五位上一。五年叙二正五位下一。七年坐二公事一。左三遷刑部少輔一。八年叙二従四位下一。遷二勘解由長官一。九年兼二下野守一。累「兼二右大弁一。加二従四位上一。承和元年〈〉改兼二近江権守一。続日本後紀承和二年十二月壬申条云。借二遣唐使位一。大使従四位上藤原朝臣常嗣正二位。副使従五位上小野朝臣篁正四位上。並大臣口宣。不授二告身一。同書同年十二月乙未《廿七》条云。以二参議従四位上藤原朝臣常嗣一〈〉為二兼左大弁一。近江守如レ故。同書同三年正月丁未《七》条云。詔授二従四位上藤原朝臣常嗣正四位下一。同書同年四月壬辰《廿四》条云。天皇御二紫宸殿一。賜二餞入唐大使藤原朝臣常嗣。

（7ウ）

副使小野朝臣篁等一。命二五位已上一。賦下賜二餞入唐使一之題上。于時大使常嗣朝臣。欲レ上レ寿。先候二進止一。勅許訖。常嗣朝臣避レ座而進。喚二采女二聲一。采女擎二御盃一。来授二陪膳采女一。常嗣朝臣跪唱レ平。天皇為レ之〈〉挙訖。行酒人進賜二常嗣朝臣酒一。即跪受飲竟。降レ自二南階一。拝舞還レ座。既而群臣献詩。別有二御製一。大使賜而入レ懐。退而拝舞。賜二大使御衣一襲。白絹御被二条。砂金二百両。副使御衣一襲。赤絹被二条。砂金百両一。各淵酔而罷。続日本後紀承和三年五月庚戌《十二》条云。是日。右近衛中将従四位下藤原「朝臣助衛二勅語一。向二摂津国難波江口一。慰三労聘唐使発遣一。其宣命曰。（略）是日。使等駕レ舶。壬子《十四》。四船共解レ纜発去。同書同年七月甲申条云。勅符大使藤原朝臣常嗣。判官菅原朝臣善主等。得二今月六日九日二道飛駅奏状一。具知三漂苦廻〈〉着二肥前国一也。（下略）同書同年同月己丑《廿二》条云。遣唐持節大使藤原朝臣常嗣等上表言。（上略）臣常嗣等自三營艤甫畢〈〉遠入二大瀛一。日夜漂簸。了無二生頼一。（中略）今特齎二叡旨一。慰喜非レ常。臣等顧二躬庸櫟一。曷答二重厚一。更煩二天覧一。伏増二阽焦一。同書同年九月辛巳《十五》条云。遣唐大使副使等〈〉自二太宰府一入京。奉レ還二節刀一。同書同四年二月丙午《十三》条云。以二遣唐大使参議正四位下藤原朝臣常嗣一。為二兼太宰権帥一。左大弁如レ故。日本紀略承和四年三月甲戌《十一》条云。賜二餞入唐大使参議常嗣。副使篁一。命二五位以上一。賦下春晩陪レ餞二入唐使一之題上。日暮群臣献レ詩。

（８オ）

副使同亦献レ之。但大使酔而退出。続日本後紀承和四年七月癸未《廿二》条云。太宰府馳レ伝言。遣唐三ケ船。共指二松浦郡旻楽崎一発行。第一第四船。忽遇二逆風一。「流三着壹岐嶋一。第二船左右方便漂三着値嘉嶋一。日本紀略承和五年七月庚申《五》条云。太宰府奏。遣唐使第一四船進発。甲申《廿九》。大宰府奏。遣唐第二船進発。続日本後紀承和六年八月癸酉《廿四》条云。大宰府飛駅。上三奏入唐大使藤原朝臣常嗣等帰着之由。兼使等奏状一。同書同年九月甲午《十六》条云。遣唐持節大使参議正四位下行左大弁兼大宰権帥藤原朝臣常嗣進二節刀一。乙未《十七》。天皇御二紫宸殿一。右大臣従二位兼行皇太子傅藤原朝臣三守〈〉奏二大唐勅書一。独召二大使藤原朝臣常嗣一。昇レ自二東階一。天顔咫尺。勅曰。遠渉二危難之途一。平安参来〈乎〉喜賜〈都々〉大坐。常嗣朝臣稱唯。拝三舞庭中一。更召二殿上一置酒焉。于時使旨及路中艱難。一々以聞。内侍持二御被一条。御衣一襲一〈〉佇立。大臣命二常嗣朝臣二云。今勅〈久〉。汝銜二国命一。遠渉二滄海一。毎レ聞二険難一。憐愍殊深。仍賜二纏頭物一。即稱唯。賜二御被一。拝舞退出。同書同年九月丙午《廿八》条云。詔曰。天皇

（８ウ）

〈我〉詔旨〈良万止〉（中略）授二大使正四位下藤原朝臣常嗣従三位一。同書同七年二月戊辰《廿一》条云。「参議左大弁従三位藤原朝臣常嗣。去年遭二母喪一。今日有レ勅。起視事。同書同年四月戊辰《廿三》条云。参議左大弁従三位藤原朝臣常嗣薨。（中略）（承和）五年夏六月奉二修聘持節使一〈〉入二巨唐一。六年八月至レ自二大唐一。近代父子相襲。預二専対之選一。唯一門而已。九月授二従三位一。薨時年卌五。

四、菅原朝臣清公

続日本後紀承和九年十月丁丑《十七》条云。文章博士従三位菅原朝臣清公薨。清公。故遠江介従五位下古人之第四子也。父古人儒行高レ世。不三与レ人同一。家無二餘財一。諸児寒苦。〔公卿補任承和六年条云。桓武天皇給二衣粮一。令

（９オ）

レ勤レ学。（給料之起。始二於此一矣）。〕清公年少。略渉二経史一。延暦三年〈〉詔令レ陪二東宮一。弱冠奉試。補二文章「

生。学業優長。学秀才。十七年対策登科。除大学少允。廿一年任遣唐判官。兼近江権掾。廿三年七月〈〉渡海到唐。与大使倶謁天子。得蒙顧眄。廿四年七月〈〉帰朝。叙従五位下。〔日本後紀延暦廿四年七月壬辰《廿五》条云。是日。遣唐大使従四位上藤原朝臣葛野麻呂授従三位。判官正六位上菅原朝臣清公従五位下（下略）公卿補任承和六年条云。弘仁二年。従五位下〕転大学助。〔日本後紀延暦廿四年八月丙辰《廿》条云。従五位下菅原朝臣清公為大学助。〕大同元年〈〉任尾張介。不用刑罰。施劉寛之治。〔日本後紀大同元年正月癸巳《廿八》条云。従五位下菅原朝臣清公為介((尾張))。〕弘仁三年〈〉秩満入京。補左京亮。〔日本後紀弘仁三年二月已亥《十》条云。従五位下菅原朝臣清公為亮。((左京))。〕遷大学頭。〔日本後紀弘仁三年八月戊子《三》条云。従五位下菅原朝臣清公為大学頭。〕四年任主殿頭。五年拝右少弁。転左少弁。遷式部少輔。七年加従五位上。

（9ウ）

兼阿波守。九年有詔書。天下儀式。男女衣服。皆依唐法。五位「已上位記。改従漢様。諸宮殿院堂門閣。皆着新額。又肆百官舞踏。如此朝儀。並得関説。十年正月〈〉加正五位下。兼文章博士。侍読文選。兼参集議之事。十二年叙従四位下。転式部大輔。尋任左中弁。有不適意。求遷右京大夫。上従容問京職大夫官品。清公朝臣対曰。正五位官。即日改為従四位官。左亦同之。類聚三代格巻五定官員弁官位事弘仁十三年正月廿六日太政官符改定左右京職大夫官位事云。右案官位令正五位上官。今被右大臣宣偁。奉勅宣改為従四位下官。」十四年除弾正大弼。天長元年〈〉出為播磨権守。不異左貶。時人憂之。二年八月〈〉公卿議奏。国之元老。不合遠離。更令入都。兼文章博士。三年三月〈〉亦遷弾正大弼。兼信濃守。復転左京大夫。文章博士如故。八年正月〈〉授正四位下。承和二年〈〉兼但馬権守。侍読後漢書。〔続日本後紀承和二年七月丁巳《十四》条云。天皇御紫宸殿。正四位下菅原朝臣清公侍読後漢書。数日之後〈〉

（10オ）

不遂而輟。有以也。〕〔続日本後紀承和三年二月丙子《七》条云。正四位下菅原朝臣清公為兼但馬守。「左京大夫

文章博士如レ故。〕六年正月〈〉叙二従三位一。〔続日本後紀承和六年正月庚申《七》条云。詔授二正四位下菅原朝臣清公従三位一。〕老病羸弱。行歩多レ艱。勅聴下乗二牛車一到中南大庭梨樹底上。斯乃稽古之力。非二徇求所一レ致。其後託レ病。漸絶二入内一。仁而愛レ物。不レ好二殺伐一。造レ像写経。以レ此為レ勤。恒服二名薬一。容顔不レ衰。薨時年七十三。清公は凌雲集、文華秀麗集、経国集の修撰に参与し、前二集に、その詩が収められ、経国集に策問の文がある。

（10ウ）

五、藤原朝臣雄俊

国史並に尊卑文脈には雄敏とある。尊卑文脈によれば、藤原京家の出で、参議兵部卿宇合の曽孫。従三位大宰員外帥浜成の孫。従三位刑部卿継彦の子。類聚国史中巻九十九職官部四叙位天長二年正月「丁巳《十三》条云。授二従五位下藤原朝臣雄敏従五位上一。同五年正月甲子《七》。授二従五位上藤原朝臣雄敏正五位下一。続日本後紀承和元年五月壬申《廿二》条云。无品貞子内親王薨。（中略）。遣下二勘解由長官従四位下藤原朝臣雄敏。（中略）等一。監二護喪事上。同書同五年正月丙寅《七》条云。詔授二従四位下藤原朝臣雄敏従四位上一。同書同六年正月甲子《十一》条云。従四位上藤原朝臣雄敏為二兵部大輔一。同書同十三年四月辛未朔条云。天皇御二紫震殿一。皇太子入覲。恩盞頻下。群臣具酔。殊召二従四位下藤原朝臣雄敏一。令レ弾二琵琶一。（下略）同書同十五年二月甲午《四》条云。散位従四位上藤原朝臣雄敏卒。

（11オ）

六、藤原朝臣衛

文徳天皇実録天安元年十一月戊戌《五》条云。右京大夫兼加賀守正四位下藤原朝臣衛卒。衛。贈左大臣従一位内麻呂第十之子也。二歳喪レ母。比レ及二五歳一。問二母氏即世之早晩一。哀慕感レ人。大臣甚奇レ之。立為二嫡嗣一。七歳遊レ学。十八奉二文章生試一及科。時人方二之漢朝賈誼一。頃之拝二中判事一。後遷為二大学助一。弘仁十三年冬十一月〈〉叙従二五位下一。十四年春正月〈〉為二遠江守一。政貴二寛静一。百姓欣然。天長四年〈〉朝廷善二其治化一。授二従五位上一。遷為二木工頭一。六年春正月〈〉遷為右少弁。七年春正月〈〉為二式部少輔一。見レ在二不法一。必評二論之一。不レ避二貴戚一。帝甚器レ之。九年春正月〈〉授二正五位下一。十年春正月〈〉授二従四位下一。承和元年〈〉転為二大輔一。兼為二伊豫守一。七年春正月〈〉授二従四位上一。九年春正月〈〉遷為二大宰大貳一。上レ表固譲云。臣衛言。被二尚書召一。以レ臣為二鎮西大貳一。斂壁流レ汗。弱水寒レ心。比二之於臣一。彼何足レ喩。臣聞。遊二楡枋一者。無二培風之勢一。割二鳥鳥一者。非二解牛之宜一。即知。小大之分。自定二於天資一。軽重之用。甚明二於人事一者也。臣自二出身一以来。適二十餘年。雖下

(11ウ)

頻遇二昌運一頗歴中司牧上。而入二莅曹局一。出制二滕薛一。彼「少事之地。尚恥二治化於古一。況方嶽之寄。必待二邦家之光一。而不以二臣之軽瑣一。猶令レ誤二此重〈〉選一。思二力於内一。図二任於外一。如三蚊虻之負二丘山一。何年月而期二功効一。富与レ貴者。是人之所レ欲也。臣何人而辞二曜世之栄一哉。所レ恐天工之空。従二明時一而始。豈願三冥叨之誹〈〉実二人口之中一。庶暫収二咫尺之威一。熟察方寸之誠。帝不レ聴レ之。乃遂赴レ任。先レ是。所管九国二嶋医師博士。惣府所二自任一也。名実不レ副。天俸有レ費。因上表云。博士執レ経授レ業之職。医師合薬療治之最也。雖三道自有二優劣一。然事非レ無二緩急一。何者一夕之命得レ方。則存二其生理一。百年之身失レ術。則墜二其天竿一。彼飛鳥之蒼草。流香之反魂。言二於世路一。是甚急者。而今府所二任置一医師等。未二必其人一。假レ名居レ位。三薬非二共知一。十療無二一験一。遂使二病門失レ望。豈是皇度本意乎。請至二此一色一。殊依二朝選一〈〉書奏。時議容レ之。自レ此始擢二典薬生受レ業練レ道者一。以為二彼管内医師一。続日本後紀承和九年八月丙子条云。大宰大貳従四位上藤原朝臣衛。上二奏四条起請一。一曰。新羅朝貢。其来尚矣。而起レ自二聖武皇帝之代一。迄二于聖朝一。不レ用二旧例一。

(12オ)

常懐二姧心一。苞茅不レ貢。寄二事商「賈一。窺二国消息一。方今民窮食乏。若有二不虞一。何用防レ支。望請。新羅国人。一切禁断。不レ入二境内一。報曰。徳沢洎レ遠。外蕃帰レ化。専禁二入境一。事似二不仁一。宜下比二于流来一。充糧放還上。

（12ウ）

商賈之輩。飛帆来着。所レ齎之物。任二聴民間〈〉令レ得二廻々一。了速放却。一日。交替務了。未レ得二解由一五位之徒。寄二事格旨一。留三住管内一。常妨二農商一。侵三漁百姓一。巧為二奸利之謀一。未レ覩二塡納之物一。望請。交替了吏。早従二入京一。報曰。依レ請許レ之。但勘三修不与解由一之日。欠負官物。灼然令レ塡。見贓在レ身。奪令二塡償一。其所レ塡之物。具録言上。三日。府多二官舎一。破損不レ少。例用二浪人一。常勤二修理一。而比年多依二官符一。被レ充二他用一。望請。一切不レ寄二他所一。将レ役二府国修理一。依レ請許レ之。四日。辺要之地。為レ有二警虞一。延暦年中。特立二制文一。不レ許レ開レ田。而比年頗有二墾開之事一。望請。依二延暦三年四月廿六日符一。一従二停止一。許レ之。文徳天皇実録天安元年十一月戊戌[五]条云。（天長）十四年秩満帰レ京。嘉祥二年春〈〉渤海客入朝。五月五日　皇帝幸二武徳殿一。賜二宴於賓客一。有レ勅。択下侍臣之善二辞令一者上。以為二応対之中使一。其日。賜二長命縷一佩レ之。使者賓客歎二「其儀範一。三年夏六月〈〉為二弾正大弼一。王公豪右懼三憚之一。「仁寿元年」冬十月〈〉遷為二勘解由長官一。兼為二加賀守一。〔文徳天皇実録嘉祥三年十月戊午[十四]条云。従四位上藤原朝臣衛為二勘解由長官一。同書斉衡二年正月丙申[十五]条云。正四位下藤原朝臣衛。為二加賀守一。勘解由長官如レ故。とあって、以上の記事と相違す。〕斉衡元年春正月〈〉授二正四位下一。天安元年夏六月〈〉為二右京大夫一〈〉卒。于レ時年五十九。令義解序の撰者の歴名に見える衛の官は、刑部大輔兼伊豫守となって居るが、以上の伝の記事によると、天長十年には、式部少輔であった筈であり、兼伊豫守となったのは、翌承和元年のことである。此の伝の記事は、加賀守及び勘解由長官に任ずる編年の記事とも相違して居るので、その中に刑部大輔になったことの見えないのは、此の伝の杜撰の致すところと解すべきであらうか。

七、興原宿禰敏久

物部敏久とも、物部中原宿禰敏久とも、興原宿禰敏久とも見えるが、同一人。日本後紀弘仁四年正月己未《五》条(13オ)云。参河国人外従「五位下物部敏久賜姓物部中原宿祢。物部中原宿禰敏久と興原宿禰敏久とが同一人であることは、弘仁格式序に撰者の一人として、従五位下守大判事兼行播磨大掾物部中原宿禰敏久と見えること丶、類聚国史巻百四十七文部下律令格式天長七年閏十二月丙申《廿六》条云。授二正五位下興原宿禰敏久正五位上一。以下作二格式一之功上也。とあることゝを照合すれば明かである。又物部中原宿禰を興原宿禰と改めた時期は、類聚国史巻九十九職官部四叙位四天長元年正月丁巳《七》条云。授二五位下物部中原宿禰敏久従五位上一。とあること丶、同書同部天長四年正月癸未《廿一》条云。授二従五位上興原宿禰敏久正五位下一。とあることゝを比較することにより、天長元年より四年までの間であることが察せられる。同書巻九十九職官部四叙位四大同三年正月丁未《廿五》条云。授二正六位上物部敏久外従五位下一。日本後紀弘仁四年二月丙申《十三》条云。外従五位下物部中原宿禰敏久為二大判事一。類聚国史巻八十四政理部六焼亡官物弘仁七年八月丙辰《廿三》条云。公卿奏言。上総国夷灊郡官物所レ焼。（中略）外(13ウ)従五位下守大判事物部中原宿祢敏久曰。（下略）「同書巻九十九職官部四叙位四弘仁十年正月丙戌《七》条云。授二外従五位下物部中原宿祢敏久従五位下一。日本三代実録貞観四年八月十七日癸丑条云。嘗大判事興原敏久。明法博士額田今人等。抄二出刑法難義数十事一。欲遣二問大唐一。（讃岐朝臣）永直聞レ之。自請詳二解其義一。累年渋滞。一時氷釈。遣レ唐之問。因レ斯止矣。敏久は當代に重んぜられた法学者の一人であつて、其の勘文は、政事要略・法曹類林等に見え、又令集解に、物記、物云。興大夫云として収められて居るのは、敏久の学説であらうとされて居る。

（14オ）

八、善道宿禰真貞

本姓は伊与部《イヨベ》連。新撰姓氏録右京神別下天神条ニ云。伊与部。高媚牟須比《タカミムスビ》命三世孫天辞代主《アマコトシロ》命之後也。又別条に、尾張連。火明《ホアカリ》命五世孫武蠣目《タケトメ》命之後也。伊与部。同上。とあつて、伊与部氏には両系がある。日本三代実録貞観四年五月十三日庚辰条ニ云。天孫火明命後。少神積命之裔孫。与㆓伊与部連。次田連㆒等同祖也。とあつて、貞観の頃、伊与部連が火明命の後と考へられて居たことがわかる。日本紀略「延暦十九年十月庚辰《十五》条ニ云。外従五位下伊与部家守（（真貞の父））卒。宝亀六年兼補㆓遣唐㆒。習㆓五経大義并切韻説文字躰㆒。帰来之日。任㆓直講㆒。尋転㆓助教㆒。大臣奏令㆑講㆓公羊穀梁三伝之義㆒。（下略）続日本後紀承和十二年二月丁酉《廿》条ニ云。散位従四位下善道朝臣真貞卒「也」。真貞。右京人也。故伊賀守従五位下伊与部連家守之男也。年十五入学。数年之間。諸儒共推㆓其才行㆒。補㆓得業生㆒。大同四年〈〉課試登科。任㆓山城国少目㆒。尋遷㆓播磨少目㆒。弘仁四年〈〉兼㆓任大学助教㆒。十年授㆓外従五位下㆒。転㆓任博士㆒。十一年以㆓明経㆒。改授㆓従五位下㆒。兼㆓任越前大掾〈〉相摸権介等㆒。天長之初。遷㆓大学助㆒。歴㆓陰陽頭㆒。尋授㆓従五位上㆒。五年上表。賜㆓姓善道朝臣㆒。〔令義解序及び日本紀略天長八年紀に、善道宿禰とあり。又後に朝臣を賜つたことより察するに、善道朝臣は、善道宿禰の誤ならんと思はる。〕

（14ウ）

七年授㆓正五位下㆒。八年遷㆓阿波守㆒。是時有識公卿一両人。依㆓詔旨㆒。与㆓諸儒等㆒。修㆓撰令義解㆒。真貞亦参㆓其事㆒。不㆑赴㆓任所㆒。日本紀略天長八年八月乙亥《十》条ニ云。幸㆓神泉苑㆒。召㆓阿波守正五位下善道宿禰真貞。（中略）等。令㆓論議㆒。推㆓真貞㆒為㆓座首㆒。論㆓三伝義㆒。（下略）「続日本後紀承和三年十一月庚辰《十五》条ニ云。右京人散位正五位下善道宿祢真貞一烟。改㆓宿祢㆒〈〉賜㆓朝臣㆒。同書承和十二年二月丁酉《廿》条ニ云。承和五年授㆓正五位上㆒。明年授㆓従四位下㆒。同書承和六年八月癸酉条ニ云。以㆓摂津国嶋上郡荒田九段㆒賜㆓明経碩儒従四位下善道朝臣真貞㆒。同書承和十二年二月丁酉《廿》条ニ云。真貞以㆓三傳三礼㆒為㆑業。兼能㆓談論㆒。但旧来不㆑学㆓漢音㆒。不㆑辨㆓字之四声㆒。至㆓於教授。惣用世俗踳訛之音耳。情在進取。不能沈寥。比及懸車。被拝東宮学士。〔同書承和八年二月丁[六]未条云。従四位下善道朝臣真貞為東宮学士。〕遭皇太子廃。出為備後[権]守。〔同書承和九年七月戊[廿六]午条云。学士従四位下善道朝臣真貞為備後権守。〕十一年。聖王憐其国老。喚令入京。〔同書承和十一年三月乙[廿二]巳条云。有勅。召備後国権守従四位下善道朝臣真貞〈〉令入京。〕諸儒言。當代読公羊伝者。只真貞而已。恐斯学墜焉。廼命真貞。於大学講之。後卒于家。時年七十八。

九、小野朝臣篁

(15オ)

文徳天皇実録仁寿二年十二月癸[廿二]未条云。参議左大弁従三位小野朝臣篁薨。篁。参議正四位下岑守長子也。岑守。弘仁初為陸奥守。篁随父客遊。便於挍鞍。後帰京師。不事学業。嵯峨天皇聞之。歎曰。既為其人之子。何還為弓馬之士乎。篁由是慙悔。乃始志学。十三年春〈〉奉文章生試及第。天長元年拝巡察弾正。二年為弾正少忠。五年遷為大内記。七年為式部少丞。九年授従五位下。拝大宰少弐。有詔。〈〉不許之官。其夏喪父。哀毀過礼。十年為東宮学士。俄拝弾正少弼。承和元年〈〉為聘唐副使。明年春授従五位上。兼備前権守。数月拝刑部大輔。〔公卿補任承和十四年条云。承和二年正月七日。従五位上。十一

(15ウ)

日。備前権守。二月七日。刑部少輔。同三年正月七日。正五位下。七「月五日。転大輔。とあって相違す」〔続日本後紀承和二年十二月壬[二]申条云。借遣唐使位。大使従四位上藤原朝臣常嗣正二位。副使従五位上小野朝臣篁正四位上。並大臣口宣。不授告身。〕三年授正五位下。〔続日本後紀承和三年四月壬[廿四]辰条云。天皇御紫宸殿。賜餞入唐大使藤原朝臣常嗣。副使小野朝臣[篁]等。命五位已上。賦賜餞入唐[使]之題。(中略)副使御衣一襲。赤絹御被二条。砂金百両。各淵酔而罷。日本紀略承和四年三月甲[十一]戌条云。賜餞入唐大使参議

（16オ）

常嗣。副使篁㆒。命㆓五位以上㆒。賦㆘春晩陪㆑餞㆓入唐使㆒之題㆖。日暮群臣献㆑詩。副使同亦献㆑之。（下略）〕五年春。聘唐使等四船。次第泛㆑海。而大使参議従四位上藤原常嗣所㆑駕第一船。水淚穿缺。有㆑詔〈〉以㆓副使第二船㆒。改為㆓大使第一船㆒。篁抗論曰。朝議不㆑定。再㆓三其事㆒。亦初定㆓船次第㆒之日。択㆓取最者〈〉為㆓第一船㆒。分配之後。再経㆓漂廻㆒。今一朝改易。配㆓當危器㆒。以㆓己福利㆒。代㆓他害損㆒。論㆓之人情㆒。「是為㆓逆施㆒。既無㆓面目㆒。何以率㆑下。篁家貧親老。身亦尫瘵。是篁汲㆑水採㆑薪。當㆑致㆓匹夫之孝㆒耳。執論確乎。不㆓復駕㆑船。〔日本紀略承和五年六月戊申《廿二》条云。勘発遣唐使右近衛中将藤原朝臣助奏。副使小野朝臣篁依㆑病不㆑能㆓進発㆒。〕近者。太宰鴻臚館。有㆓唐人沈道古者㆒。聞㆔篁有㆓才思㆒。数以㆓詩賦㆒〈〉唱㆑之。毎㆑視㆓其和㆒。常美㆓艶藻㆒。六年春正月

（16ウ）

〈〉遂以㆑捍㆑詔。除名為㆓庶人㆒。配㆓流隠岐国㆒。在㆑路賦㆓謫行吟七言十韻㆒。文章奇麗。興味優遠。知㆑文之輩。莫㆑不㆓吟誦㆒。凡當時文章。天下無双。草隷之工。古二王之倫。後生習㆑之者。皆為㆓師摸㆒。〔続日本後紀承和五年十二月乙亥《十五》条云。是日。勅曰。小野篁。内含㆓綸旨㆒。出使㆓外境㆒。空稱㆓病故㆒。不㆑遂㆓国命㆒。准㆓拠律条㆒。可㆑処㆓絞刑㆒。宜㆘降㆓死罪一等㆒〈〉処㆗之遠流㆖。仍配㆓流隠岐国㆒。初造船使造㆑船之日。先自定㆓其次第㆒名㆑之。非㆓古例㆒也。使等任㆑之。各「駕而去。一漂廻後。大使上奏。更復卜定。換㆓其次第㆒。第二船改為㆓第一㆒。大使駕㆑之。於㆑是副使篁怨懟。陽㆑病而留。遂懐㆓幽憤㆒。作㆓西道謡㆒。以刺㆓遣唐之役㆒也。其詞牽興多犯㆓忌諱㆒。嵯峨天皇覧㆑之。大怒令㆑論㆓其罪㆒。故有㆓此竄謫㆒。とあって、先の伝の記事と、拠る所の史料を異にした為か、多少趣を異にして居る。〕七年夏四月。有㆑詔特徴。〔続日本後紀承和七年二月辛酉《十四》条云。召㆓流人小野篁㆒。同書同年六月辛酉《十七》条云。流人小野篁入京。被㆓黄衣㆒以拝謝。とあって、月を異にしてゐる。〕八年秋閏九月〈〉叙㆓本位㆒。〔続日本後紀承和八年閏九月乙卯《十九》条云。授㆓无位小野朝臣篁正五位下㆒。詔曰。篁雖㆑期㆓奉国㆒。猶悔㆑失㆑晨。朕顧㆓惟旧㆒。且愛㆓文才㆒。故降㆓優貫㆒。殊復㆓本爵㆒。〕十月任㆓刑部大輔㆒。〔続日本後紀承和八年十月辛巳《十五》条

(17オ)

云。正五位下小野朝臣篁。為二刑部少輔一。とあって相違す。」九年夏六月〈〉為二陸奥太守一。秋八月〈〉入拝二東宮学士一。其日兼二式部少輔一。十二年春正月〈〉授二従四位下一。于レ時法隆寺僧善「愷。告下少納言登美真人直名〈〉為二寺檀越一枉レ法状上。訴二之太政官一。官加二訊鞫一。漸将二讞断一。而世論嗷々。為三善愷成二私曲一。由レ是。朝廷更論二此事一。延至二分争一。名例律私曲相須之二義。或以為レ一。或以為レ二。弁官上下。還罹二其網一。遂令二明法博士讃岐朝臣永直考一レ之。考曰。私曲両字。混二処一科一。是相須之義也。當今之事。只有二一犯一。不レ足レ結レ罪。事未二断畢一。十三年五月〈〉為二権左中弁一。新関二其事一。即拠二律文一。以為。私与レ曲明是二也。若私若曲。有レ一二於此一。

(17ウ)

未レ免二其罪一。而連三渉日月一。不二肯決断一。仍上下請レ議二定私曲律義一之表上。并所レ執状〈〉以紏二法家之不一レ熟二律義一。明二弁官之可レ処二私罪一。篁初恨二此論之不平一。作二傷レ時詩卅韻一。寄二参議滋野朝臣貞主一。後重令二諸儒傍議一。其文曰。被二右大臣宣一稱。奉レ勅拠二参議小野朝臣上表及所レ執律文一。議定可二考申一。謹二 宣旨一。覆三「案律文一。公罪謂下縁公事致レ罪而無二私曲一者上。疏云。私曲相須。公事与奪。情無二私曲一。雖レ違二法式一。是為二公坐一〈云々〉。私罪条疏云。私罪謂下不レ縁二公事一〈〉私自犯者上。雖レ縁二公事一。意渉二阿曲一。亦同二私罪一者。由レ此案レ之。私者不レ縁二公事一。自犯之名。曲者雖レ縁二公事一。意渉二阿曲一之謂也。相須則私与レ曲。二事相待之理。然則無

(18オ)

レ私無レ曲。可レ為二公罪一。一私一曲。不レ免二私罪一。而永直等説云。私曲者謂二私之曲相須者一。合二私曲両字一為二一義一。以二連読之意一云云者。文義相錯。公私不レ分。此説之迂。難レ可二拠信一。篁朝臣所レ執。誠為二允愜一。九月遷二左中弁一。十四年春正月〈〉為二参議一。四月兼二弾正大弼一。十五年春正月〈〉転二左大弁一。〈〉兼二信濃守一。夏四月又兼二勘解由長官一。明年春正月〈〉加二従四位上一。夏五月以レ病辞レ官帰レ家。⦅嘉祥⦆三年四月。加二正四位下一。仁寿元年春正月〈〉遥三授近江守一。明年春病瘳。復為二左大弁一。後又病発不レ朝。天皇深為矜憐。数遣二使者一。趁二視病根一。「賚三賜銭穀一。冬十二月就レ家。叙二従三位一。及二困篤一。命二諸子一曰。気絶則殮。莫レ令二人知一。薨時年

五十一。篁身長六尺二寸。家素清貧。事レ母至孝。公俸所レ當。皆施二親友一。

十、讃岐公永直

新撰姓氏録右京皇別下云。讃岐公。大足彦《オオタラシヒコ》忍代《オシロ》別天皇（(景行天皇)）皇子神櫛別《カムクシワケ》命之後也。日本書紀景行天皇四年紀云。次妃五十《イ》河《カハ》媛。生二神櫛《カミクシ》皇子。稲背《イナセ》入彦皇子一。其兄神櫛皇子。是讃岐国造之始祖也。続日本後紀承和三年戊午（十九）条云。外従五位下大判事明法博士讃岐公永直。右少史兼明法博士同姓永成等合廿八煙。改レ公賜二朝臣一。永直是讃岐国寒川郡人。今与二山田郡人外従七位上同姓全雄等二煙一。改二本居一〈〉貫二附右京三条二坊一。（18ウ）永直等「遠祖。景行天皇第十皇子神櫛命也。三代実録貞観四年八月十七日癸丑条云。是日。従五位下守大判事兼明法博士讃岐朝臣永直卒。永直者〈〉右京人也。本姓讃岐公。讃岐国寒川郡人也。幼歯二大学一。好読二律令一。性甚聡明。一聴暗誦。弘仁六年〈〉補二明法得業生一。兼二但馬権博士一。数年之後。奉試及第。天長七年春〈〉為二明法博士一。同年夏為二右少史一。明法博士如レ故。尋転二左少史一。八年兼二勘解由判官一。承和元年正月〈〉授二外従五位下一。為二大判事一。明法博士如レ故。是年兼二勘解由次官一。三年賜二姓朝臣一。改二本居一隷二右京職一。俄而兼二出雲権介一。遷二兼阿波権掾一。十三年。法隆寺僧善愷向レ官〈〉告二檀越少納言登美直人直名有レ犯之状一。〔文徳天皇実録仁寿二年十二月癸未（廿二）条小野朝臣篁の伝及び三代実録貞観五年五月癸亥朔条正躬王伝によれば、承和十二年（19オ）のことゝす」右少弁伴宿祢善男。与二参議右大辨正躬王等一。執論差跨。善男辨口便佞。蒙二帝寵遇一。遂「誣二正躬王等〈〉許三容善愷違法之訴一。免二其官爵一。先令二下明法博士等一断中正躬〈〉等之罪一。永直畏三憚権勢一。不二肯正言一。然執二律私曲相須之義一。大忤二善男之旨一。嘉祥元年〈〉刑部少輔和気朝臣斉之〈〉犯二大不敬一。當レ絞。詔減二罪一等一。流二伊豆国一。永直坐二斉之事一。配三流佐渡国一。〔続日本後紀嘉祥元年（承和十五年）十二月乙卯（三十）条云。

大判事外従五位下讃岐朝臣永直。坐二和気斉之事一〈〉配二流土佐国一。とあって相違す。〕二年二月。仁明天皇晏駕。文徳天皇践祚。〔年月誤あり。仁明天皇の崩御は嘉祥三年三月。〕明年勅〈〉特従二恩免一。〔続日本後紀嘉祥三年三月丙申《十八》条云。配流人和気朝臣斉之。讃岐朝臣永直。特聴二入京一。〕徴復二本位外従五位下一。〔文徳天皇実録仁寿三年五月壬寅《十三》条云。復二罪人和気朝臣斉之。讃岐朝臣永直等爵一。〕斉衡二年〈〉為二明法博士一。三年老乞二骸骨一。再三陳請。然後許レ之。然猶不レ停二明法博士一。帰二休於家一。「〔文徳天皇実録斉衡三年十二月癸未《十四》条

(19ウ)

云。外従五位下讃岐朝臣永直為二大判事一。明法博士如レ故。とあり。〕天安二年。文徳天皇勅曰。明法博士。是律令之宗師也。惜下其歯在二耆耈一不レ伝二正説一。宜レ令下二好レ事諸生一。就二其里第一。受中読善説上。永直閑二臥私第一。授二律令於生徒一。式部省就二門庭一〈〉行二講竟之札一。法家栄レ之。以レ寿終焉。時年八十。永直自レ為二官吏一。爰及二晩節一。歴二任勘解由次官一。使下二判決之道一〈〉能究中其旨上。為二彼使司一者。今猶為二准的一焉。嘗大判事興原敏久。明法博士額田今人等。抄二出刑法難義数十事一。欲レ遣二問大唐一。永直聞レ之。自請詳二解其義一。累年疑滞。一時氷釈。遣レ唐之問。因レ斯止矣。長子時人伝二父業一。改二姓和気朝臣一。少女為二光孝天皇更衣一。生二源皇子旧鑒一。永直の勘文は政事要略に、大判事永直として見え、又法曹類林には、讃岐永直として、川枯勝成と名を連ねて居る。

(20オ)

十一、川枯首勝成

新撰姓氏録和泉国神別云。川枯首。阿目加伎表命《アメカキヲ》。四世孫。阿目夷沙比止命《アメイサヒト》之後也。三代実録貞観四年八月十五日辛亥条に、和泉国和泉郡白丁川枯首吉守の名が見える。勝成も和泉の人であらうか。承和十二年、法隆寺僧善愷の訴訟事件に、明法博士等の意見が徴せられた時、勝成は当時の名法家の名流と相並んで、断文を進め

（20ウ）

て居る。即ち続日本後紀承和十三年十一月壬子[十四]条に、大判事讃岐朝臣永直。明法博士御輔長道と相並んで、勘解由主典として、断文に名を連ねて居る。又法曹類林に見える勘文にも、讃岐永直と名を連ねて居る。

十二、漢部松長

三代実録貞観八年九月廿日壬戌の条に、丹波国何鹿郡人漢「部福刀自。仁和三年六月五日丁未の条に、丹波国何鹿郡人漢部妹[刀]自売の名が見えるので、松長も丹波国の人であらうか。承和年間、法隆寺僧善愷の訴訟問題の際には、勝成等と同じく意見を徴せられたと見え、弾正大疏として、断文を上つて居る。

以上

（1オ）

④位階制と官制の変遷

推古十一年 十二階	大徳 小徳 大仁 小仁 大禮 小禮 大信 小信 大義 小義 大智 小智
大化三年 十三階	大織 小織 大繍 小繍 大紫 小紫 大錦 小錦 大青 小青 大黒 小黒 建武
大化五年 十九階	大織 小織 大繍 小繍 大紫 小紫 大華上 大華下 小華上 小華下 大山上 大山下 小山上 小山下 大乙上 大乙下 小乙上 小乙下 立身
天智三年 二十六階	大織 小織 大縫 小縫 大紫 小紫 大錦上 大錦中 大錦下 小錦上 小錦中 小錦下 大山上 大山中 大山下 小山上 小山中 小山下 大乙上 大乙中 大乙下 小乙上 小乙中 小乙下 大建 小建

（1ウ）

○近江令の冠位制施行

〔日本書紀〕天智天皇十年春正月己亥朔甲辰。
東宮太皇弟奉宣〈或本云。大友皇子宣命。〉施㆓行冠位法度之事㆒。大赦㆓天下㆒。〈法度冠位之名。具載㆓於新律令㆒。〉

△　内位と外位　　△諸王の位を諸臣の位と区別す。

内位

天武天皇元年三月　内小七位阿景連稲敷を筑紫に遣はす。
天武天皇五年六月　物部雄君連に内大紫位を贈る。
天武天皇五年八月　大三輪真上田子人君に内小紫位を贈る。
天武天皇六年十月　内小錦上河辺臣百枝を民部卿とし、内大錦下丹比公麻呂を摂津職大夫とす。

外位

天武天皇二年閏六月　大錦下百済沙宅紹明に外小紫位を贈る。

（2オ）

〔隋書倭国伝〕唐　魏徴等撰
〔北史東夷伝倭国条〕唐　李延寿撰
内官有㆓十二等㆒。一曰大徳。次小徳。次大仁。次小仁。次大義。次小義。次大禮。次小禮。次大智。次小智。
次大信。次小信。員無㆓定数㆒。（中略）至㆑隋其三始制㆑冠。以㆑錦綵為㆑之。以㆓金銀鏤花㆒為㆑飾。
〔上宮聖徳法王帝説〕撰者未詳
小治田宮御宇天皇之世。上宮厩戸豊聡耳命。嶋大臣。共輔㆓天下政㆒而興㆓隆三宝㆒。起㆓元興四天王寺等㆒。制㆓爵十二級一。大德。小德。大仁。小仁。大禮。小禮。大信。小信。大義。小義。大智。小智。

〔聖徳太子伝暦〕藤原兼輔撰

十一月〈癸亥〉三十二歳　十二月。太子始製二五行三位一。各有二大小一〈全十二階也〉。徳者。摂二五徳一徳也。故置二頭首一。群臣大悦之。

（2ウ）

〇　大化三年、七色十三階の冠の構成及服色

冠名		材料	縁の飾	鈿	服色
一、織冠	大	織	繍	金銀	深紫
	小	織	繍	金銀	深紫
二、繍冠	大	繍	織	金銀	深紫
	小	繍	織	金銀	深紫
三、紫冠	大	紫	織	金銀	浅紫
	小	紫	織	金銀	浅紫
四、錦冠	大	大伯仙錦	織	金銀	真緋
	小	小伯仙錦	大伯仙錦	金銀	真緋
五、青冠	大	青絹	大伯仙錦	銀	紺
	小	青絹	小伯仙錦	銀	紺
六、黒冠	大	（黒絹）	？車形錦	銅	緑

(3オ)

小　(黒絹)?菱形錦　銅　緑
七、建武(初位、又は立身)黒絹　紺
別に鐙冠　黒絹

天武天皇四年六月　大分君恵尺に外小紫位を授く。
天武天皇五年七月　村国連雄依に外小紫位を贈る。
天武天皇八年三月　大分君稚臣に外小錦上位を贈る。

○持統天皇六年紀三月戊辰条に関するもの
〔日本霊異記〕巻上第廿五
故中納言言従三位大神高市萬侶卿者。大后天皇時忠臣也。有記曰。朱鳥七年壬辰二月。詔二諸司一。当二三月一。将レ幸二行伊勢一。宜下知二此状一而設備上焉。時中納言恐レ妨二農務一。上言諫。天皇不レ従。猶将二幸行一。於レ是脱二其蝉冠一。擎二上朝廷一。亦重諫レ之。(下略)

(3ウ)

大化の官制
○左大臣・右大臣・内臣・国博士
〔日本書紀〕孝徳天皇即位の日
以二阿倍内麻呂臣一為二左大臣一。蘇我倉山田石川麻呂臣為二右大臣一。以二大錦冠一授二中臣鎌子連一。為二内臣一。(中略)

以二沙門旻法師。高向史玄理一為二国博士一。（「辛亥」脱カ）以二金策一。賜二阿倍倉梯麻呂大臣一。与二蘇我山田石川麻呂一大臣〈或本云。賜二練金一。〉

○八省百官

〔日本書紀〕大化五年二月

是月。詔三博士高向玄理与二釈僧旻一。置二八省百官一。

○将作大匠

〔日本書紀〕白雉元年十月

為レ入二宮地一。所三壊丘墓一及被レ遷人者。賜レ物各有レ差。即遣下将作二大匠荒田井直比羅夫一立中宮堺標上。

○刑部尚書

〔続日本紀〕和銅元年閏八月丁（八）酉

摂津大夫従三位高向朝臣麻呂薨。難波朝廷刑部尚書大華上国忍之子也。

（4オ）

○衛部

〔続紀〕養老元年三月癸夘

左大臣正二位石上朝臣麻呂薨。（中略）大臣泊瀬朝倉朝庭大連物部目之後。難波朝衛部大華上宇麻乃之子也。

近江令の官制

近江令官制の施行されたと思はれる天智天皇十年正月より、浄御原令の施行期と目せられる持統天皇三年六月までの間の日本書紀の記事中に散見する官名は近江令に基くものと思はれる。

（4ウ）

近江令	大宝令
太政官（朱鳥元・九等）	太政官
太政《オホキマツリゴトノ》　大臣《オホマチキミ》（天智十・正）	太政大臣
左大臣　（同右）	左大臣
右大臣（同右）	右大臣
御《オホキモノ》史《マヲス》大夫《ツカサ》（同右）	大納言
大納言《オホキモノマウスツカサ》（天武即位前紀等）	大納言
納　言《モノマヲスツカサ》（天武九・七等）	大納言
左右大舎人（朱鳥元・五）	左右大舎人寮
左右舎人（天武十三・正）	〃
陰陽寮《オンヤウノツカサ》（天武四・正）	陰陽寮
陰陽《ウラノ》師（天武十二・二等）	陰陽師
侍医《オモトクスシ》（朱鳥元・四等）	〔内薬司〕侍医
法官（天武七・十等）	式部《ノリノツカサ》省（和名抄）

天武天皇七年十月。詔曰。凡内外文武官毎年史以上属官人等。公平而恪懃者。議㆓其優劣㆒。則定㆓応㆑進階㆒。

正月上旬以前。具記送㆓法官㆒。則法官校定。申㆓送大辨官㆒。

法官大輔	式部大輔

大学寮《オホツカサ》（天武四・正等）	大学寮
学職頭《フムヤツカサノカミ》（天智十・正）	大学頭
大博士（天武六・三）	博士
博士（朱鳥元・正）	〃
理官《ヲサムルツカサ》（天武十・九等）	治部省《ヲサムルツカサ》（和名抄）
天武天皇十年九月。詔曰。凡諸氏有下氏上未定者上。各定二氏上一而申二送于理官一。	
楽官《ウタマヒノツカサ》（持統元・正）	雅楽寮《ウタマヒノツカサ》（和名抄）
民部省《カキベノ》（朱鳥元・正）	民部省《タミノツカサ》（和名抄）
民官《カキノツカサ》（朱鳥元・九）	民部省
民部卿《カキベノカミ》（天武六・十）	民部卿
兵政官《ツハモノノツカサ》（朱鳥元・九）	兵部省《ツハモノヽツカサ》（和）
兵政官長《ツハモノヽツカサノカミ》（天武四・三）	兵部卿
兵政官大輔（天武四・三）	兵部大輔
刑官《ウタヘノツカサ》（朱鳥元・九）	刑部省《ウタヘタヾスツカサ》（和）
（貞観七、三、七、ウタヘノツカサと云ひしをウタヘタヾスツカサと改む）	
判事《コト〱ハルツカサ》（持統三・二）	大中小判事
大蔵省（天智十・十一等）	大蔵省
大蔵（朱鳥元・九）	〃

（５オ）

宮内（同年）
宮内卿（天武九・七）
宮内官大夫（天武十一・三）
膳　職《カシハデノツカサ》（朱鳥元・九）
大炊省《オホヒノツカサ》（天武十）
外　薬　寮《トノクスリノツカサ》（天武四・正）
医師（朱鳥元・九）
奉　膳《ウチノカシハデノツカサノカミ》（持統元・正）
糺職大夫（天平十四・十一）
左右兵衛《トネリ》（朱鳥元・九）
兵庫職《ツハモノ、ツカサ》（朱鳥元・九）
京　職《ミサノトツカサノ》大夫《カミ》（天武十四・三）
摂津職大夫《カミ》（天武六・十）
筑紫大宰府（天智十・十一）
筑紫帥《カミ》（天智十・六）
吉備大宰（天武八・三）
周防総令《スブルオサ》（天武十四・十一）

宮内省
宮内卿
〃　大　膳　職《オホカシハデノツカサ》
大炊寮《オホヰノツカサ》
典薬寮《クスリノツカサ》
医師
（中務省被官に内薬司あり）
〔内膳司〕奉膳《ブゼン》
彈正尹《タヾスツカサ》（和）
〔左右兵衛府〕兵衛
左右兵　庫　寮《ツハモノ、クラノツカサ》（和）
左右京　職《ミサトノツカサ》（和）
摂津職大夫
大宰府
大宰帥

安八磨郡湯沐《ユノウナガシ》令（天武元・六）

（5ウ）

浄御原令の官制

持統天皇三年六月より、大宝令の施行せられた大宝元年二月までの「国史に散見する官名を浄御原令によるものとして、それらを大宝令の官名に比するに、中納言、民官〈大宝元、二月〉民部尚書〈大宝元、正月〉陣法博士〈持統七、十二月〉等を除いて殆んど一致する。続紀大宝元年八月の条に、大宝律令が「大略以二浄御原朝廷一為二准止一」とある如く、その官制に於いても、浄御原令が近江令よりも大宝令に類似する所が多かつたと思はれる。

以上

⑤「つかさ」と「くらゐ」に関する史料

(1オ)

〔続紀〕天応元年二月
然〈毛〉治賜〈牟止〉所念〈之〉位〈止奈毛〉一品贈賜〈不〉。
〔仝〕天平神護元年八月
此〈尓〉依〈天〉官位〈乎〉昇賜治賜〈都〉。
〔仝〕和銅元年正月
是以天下〈尓〉慶命詔〈久〉冠位上可賜人人治賜。
〔仝〕天平十五年五月
天地与共〈尓〉長〈久〉遠〈久〉仕奉〈礼等之弖〉冠位上賜治賜〈布〉。
〔仝〕天平神護元年十一月
大甞〈乃〉政事〈乎〉取以〈天〉奉供〈良之止〉念行〈天奈毛〉位冠賜〈久止〉宣。
〔仝〕天平神護元年正月
然此多比賜位冠〈方〉常〈与利方〉異〈仁〉在。
〔仝〕天平十五年五月
皇太子宮〈乃〉官人〈尓〉冠一階上賜〈布〉。此中博士〈等〉任賜〈部留〉下道朝臣真備冠二階上賜〈比〉治賜〈波久等〉

(1ウ)

勅天皇大命衆聞食宣。
〔仝〕天平勝宝元年（ママ）月

（2オ）

然猶止事不得為〈天〉恐〈家礼登毛〉御冠献事〈乎〉恐〈美〉恐〈美毛〉申賜〈久止〉申。

〔古事記上〕

於是八百万神共議而。於速須佐之男命。負千位置戸。亦切鬚及手足爪令抜而。神夜良比夜良比岐。

〔仝〕

故尓詔天津日子番能邇邇藝命而。離天之石位。押分天之八重多那雲而。伊都能知和岐知和岐弖。於天浮橋。宇岐士麻理蘓理多々斯弖。天降坐于竺紫日向之高千穂之久士布流多気。

〔萬葉集巻十八〕

於保伎見能　等保能美可等々　末伎太末布　官乃末尓末　美由支布流　古之尓久多利来　安良多末能　等之乃五年　之吉多倍乃　手枕末可受　比毛等可須　末呂宿乎須礼波

〔続日本紀〕神亀六年八月

卿等〈乃〉問来政〈乎〉者加久〈耶〉答賜加久〈耶〉答賜〈止〉白賜官〈尓耶〉治賜〈止〉白賜〈倍婆〉。教賜於毛夫気賜答賜宣賜随〈尓〉。

〔古事記下〕

是以詔曽婆訶理。今日留此間而。先給大臣位。明日上幸。留其山口。即造假宮。忽為豊楽。乃於其隼人。賜大臣位。百官令拝。隼人歓喜。以為遂志。

〔日本書紀〕継体天皇元年二月

是日即天皇位。以大伴金村大連為大連。許勢男人大臣為大臣。物部麁鹿火大連為大連。並如故。是以大臣大連

（２ウ）

等各依職位焉。

〔仝〕皇極天皇二年十月

蘇我大臣蝦夷。縁病不朝。私授紫冠於子入鹿。擬大臣位。復呼其弟曰物部大臣。

〔仝〕天智天皇八年十月

天皇遣東宮大皇弟於藤原内大臣家。授大織冠与大臣位仍賜姓為藤原氏。

〔続日本紀〕天平宝字二年八月

天坐神地坐神〈乃〉相宇豆奈比奉相扶奉事〈尓〉依〈氏之〉此座平安御座〈氏〉天下者所知物〈尓〉在〈良自止奈母〉
随神所念行〈須〉。

年長〈久〉日多〈久〉此座坐〈波〉荷重力弱〈之氏〉不堪負荷。

〔同〕天平宝字三年六月

前聖武天皇〈乃〉皇太子定賜〈比氏〉天日嗣高御座〈乃〉坐〈尓〉昇賜物〈乎〉。

〔仝〕天平宝字八年九月

然今〈方〉明〈仁〉仲末呂〈可〉詐〈仁〉在〈家利止〉知〈天〉大《（ママ）》臣〈乃〉位〈仁〉仕奉〈之武流〉事諸聞食〈止〉宣。
楽〈末須〉位〈仁方〉阿良祢〈止毛〉此道鏡禪師〈乎〉大臣禪師〈止〉位〈方〉授〈末都流〉事〈乎〉諸聞食。

〔仝〕天平神護二年十月

太政大臣朕大師〈尓〉法王〈乃〉位授〈末都良久止〉勅天皇御命〈乎〉諸聞食〈止〉宣。
猶不得止〈天〉圓興禪師〈尓〉法臣位授〈末川流〉。
右大臣藤原朝臣〈遠波〉左大臣〈乃〉位授賜〈比〉治賜。

（3オ）

是以〈天〉吉備朝臣〈仁〉右大臣之位授賜。

〔仝〕宝亀二年二月

又朕大臣〈乃〉仕奉状〈母〉労〈美〉重〈美〉太政大臣之位〈尓〉上賜〈比〉授賜時〈尓〉固辞申而不受賜成〈尓岐〉

〔古事記下〕

大后歌其歌曰。夜麻登能、許能多気知尓。古陀加流。伊知能都加佐。尓比那閇夜尓。淤斐陀弖流。波毘呂。由都麻都婆岐。曽賀波能。比呂理伊麻志。曽能波那能。弖理伊麻須。多加比加流。比能美古尓。登余美岐。多弖麻都良勢。許登能加多理碁登母。許袁婆

〔萬葉集　巻十七〕

安之比奇能　山谷古延底　野豆加佐尓　今者鳴良牟　宇具比須乃許恵

〔仝　巻二十〕

多加麻刀能　宮乃須蘇未乃　努都可佐尓　伊麻左家流良牟　乎美奈弊之波母

〔仝　巻四〕

佐保河乃　涯之官能　少歴木莫刈焉　在乍毛　張之来者　立隠金

〔仝　巻十〕

里異　霜者置良之　高松野山司之　色付見者

〔仝　巻十八〕

（3ウ）

須売呂伎能　之伎麻須久尓能　安米能之多　四方能美知尓波　宇麻乃都米　伊都久須伎波美　布奈乃倍能　伊波都流麻泥尓　伊尓之敝欲　伊麻乃乎都頭尓　万調　麻都流都可「佐等　都久里多流　曽能奈里波比乎　安米

布良受　日能可左奈礼婆　宇恵之田毛　麻吉之波多気毛　安佐其登尓　之保美可礼由久（下略）

〔仝〕

（上略）大伴等佐伯氏者　人祖乃　立流辞立　人子者　祖名不絶　大君尓　麻都呂布物能等　伊比都雅流　許等能都可左曽　梓弓　手尓等里母知弖　劔太刀　許之尓等里波伎　安佐麻毛利　由布能麻毛利尓　大王能　三門乃麻毛利　和礼乎於吉弖　且比等波安良自等　伊夜多弖　於毛比之麻佐流　大皇乃　御言能左吉乃〈一云乎〉聞者貴美〈一云貴久之安礼婆〉

〔仝　巻二十〕

（上略）安米能之多　之良之売之祁流　須売呂伎能　安麻能日継等　都藝弖久流　伎美能御代御代　加久左波奴　安加吉許己呂乎　須売良弊尓　伎波米都久之弖　都加倍久流　於夜能都可佐等　許等太弖氏　佐豆気多麻敝流　宇美乃古能　伊也都藝都岐尓　美流比等乃　可多里都藝弖氏　伎久比等能　可我見尓世武乎　安多良之伎　吉用伎曽乃名曽　於煩呂加尓　許己呂於母比弖　牟奈許等母　於夜乃名多都奈　大伴乃宇治等　名尓於敝流　麻須良乎能等母

〔仝　巻八〕

官尓毛　縦賜有　今夜耳　将飲酒可毛　散許須奈由米

〔仝　巻十六〕

官許曽　指弖毛遣米　情出尓　行之荒雄良　波尓袖振

⑥支那の官位の変遷

（１オ）

（一）有虞氏官五十。夏后氏官百。殷二百。周三百。（礼記明堂位第十四）

（二）〔宗伯〕以九儀之命。正邦国之位。壹命受職。再命受服。三命受位。四命受器。五命賜則。七命賜国。八命作牧。九命作伯。（周礼春官）

（三）王者之制禄爵。公侯伯子男凡五等。諸侯之上大夫卿。下六夫。上士。中士。下士。凡五等。（礼記王制）

（四）天子一位。公一位。侯一位。伯一位。子男同一位。凡五等也。君一位。卿一位。大夫一位。上士一位。中士一位。下士一位。凡六等。（孟子万章章句）

（五）秦。制爵二十等（爵一級曰公士。二上造……十九関内侯。二十徹侯）。以賞功労。（漢書百官公卿表）

（六）漢。（一）二十等爵。（二）官秩。

（１）万石〈月三百五十斛〉（太師、大伝……前後左右将軍）

（２）中二千石〈月百八十斛〉（太常・光禄勲……執金吾）

（３）二千石〈月百二十斛〉（太子太伝・太子少伝……州牧）

（４）比二千石　（５）千石……　（18）百石　（19）斗食之吏

（百官公卿表、通典）

（１ウ）

（七）魏。九品

第一品（黄鉞大将軍、三公……大丞相）

第二品（諸四征四鎮大将軍等）……第九品（諸州郡防門等）（通典）

（２オ）

（八）晉。官品令

（１）晉命賈充等撰令四十篇。一戸二学三貢士四官品五吏員六俸廩……三十九四十皆雑法。（唐六典注等）

（２）官品、九品。（通典）

第一品（公、諸位従公等）……第九品（軍司馬等）

（３）官品令佚文。通典以外ニモ多ク存ス。佚文一例。三公緑綟綬也（初学記・太平御覧）

（九）宋。梁。陳。晋制ニ仍循。但シ梁陳ハ九品ノ他ニ「班」ヲ並置十八班（丞相等）……一班（武庫府令等）

不登二品者七班（皇　不明）

（十）後魏

（１）官令（礼志）。品令（刑罰志）。職品令（唐六典）。職令（官氏志）職品令佚文。太和中改定百官都官尚書管左士郎（六典）職令佚文。光禄少卿第四品上第二請用粛勤明敏兼識古典者（御覧）

（２）大和□年令　九品（有従品。毎一品之中。又有上中下三等之差）第一品上（三師・大司馬・大将軍）

第一品中（三公）第一品下（儀同三司……衛将軍）……第九品上・中・下・従第九品上・中・下

（３）大和二十三年「職令」。九品・品各置従。凡十八品。自四品以下。毎品分為上下階。凡三十階。

第一品・従第一品……第四品上階・第四品・従第四品上階・従第四品……

従第九品上階・従第九品。（後魏書官氏志）

（４）按前氏職次。皆無従品。魏氏始有之。自四品以下。正従又分為上下階。亦一代之別制也。（通典）

（２ウ）

（十一）北斉

（１）北斉令・官品令・篇目無シ。

(2)循後魏置九品。品各有正従。自第四品以下。毎品分為上下階。
(3)流内比視官十三等。第一領人酋長視従第三品……司州武猛従事視従第九品。(隋書百官志)
(4)官一品。毎歳禄八百匹。二百匹為一秩。従一品七百匹。一百七十五匹為一秩。……従九品。二十四匹。六匹為一秩。(仝上百官志)

(十二)北周。九命

(1)内命。三公九命。三孤八命。……中士再命。下士一命。外命。諸公九命。諸侯八命……子男之丈夫。公之中士。侯伯之上士一命。(仝上百官志)
(2)正九命(太師太伝……大将軍)九命(驃騎将軍……雍州牧)…正一命・一命(通典)

(十三)隋

(1)官品令。開皇令三十巻。一官品上二官品下三諸省臺職員…三十雑。(唐)
(2)官品。流内。正一品。従一品……正四品上、正四品、…従九品(九品・正従・四品以下上下階)
(3)流内視品十四等(視正二品……視従九品)
(4)流外品九等(流外勲品……流外九品)
(5)流外視品九等(視勲品……視九品)(隋書百官志通典)
(6)隋煬帝、除上下階。

第五章　『令義解』受容史覚書
――壺井義知の研究を中心に――

一

日本古代の法制史料として貴重な『令義解』全十巻三十篇は、養老令の官撰の注釈書であり、養老令に準じる効力をもっていた。同書は、明法博士額田今足の上申により、清原夏野・讃岐永直・菅原清公らが編纂したもので、天長十年（八三三）に完成し、承和元年（八三四）十二月十八日に施行された。その本文については、『令集解』からの復原による七篇もふくめて、こんにちその大部分を知られているが、缺逸部分が少ないことも、『令義解』の特筆すべき点である。

『令義解』の諸条文については、江戸時代中期の国学者荷田春満（一六六九～一七三六）をはじめとして、複数の学者が注解を試みているが、多くは一二篇にとどまり、全篇目にわたるものは、河村秀興・神村正鄰・朝倉景貞らによる令の研究会の記録である『講令備考』（研究会は、明和年間〈一七六四～一七七一〉にすでに開催。その後、書写の過程で書き込みが順次追加）・薗田守良『新釈令義解』（天保九年〈一八三八〉草稿を脱稿）・近藤芳樹『標注令義解稿本』（元治元年〈一八六四〉脱稿及び一部を刊行）をあげるのみである。しかも、こうした注解のなかで、『令義解』の編纂にかかわる史料まで取り上げているものは、きわめて少ない。

周知のように、『令義解』については、清原夏野自身による序以外にも、おなじく夏野の筆にかかる天長十年

（八三三）十二月十五日の「上令義解表」、天長三年（八二六）十月五日の「応撰定令律問答私記事」と題する太政官符、承和元年（八三四）十二月十八日の『令義解』施行の詔、といった史料が残されており、これによって、編者や編纂の経緯をかなり詳細にうかがうことが可能である。

『令義解』を利用するには、まずこれらの史料を読む必要のあることは瀧川政次郎氏の強調されるところであるが、瀧川氏が会長をつとめておられた律令研究会の編輯した『譯註日本律令』第一巻首巻（東京堂出版、昭和五十三年五月）にも、上記の史料の詳細な注釈が掲げられている。

しかし、同書以前にも、『令義解』序や「上令義解表」の研究・注解に力を注いだ研究者は数多い。『譯註日本律令』第一巻（前掲）所収の、橋川時雄氏の訳文・注釈（「令義解附録〈官符・詔・表・序〉訳註」『譯註日本律令』第一巻首巻〈前掲〉所収）が、そうした先行研究をあまり参照した形迹がないのは、遺憾である。

筆者は、かねてより、『令義解』受容史とでもいうべきものに興味を抱き、多少ともその方面の資料を蒐集してきたが、数年前より、研究者の便に資するために、その一部を公開してきた。拙稿「『令義解』序の研究」（一）～（四）（『皇學館大学文学部紀要』四二～四五輯、平成十五年十二月・同十七年三月・同十八年三月・同十九年三月）や拙稿「壺井義知『令義解序表官符詔書解』について」（『皇學館論叢』三八－四、平成十七年八月）が、それである（いずれも、本書所収）。前者は、戦時中、神宮皇學館大学でおこなわれた、令の共同研究の速記録である『令共同研究会記録』の飜刻を中心としたものであり、後者は、壺井義知著『令義解序表官符詔書解』の解説と飜刻である。

いずれも『令義解』受容史を考えるうえで貴重な資料だと思うが、なかでも壺井義知の注釈書は、官符・詔・表・序、すべてわたって叮嚀な注解を加えた労作である。

官符・詔・表・序に注解を施したものとしては、利光三津夫氏の紹介された村田春海『読令筆記 総論天長太政官符』（静嘉堂文庫所蔵、狩谷棭斎雑録全二十三冊のうちの第十四冊、請求番号八十五函四十七架）が、わずかに太政官符の難解な語句について注解を加えているくらいで（利光三津夫「静嘉堂文庫所蔵の律令研究書」利光氏『律令制とその周辺』〈慶應通信、昭和四十二年十一月〉所収、三二〇～三二一頁参照）、他は寡聞にして知らない。

二

著者の壺井義知は、故実家として著名な人物で、著作も数多い。

彼は、明暦三年（一六五七）二月、河内国河内郡辻子村に生まれた。父は、三池道意。幼くして父と死別し、その後、母方の壺井氏に養育され、壺井姓を名乗った。大坂に出て筒井吟龍軒（白雲老人）に書を学び、その技能によって、松本藩などへの仕官を望むも、いずれも失敗に終わり、貞享二年（一六八五）には、京都の四辻公韶に仕え、青侍となる。有職故実学に精励し、平田内匠に弟子入りするが、『職源抄本大全』を秘書のように扱うさまをみて、師匠を見限り、以後は、独学で故実を学んだ。やがて、享保十年（一七二五）に、徳川吉宗の命を受け、江戸に下り、書物奉行下田幸大夫師古を通じて、公家装束などの下問に答えた。京都を拠点として活動し、多くの門人を育成したが、その門からは、多田義俊・速水房常など、すぐれた人物が出ている。

這般の経歴については、大川茂雄・南茂樹共編『国学者伝記集成』（大日本図書、明治三十七年八月）の引く『ぬなは草紙』下の記載に詳しいが、ほかに林森太郎「壺井鶴翁に就て」（『史林』一―一、大正五年一月）などの伝記的研究もある。

壺井義知は、その実証的研究で知られるが、古代の官職制度・服飾制度などの、多岐にわたる分野で、多くの著書を遺した。その一々をここであげることは控えるが、官位令・職員令の注解を中心に、令条文の解釈について多数の著述があり、その延長として、『令義解序表官符詔書解』や、神祇・考課二令の逐条解釈を試みた『神祇令愚注草稿』・『考課愚注草稿』など、『令義解』の注解的研究がある。

三

そこで、あらためて、『令義解序表官符詔書解』について詳しくみておきたい。

新訂増補国史大系本『令義解』の巻末には、「令義解附録」として、

① 天長三年(八二六)十月五日の「令律問答私記」撰定を式部省に命じた太政官符

② 承和元年(八三四)十二月十八日の仁明天皇による『令義解』施行の詔

③ 天長十年(八三三)十二月十五日の清原夏野による「上令義解表」

④ 「正三位守右大臣兼行左近衛大将臣清原眞人夏野等奉勅撰」とある令義解序

という四種の史料が附されている。

これは、紅葉山文庫本・広橋家本・京本の『令義解』などが巻頭に掲げているものであって、分注の形で挿入される字句の注釈も、すでにそこに存在している。塙保己一が刊行した『令義解』(新訂増補国史大系本の底本)が、④の序のみを掲げ、しかもその分注を省いているのは、新訂増補国史大系本の「凡例」がいうように(末尾に「黒板勝美識」とある)、「蓋し修整を加へたるもの」であろう(「凡例」六頁)。そのため、新訂増補国史大系本は、塙本を底本としながらも、広橋家本を「原として」①~④を巻末に附載して「古鈔本の旧態を存せり」としている。

ただ、橋川時雄氏は、この次序は「『令義解』十巻の原型にそぐわないところが見出される」として、原訂本では、②・③・④の順であり、一段格下げして①が附載されていたと推測しておられる（前掲論文、四～六頁）。たしかに、右の①～④の排列や取り扱いについては、なお問題が残るが、いずれにしても、これらが『令義解』編纂のプロセスをうかがう貴重な史料であることは、瀧川氏のいわれるとおりである（「序」『譯註日本律令』第一巻首巻〈前掲〉所収、四頁）。

壺井義知『令義解序表官符詔書解』も、『令義解』の編纂・施行を研究するうえで、缺くことのできない重要史料の注解を志したものである。同書は、たんに研究史上の一齣というだけでなく、こんにちなお参照に値するところが少なくない。とくに、上表や序に挿入された分注がしるすような漢籍について詳細な解説があるのは、難解な、これらの文献の文脈を追う際に、このうえもなくありがたい。

さらに、『令義解』序にその名をつらねる編者十二人の伝記は、佐藤誠實「律令考」（『國學院雑誌』五－一三・一四、六－一・二・三、明治三十二年十一月～同三十三年三月、のち同誌六八－八〈昭和四十二年八月〉に再録、さらに佐藤誠實著・瀧川政次郎編『佐藤誠實博士律令格式論集』〈汲古書院、平成三年九月〉所収）・神宮皇學館大學の『令共同研究会記録』・所功「『令義解』撰者伝」（『史正』一〇、昭和五十五年十月）の先蹤をなすものとして貴重である。利光氏によれば、江戸末期の国学者は、壺井義知の著作をあまり高くは評価していないようであるが（前掲論文、三一六頁）、この官符・詔・表・序の注解作業については、その取り組みの早さ、詳細さからいっても、ことさら低く評価すべきではないと思う。

『令義解序表官符詔書解』の写本は、神宮文庫にその一本が伝存し（第一門二二五二号、御巫清白氏献納図書）、筆者も、また一本を所蔵している。神宮文庫本は、奥書によれば、足代弘訓の遺書にあった壺井義知の著作を児玉尚高が書写したもので、それを明治元年に御巫清生が写したものである。筆者所蔵の一本は、さらにこれを転写したもので

（第一丁オに朱筆で「神宮文庫所蔵本によりて写了」とある）、拙稿「壺井義知『令義解序表官符詔書解』について」（前掲）では、これを底本に用いている。

四

ところで、この『令義解序表官符詔書解』に関聯して、『令義解官符注』と『令義解序抄』という二つの写本についてのべておきたい。

『令義解官符注』は、無窮会専門図書館に所蔵される井上頼圀旧蔵の写本で（請求番号三六三九）、標題のとおり、天長の太政官符に関する注釈書である。

所氏は、前掲論文のなかで、官符・詔・表・序の注釈書として、『令義解序表官符詔書解』とともに、著者未詳として本書を掲げておられる。

しかしながら、筆者が調査したところによれば、本書は、『令義解序表官符詔書解』の注解のうち、官符の部分だけを抜萃したもので、『令義解序表官符詔書解』と対照すると、ほぼ同文である。

全篇にわたって比較・検討する餘裕はないが、たとえば、

太-政-官-符〈更補之〉

前版令義解序目ト題スル者、是マサニ官符ノ發-端ニカナフベカラズ、詔-書、上-表、序等ニ於テモ亦此一事ヲ以テ首尾相-互ルベカラザルモノ歟、何ノ據アツテ斯ノ如クナルヤ、疑-謂ハ是後-學妄ニ置-所ノモノナル乎、凢官符ノ發-端必太-政官-符ノ四-字アリ、是ヲ以テ舊-題ヲ削リ、更ニ本-例ニ従フナリ、巻-首四-文

ノ列モマタ官符ヲ端ニ置モノ恐ラクハ、其次-第ヲ錯ルカ、各其年-月ヲ以テコレヲ推セハ則、先官符ヲ下シ以テ書-成テ、次ニ序ヲ加ヘ、次ニ表ヲ上リ、次ニ詔-書ヲ下テコレヲ天-下ニ施-行セサシムルナリ、然則以テ官符ノ右ニ序、序ノ右ニ表、表ノ右ニ、詔-書ヲ列スヘキナリ、是編-書前-序後-序ヲ叙ルノ常也、蓋顧ニ官符ノ文元此-書ニツクベカラザル者ヲ、後-學別ニ索-出シ追テコレヲ加ルモ知ラザレバ則、舊ニ従テ第-一ニ置ナリ

という書き出しも、『令義解序表官符詔書解』とほぼ同文である。わずかに、第一行目の鼇頭に「楓山本ニ此四字并ニ令義解序目ノ五字ナシ」という頭注があったり、若干の文字の異同はあるが（『令義解序表官符詔書解』のほうの文章については、前掲拙稿を参照されたい）、とくに問題とするに足りない。奥書がないため、書写の時期や人物を特定することは困難だが、本書は、壺井義知の『令義解序表官符詔書解』の一部をなんぴとかが書写したものとみてよいであろう。

つぎに、『令義解序抄』について取り上げたい。本書は、筆者が蒐集した資料の一つである。関西の豪商小津桂窓（字は久足。一八〇四〜一八五八）の旧蔵にかかるもので、「西荘文庫」の蔵印がある。写本自体は、わずか十六丁の短いものだが、標題からも知られるように、『令義解』序の注解である。

本書については、跋に、

令義解序々註解一篇者壺井義知之述作也享保六年辛丑年七月七日被接之假日写書之必可禁外見也

従五位下右衛門大尉藤原景隆

とあることからもあきらかなように、藤原景隆が、享保六年（一七二一）に壺井義知の著作を書写したものである。いま、『令義解序表官符詔書解』と比較してみると、たとえば、冒頭に、

令義解序
序ハ叙ト同ジ述ナリ。此序ハ清原ノ夏野公義解ヲ撰集セラル、ノ意ヲ叙述シタマヘリ。蓋此文ハ参議従三位小野朝臣篁卿夏野公ノ為ニ草セラル、ノ　序ナリ。本朝文粋ニ見タリ。于レ時篁卿ハ太宰少貳従五位下ナリ。

正三位守右大臣兼行左近衛大將臣清原真人夏野等奉　勅撰

位署ノ式官位相當セザルハ位ヲ以テ先トス。官尊ク位卑ハ守ノ字ヲ加ヘ官卑ク位尊キハ行ノ字ヲ加ル法ナリ。右大臣ハ相當正従二位大將ハ相當従三位ノ官ナルガ故ニ正三位ニ對シテ各不相當ナリ。此ヲ以テ先位後官ニ列シテ守兼行ノ字ヲ加フ。選叙令ニ云。凡兩官以上ヲ任ゼバ一ナルヲ正トシ餘ハ皆兼トス。又云。内外文武ノ官ニ任ジテ本位高下アルモノ若職事卑キハ行トシ高キハ守トストハ是ナリ。又夏野公ノ傳記補任ハ上ニ畧註ス。

とあるのをはじめとして、『令義解官符注』同様、『令義解序表官符詔書解』の『令義解』序の注解部分とほぼ同文である。あるいは、壺井義知の所持していた『令義解序表官符詔書解』を直接借覧・抜萃したものではないかと思えるほどである。

ところで、本書が『令義解序表官符詔書解』を書写したものだとすれば、同書はすでに享保六年（一七二一）以前に脱稿されていたことになる。これは、壺井義知が『令義解序表官符詔書解』の執筆した時期を絞り込むうえで、きわめて貴重な情報である。おそらく、同書は、享保六年（一七二一）以前の執筆にかかるものであって、壺井義知がかなり早い段階から『令義解』官符・詔・表・序の注解に取り組んでいたことは、この点からも判明する。

ちなみに、『令義解序抄』は、さきにあげた拙稿「『令義解』序の研究（四）」（『皇學館大学文学部紀要』四五輯、平成十九年三月、本書第七章所収）に全文を影印・紹介したので、参照されたい。

五

以上、手持ちの資料の紹介を兼ねつつ、壺井義知の『令義解』官符・詔・表・序の研究について略述した。

彼の著作については、こんにちの研究水準からみれば物足りない点もあるかも知れないし、すでに江戸末期の国学者からそうした批判の声があがっていたことも、さきに紹介したとおりである。

ただ、こうして、わずかではあるが、壺井義知の『令義解序表官符詔書解』の抜書が確認されることは、同書の流布の一端を示すものとして興味深い。類書が少ないという事情もあろうが、壺井義知の官符・詔・表・序の研究は、やはりそれなりに認められていたのではあるまいか。本書の受容史上の価値は、各自の判断に委ねるとして、ひとまず、筆者の臆測をのべて、小稿の結びにかえたい。

なお、壺井義知の著述の写本は、ここで紹介したもの以外にも存在する可能性がある。読者諸彦のご教示を乞う次第である。

第六章　壺井義知『令共解序表官符詔書解』について

はしがき

日本古代の法制史料としてあまねく知られる『令義解』全十巻三十篇は、養老令の官撰の注釈書であり、養老令に準じる効力をもっていた。同書は、明法博士額田今足の上申により、清原夏野・讃岐永直・菅原清公らが編纂したもので、天長十年（八三三）に完成し、承和元年（八三四）に施行されたが、その本文は、『令集解』からの復原による七篇もふくめて、こんにち大部分が現存している。

『令義解』については、清原夏野自身による序をはじめとして、やはり清原夏野の筆にかかる天長十年（八三三）十二月十五日の「上令義解表」、天長三年（八二六）十月五日の「応撰定令律問答私記事」と題する太政官符、承和元年（八三四）十二月十八日の『令義解』施行の詔、といった史料が残されており、これによって、編者や編纂の経緯をかなり詳細にうかがうことが可能である。

『令義解』を利用するには、まずこの序や上表を読む必要のあることは瀧川政次郎氏の強調されるところであるが、瀧川氏が会長をつとめておられた律令研究会の編輯した『譯註日本律令』第一巻首巻（東京堂出版、昭和五十三年五月）にも、その詳細な注釈が掲げられている。

しかし、同書以前にも、『令義解』序や「上令義解表」の研究・注解に力を注いだ研究者は数多い。右の『譯註日本律令』第一巻には、橋川時雄氏による、詳細な訳文・注釈が掲げられているが（「令義解附録〈官符・詔・表・序〉訳註」『譯註日本律令』第一巻首巻〈前掲〉所収）、これら先行研究を参照した形迹がないのは、惜しみて餘りある。

筆者は、かねてより、『令義解』序研究の歩みについて興味を抱き、多少ともその方面の資料を蒐集してきたが、数年前より、研究者の便に資するために、その一部を公開してきた。本書第一〜四章に紹介した『令共同研究会記録』も、その一つである。これは、戦時中、神宮皇學館大学でおこなわれた、令の共同研究の速記録だが、手元にはまだ少なからぬ資料が残されている。そこで、第六・七章ではべつの資料を紹介することにしたいが、ここで飜刻・紹介するのは、壺井義知著『令義解序表官符詔書解』の一篇である。

○

著者の壺井義知は、故実家として著名な人物で、著作も数多い。

壺井義知は、明暦三年（一六五七）二月、河内国河内郡辻子村に生まれた。父は、三池道意。幼くして父と死別し、その後、母方の壺井氏に養育され、壺井姓を名乗った。大坂に出て筒井吟龍軒（白雲老人）に書を学び、その技能によって、松本藩などへの仕官を望むも、いずれも失敗に終わり、貞享二年（一六八五）には、京都の四辻公韶に仕え、青侍となった。有職故実学に精励し、平田内匠に弟子入りするが、『職源抄本大全』を秘書のように扱うさまをみて、師匠を見限り、以後は、独学で故実を学んだ。やがて、享保十年（一七二五）に、徳川吉宗の命を受け、江戸に下り、書物奉行下田幸大夫師古を通じて、公家装束などの下問に答えた。京都を拠点として活動し、多くの門人を育成したが、その門からは、多田義俊・速水房常など、すぐれた人物が出ている。

這般の経歴については、大川茂雄、南茂樹共編『国学者伝記集成』（大日本図書、明治三十七年八月）の引く『ぬなは草紙』下の記載に詳しいが、ほかに林森太郎「壺井鶴翁に就て」（『史林』一—一、大正五年一月）などの伝記的研究がある。

壺井義知は、その実証的研究で知られるが、古代の官職制度・服飾制度などの、多岐にわたる分野で、多くの著書を遺した。その一々をここであげることは控えるが、官位令・職員令の注解を中心に、令条文の解釈について多数の著述があり、その延長として、ここで取り上げた『令義解序表官符詔書解』など、『令義解』関係の注解的研究がある。

○

さきにものべたように、新訂増補国史大系本『令義解』の巻末には、「令義解附録」として、

①天長三年（八二六）十月五日の「令律問答私記」撰定を式部省に命じた太政官符

②承和元年（八三四）十二月十八日の仁明天皇による『令義解』施行の詔

③天長十年（八三三）十二月十五日の清原夏野による「上令義解表」

④「正三位守右大臣兼行左近衛大将臣清原眞人夏野等奉勅撰」とある令義解序

という四種の史料が附されている。

これは、紅葉山文庫本・広橋家本・京本の『令義解』などが巻頭に掲げているものであって、分注の形で挿入される字句の注釈も、すでにそこに存在している。塙保己一が刊行した『令義解』（新訂増補国史大系本の底本）が、④の

序のみを掲げ、しかもその分注を省いているのは、新訂増補国史大系本の「凡例」がいうように（末尾に「黒板勝美識」とある）、「蓋し修整を加へたるもの」であろう（「凡例」六頁）。そのため、新訂増補国史大系本は、塙本を底本としながらも、広橋家本を「原として」①～④を巻末に附載して「古鈔本の旧態を」保存している。

ただ、橋川時雄氏は、この次序は『令義解』十巻の原型にそぐわないところが見出される」として、原訂本では、②・③・④の順であり、一段格下げして①が附載されていたと推測しておられる（「令義解附録〈官符・詔・表・序〉訳註」『譯註日本律令』第一巻首巻〈前掲〉所収、四～六頁）。

たしかに、右の①～④の排列や取り扱いについては、なお問題が残るが、いずれにしても、これらが『令義解』編纂をうかがう貴重な史料であることは、瀧川氏のいわれるとおりである（「序」『譯註日本律令』第一巻首巻〈前掲〉所収、四頁）。

ここで紹介する壺井義知『令義解序表官符詔書解』も、『令義解』の編纂・施行を研究するうえで、缺くことのできない重要史料の注解を志したものである。同書は、たんに研究史上の一齣というだけでなく、こんにちなお参照に値するところが少なくない。とくに、上表や序に挿入された分注がしるすような漢籍について詳細な解説があるのは、難解な、これらの文献の文脈を追う際に、このうえもなくありがたい。ここに本書の飜刻をこころみた理由もそこにある。

なお、壺井義知には、本書以外にも、④の序のみを取り上げた『令義解序抄』と題する注釈書がある。筆者は、この書についても、藤原景隆が書写した西荘文庫旧蔵の一本を所蔵している。内容的には、本書と重複する部分も少なくないが、『令義解序抄』については、次章でその内容を紹介したいと思う。

○

飜刻は、筆者所蔵の一本によった（現在は、皇學館大学附属図書館に移管）。これは、伊勢の神宮文庫所蔵の写本（第七門二二五二号、御巫清白氏献納図書）を転写したものである。同写本は、その奥書によれば、足代弘訓の遺書にあった壺井義知の著作を、御巫清生が弘訓門下の児玉尚高より借用し、写したものである。筆者所蔵の一本は、さらにこれを転写したもので、第一丁オに朱筆で「神宮文庫所蔵本によりて写了」とある。いま、神宮文庫に所蔵される原本と対合してみると、その比較的忠実な転写本で、原本の誤字を訂したところも少なくないことが知られる。

このたびの飜刻では、なるべく原本の字体や体裁を忠実に再現するようこころがけた。とくに、壺井義知自身が、原文を省略した箇所は、あえてそのまま空白にし、文章を補うことはしなかった。

ただし、これとはべつに、利用者の便を考慮し、いくつかの点に加工を加えた。たとえば、割注は、【 】をもって示し、9ポイントの活字で掲げたこと、最小限の句読点を加えたこと、底本の丁附及び表裏を鼇頭に掲げ、紙面の終わりにあたる箇所に」を附したこと、神宮文庫本との対合によって、誤字等に訂正を加えたこと、などが、それである。また、写本の鼇頭には、若干の書き入れが存在するが、これらについては、※をもって文中の所在を示し、巻末に一括して掲げた。

なお、文中にある「太政官符」・「令義解序」・「上令義解表」の表題は、もとからあるもので、最後の「施行詔」のみ、筆者が私に附した。

（１オ）

太政官符【更補之】

前段令義解序目ト題スル者、是マサニ官符ノ発端ニカナフベカラズ。詔書上表序等ニ於テモ、亦此一事ヲ以テ首尾相互ルベカラザルモノ欤。何拠トコロアツテ斯ノ如クナルヤ。疑謂ハ是後斈妄ニ置所ノモノナル乎。凢官符ノ発端必太政官符ノ四字アリ。是ヲ以テ旧題ヲ削リ、更ニ本例ニ従フナリ。巻首四文ノ列モマタ官符ヲ端ニ置モノ。恐ラクハ其次第ヲ錯ルカ。各其年月ヲ以テコレヲ推セハ則先官符ヲ下シ、以テ書成テ、次ニ序ヲ加ヘ、次ニ表ヲ上《タテマツ》リ、次ニ詔書ヲ下テコレヲ天下ニ施行セサシムルナリ。然則以テ官符ノ右ニ序々ノ右ニ表々ノ右ニ詔書ノ列スベキナリ。是編書前序後序ヲ叙ルノ常也。蓋顧ニ官符ノ文、元此書ニツクベカラザル者ヲ、後斈別ニ索出テ追テコレヲ加ルモ、知ラザレバ則旧ニ従テ第一ニ置ナリ。

（１ウ）

應撰定令律問答私記事

是官符ヲ下スヨシヲ標書ス。令律トハ、令ハ未然ヲ禁ル、是ヲ令ト云。律ハ巳然ヲ治ル、是ヲ律ト云。弘仁格ノ序ニ、律ハ懲粛ヲ以テ宗トシ、令ハ勧誡ヲ以テ本トスト見タリ。問答私記トハ、先儒令律ニツイテ或問答トシ、或ハ私記トスル書ナリ。今問答私記ノ二説ノ是非ヲ撰択シテ律令ノ義解ヲ定著スベキトノ義ナリ。

右得ル二彼省ノ觧ヲ一偁ク大斈寮ノ觧二偁明法博-士外-従-五-位-下額《ヌカ》-田《タ》ノ【旧-版無二額田ノ二字一】国-造今-足カ觧二偁

右トハ上ノ事目ノ詞ヲサシテ云フ。得彼省觧你大斈寮觧你明法博士外従五位下額田国造今足觧你トハ、爰ニ彼省ハ式部省ヲ指テイフ。觧ヲ得ルニ你トハ、式部省ノ觧ヲ太政官得ルニ你云々トナリ。所謂觧ハ觧状トテ下ヨリ上ヘ事ヲ申シ上ル文ノ名ナリ。公式令ニハ、省以下内外諸司等太政官及所管ニ上ルヲ觧トスト見タリ。你ハ称ト同ジ。此収々ノ觧状ヲ上ル次第ハ先明法博士ノ觧ヲ大斈寮ヘ上ゲ大学寮ノ觧ヲ式部省ヘアゲ式部省ノ解ヲ太政官ヘアゲタルヲ太政官謹奏シテ敕ヲ奉テサテ此官符ヲ成テ式部省ヘ下ス。故ニ式部省ヲ指テ」彼省ト書出セリ。其明法博士ハ大亨寮ニ接セラレ、大亨寮ハ式部省ニ管セラル。式部省ハ太政官ニ管セラル、故ニカクノ如ナリ。所謂明法博士ハ令外ノ官ナリ。外従五位下トハ正五位上ヨリ、少初位下ニ至テ内階外階ノ差別アリ。是大宝元年三月ノ敕制ナリ。其外階ニ位田位禄ヲ賜フニハ、内階ノ半減ヲ得ルナリ。額田《ヌカタ》ノ国ノ造トハ、古額田ノ国名アリ。旧事国造本紀ニヨルニ、淡海国額田国三野国ト並テ見タリ。按ニ美濃国ニ額田《ヌカタ》ト云所アリ。若額田国ヲ合タル餘意ニヤ。又国造ハ国別ニ郡司ノ下ニアル官ナリ。日本紀孝徳ノ巻又選叙令ニ見タリ。蓋コ、ニ額田国造トハ姓戸ナリ。今足又今人トモ書タリ。三代実録讃岐公永直カ傳ノ中ニ額田ノ今人《イマタリ》ト見タリ。旧本額田ノ二字ヲ脱ス今挑萃ノ禅閣ノ抄ニ因テ加フルナリ。

謹撿フルニ二舊記ヲ一律－令之興年代浸－遠シテ沿革隨ヒレ時ニ損益因レ世ニ藤原朝廷《ミカト》ノ御－宇正－一－位藤原ノ太－政大－臣」奉ヲレ敕テ制《ツクレリ》二令十一巻律六巻ヲ一

謹撿二旧記ヲ一ト云ヨリ與奪莫ラシムレ異ルト云ニ至リテハ、今足ガ解状ノ文ヲ挙タリ。律令之興年代浸遠トハ、推古天皇御宇上宮太子憲法十七條ヲ作リ、孝徳天智ノ二朝令律ノ制往々アルヲ云。沿革ハ承襲コトヲ沿ト云ヒ、改變ルヲ革ト云。損益ハ減省新加ノ心ナリ。藤原朝廷御宇トハ、文武天皇ノ御宇ナリ。コレ大和ノ国藤原ノ宮ニ在ス故ナリ。慶雲元年十一月壬寅始藤原宮地宅ヲ定ム。其藤原ノ起リハ、允恭天皇ノ御時衣通姫ノ存ス所ニ始ル。朝廷是ヲミカド、訓ス。御宇是ヲアメガシタシロシメスト訓ス。是天地四方ヲ統御シタマフ心ニシテ、ソレヨリ凢衣服器財ノ類ニ至ルマデ天子ノ物ニハ御ノ字ヲ用ユ。儀制令ニ見ユ。和漢同例ナリ。正一位藤原太政大臣トハ、是不比等ノ贈位贈官ナリ。元正帝ノ養老四年ニ贈タマヘリ。蓋大宝ノ令ヲ撰セラル、トキハ、正三位ノ大納言タリシヲ、此ニ其極位極官ヲアゲテ贈ノ字ヲ除キ且不比等ノ名字ヲ書載サルハ

（３オ）

是尊称ニシテ今足ガ大学寮へ上ル解状ナルガ故ナリ。是モ直奏ノ文ナラバ贈ノ字及名字マデモ書ツラヌベキナリ。其例弘仁格ノ序ニ見タリ。サテ藤原ノ姓ヲ大臣ノ上」置クモノ名字ヲ除クガ故ナリ。所謂不比等ハ内大臣大織冠鎌足公二男トイヘドモ実ハ天智天皇ノ御子ナリ。母ハ車持ノ国子君ノ女與志古《ヨシコ》ノ娘ト云。又車持夫人ト號スト云〻。奉敕制令十一巻律六巻トハ、文武四年六月奉敕大宝元年八月癸卯書成ル。此時令十一巻二十八篇律六巻ト二篇トス是ヲ古今古律ト云。

博-士正-四-位-下下野ノ朝臣古麻呂《コマロ》贈正五位上調《ツキ》ノ忌寸《イミキ》老人《オユヒト》正五位下守部連《ムラジ》大-隅正五位下道《ミチノ》公首-名《キミオヒトナ》従五位上伊吉ノ連博徳《ハカトコ》【博徳一ニ作二博得一】従五位上伊豫部ノ連馬《ムマ》-甘《カヒ》等至テ二于大-寶元年ニ一修撰既訖テ施二行ス天下ニ一

（３ウ）

博士トハ、是文章明經明法筭博士ト云博士ニアラズ。古麻呂ヨリ馬甘ニ至テ、汎ク博学ノ士ト云心ナリ。〇正四位下下野朝臣古麻呂、大宝二年五月参議ニ任ズル人ナリ。此書スベテ任官ヲ載セズ。所謂古麻呂ハ崇神天皇御子豊城入彦命ノ裔ナリ。〇贈正五位上調忌寸老人、所謂老人ハ百済国努理使主ノ後ナリ。蓋老人元ハ従五位下ナリ。卒スル後大宝元年八月【廿一日辛酉】詔シテ贈正五位上タリ。又天平宝字元年十二月壬寅、太政官奏ノ中贈正五位上調忌寸老人ト国史ニ見タリ。是ニヨリテ按此官符人ノ位階ヲアグルモノ令條ナレルトキノ位ニヨラズ、皆先途ノ位階ヲ以テ記セリ。故ニ天長以前ノ国史ニ差フモノアレバ證文ヲアゲテ正スレ之。〇正五位下守部連大隅本姓鍛冶造、神亀五年二月癸未守部連姓ヲ賜フ。所謂大隅ハ掃部連ノ遠祖天忍人命ノ同祖振魂命之裔ナリ。〇正五位下道公首名、所謂首名ハ孝元天皇ノ御子大彦命之後ナリ。按旧本作二従五位下一者非也。何ゾ従五位上ノ上ニ従五位下ヲ列センヤ。続日本紀靈亀二年夏四月丙辰道君首名卒スル。傳ニ筑後守正五位下ト見タリ。因之今正五位下ニ改ム。然シテ首名少シテ律令ヲ治メ吏職ヲ暁習ノ功アリト貞観

（４オ）

七年十一月二日贈従四位下ヲ一玉フ。是良吏ニ依テナリ。蓋天長以後ナルガユヘニ此ニカヽラズ。○従五位上伊吉連博徳、所謂博徳ハ長安ノ人劉家揚《カ》雍之」後ナリ。○従五位上伊豫部連馬甘、所謂馬甘ハ天孫火明命之後武砺日積命裔孫ナリト三代実録ニ見タリ。一説ニ高皇産霊神三世大辞代主ノ命之後ナリ。旧本従五位下ニ作ル非ナリ。天平宝字元年十二月壬子紀ニ従五位上ニ作ルナリ。仍是ヲアラタム。又此撰者国史ト異同アリ。国史ニハ第一刑部親王次不比等次ニ諸ノ博士ヲ載タリ。此ノ書刑部親王ヲ載ザルモノ意謂アルベシ。至大宝元年修撰既訖施行天下トハ、大宝元年八月癸夘書成テ戊申明法博士ヲ六道【除西海道】ニ遣シテ新令ヲ講ゼシムト続日本紀ニ見タリ。

（４ウ）

平《ナ》-城朝廷《ラノミカド》養老年中同キ太-政大-臣復奉レ敕ヲ刊ニ-修メテ令律ヲ一各為ニ十巻ト一博士正四位下大和宿祢長岡従五位下陽胡《ヤコ》ノ史 眞《フヒトマ》-身《ミ》外従五位下矢集《ヤツメ》ノ宿祢虫麻呂外従五位下鹽屋ノ連右麻呂【右當レ作レ吉ニ】外」従五位下山田連白金等《ラ》

平城朝廷トハ、元正天皇ヲ云。于時平城宮ニ在ス故ナリ。平城是ヲ那羅ト訓ス。萬葉集ニハ平山ニ作テ那羅トヨメリ。其那羅ノ起リ、崇神天皇十年九月官軍草木ヲ蹢跙固テ其山ヲ號テ那羅ト云ト日本紀ニ見タリ。養老年中ハ三年十月辛丑ノ日也。同太政大臣復奉敕刊修令律各為十巻トハ、復不比等敕ヲ奉テ古今古律ヲケヅリ修ムルナリ。其巻數各十巻令三十篇律十二篇トナル。然ニ律ハ今世ワヅカニ名例賊盗職制ノ三篇ノミ傳ハリテ其外ハ傳ハラズ。令ハ倉庫醫疾關市令ノ三篇ノミ闕テ相傳ハル。亦幸ナラズヤ。于時不比等正二位右大臣ナリ。其昇進次第ハ大宝元年三月十九日中納言ニ任ジ、従三位ニ叙シ、同廿一日正三位ノ大納言、四年正月七日従二位、慶雲五年正月廿日正二位、三月十二日右大臣、養老三年雖任大政大臣固辞シテ受ズ。四年八月三日薨ス。享年六十二歳。十月十日詔シテ大政大臣正一位ヲ贈タマヒ文忠公ト謚ス。其後廃帝天皇ノ御代

（５オ）

ニ至テ、天平宝字四年八月八日近江国十二郡ヲ追封シテ淡海公トス。公卿補任ニ詳ナリ。按異邦国ヲ封シテ其国公ト云ハ、隋ノ文帝ノ時ニ始レリ。博士是亦前ニ同意ナリ。正四位下大和宿祢長岡先ニ正五位下後叙二正四位下一之人ナリ。」所謂長岡ハ神武帝ノ臣椎根津彦ノ裔刑部少輔従五位上五百足子也。故ニ元大和国造ナリ。神護景雲三年十月癸亥卒。○従五位下陽胡史眞身ハ、隋ノ煬帝之後遠字楊隻阿子王ノ裔ニシテ蕃別也。外従五位下矢集宿祢虫广呂ハ、神饒速日命五世伊香色雄命ノ後ナリ。○外従五位下鹽屋連吉广呂ハ、武内宿祢男葛城襲津彦ノ裔ナリ。所謂虫广呂右广呂等ノ位階、旧本外ノ字ヲ脱スル者非ナリ。続日本紀天平宝字元年十二月壬寅太政官奏ニ曰、正五位下大和宿祢長岡、従五位下陽胡史眞身並養老二年修二律令一功田各四町、外従五位下矢集宿祢虫广呂、外従五位下鹽屋連吉广呂並同年功田各五町、正六位上百済人成固年功田四町五人並執二持刀葦一定ル二科條ヲ一功ト見タリ。因レ之今虫广呂吉广呂等ノ位階是ヲ改ム。蓋国史ノ文百済ノ人成ト云モノ有テ官符ノ中ナキハ不審也。尋ベシ。○外従五位下山田連白金ハ、魏ノ司空王昶《チャウ》之後□(?)意ノ裔ニシテ蕃別也。是亦旧本外ノ字ナシ。延喜式部式ニヨルニ内位ハ外位ノ下ニ列スルコトナキ法ナレバ是モ正ク外従五位下ナル者必セリ。仍今外ノ字ヲ加フ。所謂白金ハ明法博士トシテ律令ノ義通セザル取ナシ。後法律ヲ云者皆成(或カ)准的ニ資ルト文徳実録ニ見エタリ。

（５ウ）

自レ爾以來諸博士等相承テ教授ク文略義隱情理」難レ通即無レ不レ由二先儒ノ旧説一而彼旧説或爲二問答ト一或爲二私記互作シ一異同ヲ一未ダレ詳二誰作一後孛ノ者等屬二意ヲ彼此一毎レ有二論決難一レ塞夫古ノ之刑書ハ鐘鼎鑄レ之金石ニ銘スレ之所下以塞二異端絶中異理ヲ上也

自爾以来、諸博士等相承教授トハ是養老中ヨリ天長三年マデノコトヲイフ。文略義隱情理難通トハ、詔書ノ文ニ法令文義隱約難詳ト云ルガ如シ。即無不中先儒旧説トハ、是令條ノ文義未分明トモ只先儒ノナシケル説ノマヽニ皆シルヲ云。而彼旧説或為問答或為私記互作異同未詳誰作トハ、彼ハ先儒ヲ指テ云。先儒ノ旧説ヲ問答私記ノ二書トナシタレドモ各異同アッテ作者モ詳ナラザレバ全クトルニタラザルヲ云。後學者等属意彼此毎有論決難塞トハ、後學ノ者意ノヨル所一定ナラズシテ論説辨断スルニ難渋窒塞アルヲ云。夫古之刊書鐘

（6オ）

鼎鑄レ之金石銘レ之所下以塞二異端一絶中異理上トハ、夫ハ上ヲ受テ」文ヲ発スル詞ナリ。此四句ハ晋ノ杜預ガ奏事ニ本ヅク。其言心ハ古刑律書ヲ或ハ鐘鼎ニ鑄ツケ或ハ金石ニ刻ツクルハ是一定ノ法トシテ永ク傳テ、イツマデモ異同ノ説ナカラシムベキ為ゾトナリ。異端ハ邪説詖行正道ニ戻ルヲ云。サテ此文ハ律ノコトバカリヲ云ル語ナレドモ、此ニ引来レバ令ノウヘヲ主トシテ見ルベキナリ。

望請命二當時ノ博士等ニ一撰先ー儒之旧ー説ヲ一省キ二彼迂説ヲ一取テ二此正義ヲ一勒成シ二巻帙ヲ一以備二解ー釋ニ一

庶クハ俾《メン》三學ー者易クレ解シ與奪莫レ異ナルコト者省依二解状一謹請フ二官裁ヲ一者

望請命當時博士等撰先儒之旧説トハ、望請ハ今足ガ子ガヒノ詞ナリ。先儒之旧説ハ、問答私記等ノ説ヲサス。省彼迂説取此正義勒成巻帙以備解釋トハ、彼トハ先儒ノ説ノ中ノ不正ヲ指斥テ彼ト云。迂説トハ迂濶トツヾイテ義理ニマハリ遠キヲ云。此正義トハ、旧説ノ中タヾシキ義理アルヲサシツケテ云。勒シテト

（6ウ）

ハ、勒ハ刻ムナリ。文ヲ碑版ニ鐫成」ヲ勒トス。書ヲ著シ編寫スルコト碑版ニ鐫成スガ如シ。成巻帙ハ巻篇編次ヲソレ〳〵ニワカチ成スヲ云。備解釈ハ令ノ解説釋義備ルヲ云。庶俾學者易解与奪莫異者トハ、是今ヨリ學者ノ解シヤスキ様ニシテ令條ヲ以テ事ヲ裁刻スルニ其義例ノトナリニサハイテ與奪スルニ異説ナカラシメント云ナリ。與奪ハ取捨ト言ガ如シ。衆説紛々トシテ或取或捨テ其當ヲシラザレバ正義一定シテ又理平ヲ得ルニ異同アルコトナカラシメントナリ。サテコヽマデハ今足ガ解ノ語ナリ。者ハテイレバト訓ス。皇明通紀ニ者ハ胡語ニ云。然ノ辞ナリト。省依解状謹請官裁者省ハ式部省ヲサス。依解状ハ式部省大學寮ノ解状

（７オ）

ニ依ル也。請官裁トハ太政官ノ裁許ヲコフナリ。

正三位行中一納一言兼右近衛大將春宮ノ大夫良岑ノ朝臣安世宣奉ルレ勅ヲ依マウシノマヽレ請者レハ省宜ク二承一知シテ依レ宣行フレ之ヲ

正三位行中納言兼右近衛大將春宮大夫良岑朝臣安世宣トハ、上ニ云通リニ下ヨリ順ヽヲ歴テ願上タル解状ノ旨ヲ謹奏シテ勅ヲ奉テ今又式部省」ヘ其旨ヲ宣ルト云義ナリ。如此ノ人ヲ上卿ト云。奉勅依請者トハ、是解状ノマヽニ許シタマフノ勅ヲ奉ルノ心ナリ。省宜承知依宣行之トハ、式部省此旨ヲ承玉ハリ　知テ今下スル官符宣ニ依テ令律ノ問答私記撰定ノコトヲ行フベシトノ義ナリ。サテ此安世ハ桓武天皇ノ御子ニシテ延厂廿一年十二月廿七日良岑ノ朝臣ノ姓ヲ賜ヒ、右衛士ノ大尉ヨリ起テ先途大納言贈正二位ニ至ル人ナリ。詳ニ公卿補任ニ見タリ。蓋于時正三位中納言右近衛大將春宮大夫タリ。凡位署ノ式官位相當セザルハ位ヲ以テ先トス。○位尊ク官卑キハ位ト官ノ間ニ行ノ字ヲ加フ。○文官武官同階ナルモノヲ兼帯セバ文官ヲ正官ニシテ先トス。○散官兼帯スルトキハ一ノ高キ官ヲ正官トシテ先ニシ餘ハ兼トシテ次第〳〵ニ列子下等ナルヲ下トス。今安世ノ位署中納言相當従三位右近衛大將相當亦同春宮大夫相當従四位下ニシテ正三位ニ對スレバ各不相當也。是以先位後官ニ列シテ位尊ク官卑カ故ニ行字ヲ加ヘ中納言大將相當同キモノ文官ヲ先ニシ武官ヲ後ニシテ兼ノ字ヲ加ヘ春宮大夫ヲ下トシタル位署ナリ。

天長三年十月五日【是淳和天皇ノ御宇ナリ】

（７ウ空白）

令義解序

序ハ叙ト同ジ述ナリ。此序ハ清原ノ夏野公義解ヲ撰集セラル、ノ意ヲ叙述シタマヘリ。蓋此文ハ参議従三位小野朝臣篁卿夏野公ニ代リテ草セラル、ノ序ナリ。本朝文粋ニ見タリ。

于時篁卿ハ太宰少貳従五位下ナリ。

正三位守右大臣兼行左近衛大将臣清原眞人夏野等奉勅撰

位署ノ式官位相當セザレバ、位ヲ以テ先トス。官尊ク位卑ハ守ノ字ヲ加ヘ官卑ク位尊キハ行ノ字ヲ加ル法ナリ。右大臣ハ相當正従二位大將ハ相當従三位ノ官ナルガ故ニ正三位ニ對シテ各不相當ナリ。此ヲ以テ先位後官ニ列シテ守兼行ノ字ヲ加フ。選叙令ニ云。凡兩官以上ヲ任セバ一ナルヲ正トシ余ハ皆兼トス。又云内外文武ノ官ニ任ジテ本位高下アルモノ若職事卑キハ行トシ高キハ守トストハ是ナリ。又夏野公傳記補任ハ畧上ニ註ス。

臣夏野等言臣聞春‐生シ秋‐殺ス刑名與天地俱ニ興ル陰※惨陽舒フ法令共ニ風霜ト並用フ犯セハ之必‐傷ル蝋炷有二爛スノレ蛾ヲ之危ブミ一觸フルレハ之ニ不レ漏蛛絲設ク二黏レ虫之禍一

春生秋殺刑名与天地俱興トハ、是令律ノ基トスル所ヲ云出セル文ナリ。令ハ春生シト云ニヨリ、律ハ秋殺スト云ニヨレリ。凡聖人ノ法天地ノ位四時ノ行ニ法テ立玉ヘリ。管子ニ春生於左秋殺於右ト云ニ本ヅク。春生シ秋殺スルハ是天地ノ気運自然ノ道理ニシテ刑名モ亦自ラ此道理ニ起リ立ユヘニ刑名与天地俱興ルト云。陰惨陽舒法令共風霜並用トハ、上ノ句春生秋殺スト云ヲ承テ陰惨阳舒ト云。是文選西京賦ニ本ヅク。其阳舒ハ万物春ノ気ヲ得テ漸生ス。陰惨ハ万物秋ノ気ヲ得テ漸殺スル故ナリ。法令ハ万民ノ教制ナリ。風霜ハ是モ上ノ句ニ對シテ云。天地ノ気則萬竅怒號シテ風トナリ、陰気阳ニ勝則凝テ霜トナル。是則律ノ心ニカナヘリ。

（9オ）

故ニ法令共風霜並用ト云フ。犯之必傷蝋炷有爛蛾之危トハ、此法令ヲ犯セバ必飛蛾ノ油火蝋」炷ニ身ヲ投テ爛レ死スルガ如クノ危アリトナリ。其蝋炷トハ、蝋烛ト云ニ同ジ。触之不漏蛛絲設黏虫之禍トハ、法令ヲ犯ハ元ヨリ縁坐ニ触テモ蜘蛛ノ網ニ触着タル虫ノ如ク禍ヲ設クトナリ。黏ハ相着ナリ。子ヤスナリ。爛蛾蛛絲ハ符子ニ本ヅク。旧解ニ荘子トハ、符子ノ誤ナリ。

昔寝ルヨリ㆑縄以㆒往不ル㆑嚴之教易ク㆑従ヒ畫クヨリ㆑服而來有ル㆑恥之心難シ㆑挌リ隆周ノ三典漸ニ増シ㆓其流レヲ㆒大漢ノ九章愈分ツ㆓其派《マタヲ》㆒雖㆓復盈テ㆑車ニ溢ルト㆑閣ニ坐スル㆑市ニ之姦不㆑勝ヘ鑄㆑鼎銘㆑鐘満ル㆑山ニ之弊已ニ甚シ

（9ウ）

昔寝縄以往不厳之教易従トハ、異邦ノ在昔也。直ニ人ノ心正キヨリ云ヘリ。寝縄ハ身ヲ直シテ臥ヲ云リ。是女媧氏ノ故事ニシテ准南子ニ出ヅ。不厳之教易従ハ、往古ノ人ノ心正キガユヘニ其政キビシカラズシテ治リ、其教モツ、シマズシテ自然トナルヲ云。是孝經ニ本ヅク」畫服・・・・・・・トハ、唐尭虞舜ノ世墨劓髕宮大辟ノ五刑ヲ立テ、其墨ヲ犯ス者ハ其面ニ黥シ中ヲ蒙リ、其劓ヲ犯ス者ハ其鼻ヲ截テ赭ヲ以テ其衣ニ着ス。其髕ヲ犯ス者ハ膝蓋ノ骨ヲ去リ墨ヲ以テ其髕ニ蒙リ象シテ畫之。其宮ヲ犯ス者ハ其陰ヲ割リ草履ス。其大辟ヲ犯ス者布衣シテ無領如此シテ彼カ服ヲソレ〴〵ニカヘタマフガ故ニ大ナル恥トシテ罪人ナキトナリ。是上ハ徳ト礼ヲ専ニシテ治タマヒ子民ノ心モ直ナル故ナリ。漢書武帝紀ニ詳ナリ。隆周・・・・・・トハ、周ノ隆ナリシ時、軽典中典重典トテ新国ヲ刑スルト平国ヲ刑スルト乱国ヲ刑スルトノ三法ヲ立ゼン〴〵ニ、其流ヲ増テ秦ノ代ニ至リ、酷刑深ヲ含ンデ云。旧本暫ノ字ニ作ルモノ非ナリ。今漸ニ改ム大漢九・・・・トハ、漢興テ秦ノ刑法ヲ止テ三章ニツヾメテヨリ又蕭何ニ命ジテ九章ヲ立テ其後タン〴〵ニ刑法ノ條數倍セルヲ派ヲ分ツト云。其九章ハ賊盗詐偽断獄捕亡名例雑戸婚擅興厩庫等ノ律謂之九章也。

雖復盈・・・・

・・・・トハ、武帝即位ノトキ律令ハナハダ多クシテ其書閣ニ溢トイヘドモ桑弘羊ガ如ク市列ニ坐シテ物ヲ興販シテ利ヲ」貧ルヤウナル姦穴ノ臣盡ザルヲ云。是漢書刑法志及食貨志ニ本ヅク。旧本作半市者非也。今坐市ニ改ム鑄鼎・・・・・・・・・トハ、上古鼎ニ刑法ヲ鑄付金石ニ銘スルハ一度定テ変セザルガ為ナリ。然ニ後世刑法ヲ立ナカラ上ニ正シカラザルガ故ニ冦盗山ニ満ルヤウナル弊甚シキヲ云。鑄鼎銘鐘トハ、晋ノ杜預カ奏事ニ本ヅク。旧解ニ注事ノ記ニ作ルモノハ非ナリ。満山之弊トハ、是劉向ガ新序ニ本ヅク漢ノ孝武帝ノ十年ニアタレリ旧解秦ノ世ノ文ヲ引モノハ此ニカナハズ。

降テ及テ二澆季ニ一煩濫《ハンラン》益彰ル上ハ任セ二喜怒ニ一下用フ二愛憎ヲ一朝ニ成テ夕ヘニ毀章條費ヤス二刀筆ノ之辭ヲ一富ルニハ

輕ク貧キニハ重ク憲法帰ニ賄貨《ワイクハ》ノ之家ニ一厳科所ロレ枉《マクル》剱戟謝シ二其銛利《センリヲ》《スルトトシ》一輕比所ロレ假ル君父ニ慙ツ二其温育ヲ一故

令出テ不レ行ルハ不レ如レ無ニハレ法教ノ之不ルハレ明ナラ是ヲ」爲レ樂《子カフト》レ刑ヲ

降及尭・・・・トハ、末世ノ政上古ノ如クナラズシテ、上僻デ下貪欲ナルガ故ニ民困窮ス。如此ノワヅラハシキ濫行益々アラハルトナリ。上任・・・・・・トハ、君ハ我喜善スル人ニ對シテハ、還テ其逆ヲ宥メ悪怒スル人ニ對シテハ、還テ其良ナルヲモ刑ス。臣ハ己ガ親愛スル所ヨリ還テ、罪アルヲ生議ニタスケ、怨憎スル所ヨリ罪ナキヲモ刑罰ニオトセリ。是縁ニヨツテ交易スルガ如シ。朝成夕・・・・・・トハ、法令ハ盡一不変ニシテ永万代ニ行フベキヲ、暗主庸臣ウツシカヘテ常ナシ。朝ニ法令ヲナシ夕ニヤブルヤウニ物ノ定ラヌハ、刀筆ノ辞ヲツイヤストナリ。刀筆トハ、文簿ヲ作ル吏ヲイフ。筆ヲ以テ草案スルニ誤ルコトアレバ、刀ヲ以テ削リノゾク故ナリ。漢蕭何曹参等モ秦ノ刀筆ノ吏ヨリ起レリト、漢書曹参カ傳ノ賛ニ見タリ。冨輕貧重・・・・・・トハ、漢書蕭望之ガ傳ニ、富ル者ハ生ヲ得貧キ者ハ独死。是貧富刑ヲ異ニシテ法不

壹ト云ヒ、又景帝紀ニ死者不廾後生吏或不奉法令以貨賂為市ト云ガ如シ。厳科・・・・・・・トハ、嚴科」

（11ウ）

ニ行フベキヲ贈賂ヲ得テ其法ヲ枉ル。則剣戟ノ銛利ナルモ不及トナリ。銛利ハスルトニトキコトナリ。輕比

トハ、重罪ヲ輕キニ比シテ其温育スル所、君父ノ仁愛モ不及之トナリ。故令出ー

トハ、直ナル法制ヲ出シテモ枉テ事ヲ行フヨリハ、一向法ノナキカマシナラントナリ。教之不明

トハ、教化明カナラザルトキハ、罪ヲ犯ス所ノモノ不止。故ニ刑ヲ樂トス。是史記秦本紀ニ上樂以刑殺為戊ト云フニ本ヅク。以上皆法制ノ正シカラヌコトヲイフ

伏テ惟レバ皇帝陛下道高二五譲ヨリ一勤《ハケマスニ》劇《ケキ》《ハナハタシ》二三握ヨリ一類メ二金玉ニ一而垂レレ法ヲ布《シキ》テ二甲乙ヲ一而施シレ令芟《カリ》二春ノ竹於齋刑一銷《セウシ》《ケ》《キユレ》秋ノ茶於レ秦律ニ一孔章望ムレ斗ヲ之郊ニハ無ク二復寃ー窄之氣一黄ー神脱スルレ梏ヲ之地ニハ唯看《ミルノミ》二香楓之林ヲ一

（12オ）

伏惟ト云ヨリ下ノ収ノ深切神襟ト云ニ至テハ、淳和天皇ノ御徳ヲアゲテ云。皇帝陛下

トハ、皇帝陛下ハ是淳和天皇ヲ指ナリ。其皇帝ハ秦ノ始皇廾六年ニ始リ、漢亦天子ヲ皇帝ト称ス。独断ニ皇ハ煌ナリ。盛徳煌、々トシテ不照ト云所ナシ。帝ハ諦ナリ。能天道ノ事ヲ行ヒ、天審諦故ニ皇帝ト称スルヨシ、天中記ニ見タリ。陛下トハ、王者必法ヲ執ルコトアレバ階陛ノ側ニ陳テ羣臣ト至尊ト言フト敢テ指シシリゾケズ。故ニ陛下ニアル者ヲ呼ンデ告之故ニ陛下ト云。陛ハ堂ニ外ル階級ナリト漢書高祖紀應劭ガ註ニ見タリ。道高　トハ、漢ノ文帝ノ徳ニ比シテ云。袁益ガ傳ニ本ヅク。勤劇三握トハ、周公一タビ沐シ三タビ髪ヲ握ルト云ニヨリテ、淳和帝朝政ノ事ニ暫モ簡断ナキヲ云。類金玉　トハ、令律ヲ金科玉條ト云。楊雄ガ劇秦美新ニ本ヅク。甲乙ハ令ノ第一第二ノ次第ナリ。又令内モアリ。漢書宣帝紀ニ本ヅク。芟春竹　トハ、斉ノ景公竹ヲ樹テ斬之モノアラバ、罪セント刑ヲモウクルガ如キノ法ヲモ秦ノ秋茶ノ法ヲモ此令ヲ施シテ　ヲシムルナリ。竹ニ對シテ芟ト云ヒ、茶ニ對シテ銷トイフ。」斉

刑ハ晏子春秋ニ本ヅキ、秦律ハ鹽鉄論ニ本ヅク。孔章望斗之郊　トハ、是雷孔章ト云シモノ、斗牛ノ間ニ異気ヲ見テ、豊城縣ノ獄ニ尋テ龍泉天河ノ二剣ヲ得テ、其夕ヨリ復異気ナシト云語ナリ。※今此書ノ心ハ法寛ニ刑緩シテ囹圄空虚ナレバ寃窂気ナシト云ニトリナシタル文ナリ。寃窂ハ獄舎ヲ云。其雷孔章ガ望斗ノ語豫章記ニ云リト藝文類聚ニ見タリ。黄神脱　トハ、往昔神農ノ臣蚩尤ト云シモノ黄帝ト涿鹿ノ野ニ戦テ黄帝ノ為ニ得ラレテ殺サレタリ。其トキノ桎梏ヲ棄タリシガ化シテ、楓本トナルト山海經ニ云ル語ナレドモ爰ニハ天下太平ニシテ刑ヲモ用ヒタマハザレバ桎梏モナシト云ニトレリ。桎梏ハアシカセ手カセノコトナリ。

猶慮法《ヲモンハカラナク》　令制作文約カニシテ旨廣先儒ノ訓−註按據《キヨ》非レ一ニ或ハ専ラ守リ二家素《カソ》ヲ一或固ク拘《カヽハリ》二偏見ニ一不シテレ肯ンセレ由ルコトヲ二一孔之中ニ一争テ欲シレ出ント二一門之表《ホカ》ニ一遂至ル二同聴ノ之獄生−死相−半ニシ連」按之断出−入異ナルニレ科念《シナヲホ》シテ二此辨正ヲ一深ク切シ二神襟ニ一

上ノ文ハ、淳和帝ノ御徳ヨリ天下太平ノコトヲ云。此収ハ令條ノ解釋詳ナラザルコトト刑法一篇ナラズ。区々ナルコトヲ神襟ニ深クセマリ思シ召ヲ云ヒトテ、上ノ文ヲウケテ猶慮ルト云。此慮ハ淳和帝ノ叡慮ニアツ。法令制作　トハ、令條ヲ称美シタマフ辞ナリ。蓋文約ナルガ故ニ詳ニシガタシ仍テ、太政官符ノ文ニ文略義隠情理難通ト云。詔書ノ文ニ法令文義隠約難詳ト見タリ。先儒訓　トハ、※詔書ノ文ニ前儒註釈方円逓執ト云ヒ、上表ノ文ニ前儒解釈有乗向浅深易混輕重難詳ト云ト同ジウシテ、是太政官符ノ文ニ云。彼旧説或為問答或為私記トアル問答私記ノ二書ヲサシテ先儒訓注按拠非一ト云。按ハ考験ナリ。拠ハ依ナリ。是前儒ナセル註釈各執ルトコロ同ジカラザルガ故ニ義理ニ按拠スルコト異ニシテ一ニアラザルヲ云。或専　トハ、言ハ謬誤ノ説ヲ不辨シテ家素ヨリ傳タリトテカタクナニ守之。或僻説ニカタオチ

（13オ）

シテ我理ニ通ズルコトアタハザルヲ云フ。不肯　トハ、老子ノ言ニ万物ノ総皆開一孔万事根皆出一門ト文字ニ云ルヲ得タル尤ナリ。旧解杜預律ノ序トアゲテ其解ハ偽作ナリ。杜預ガ奏事ニ法出一門ト見タリ。遂至同聴之獄生死相半連按之断出入異科トハ、上ニ至ルガ如ク一孔ノ中ニヨルコトヲ不肯ガ故ニ一獄ヲ聴テ論ヲ異ニシ姦吏心々ニシテ或ハ生議ニタスケ或死比ヲアタヘ、或囹圄ニ入ムト云ヒ、或入ラストイヒテ一決ナラヌヲ云。念比辨正　トハ、是前儒ノ説々区々ニナリテ、法令一定ナラヌコトヲワキマヘタヾサントオホシテ叡心ニ深クセマリタマフヲ云ナリ。神襟ハ宸襟ト同ジ天子ノ胸懐ナリ。見初学記。

（13ウ）

爰レ使下臣等集テ二數家ノ之雑説ヲ一擧セ中一ー法之定ー準ヲ上臣謹テ與二参議従三位行刑部卿兼信濃守臣南淵ノ朝臣弘貞参議従四位下守右大辨兼行下野ノ守臣藤原朝臣常嗣正四位下行左京大夫兼文」章博士臣菅原朝臣清公《キヨトモ》従四位下行勘解由ノ長官臣藤原朝臣雄敏《ヲトシ》従四位下行刑部ノ大輔兼伊豫ノ守臣藤原朝臣衞ル正五位上行大判事臣興原ノ宿祢敏久正五位下行阿波ノ守臣善通ノ宿祢眞貞《マサダ》太宰ノ少貳従五位下臣小野ノ朝臣篁従六位下行左少史兼明法博士勘解由ノ判官臣讃岐ノ公永直従八位上守判事少属《サクハン》臣川枯ノ首滕成明ー法得業生大初位下臣漢部《アヤベノ》松長等二」輙ク應シ二明詔ニ一辨論シテ執リレ義陳家古壁之文探《サクリ》テ而無ク

（14オ）

レ遺スコト于ー氏高門ノ之法訪《トウ》テ而必盡ス其善ナル者従ヒレ之不二以レ人ヲレ棄レ言ヲ其迂《ウナル》者略シレ語ヲ不二以レ名取ラレ實ヲ一タヒハ加ヘ一減シ悉ニ依テ二法曹之旧言ニ一乃筆シ乃削ス非二是臣等之新タナル情ロ一猶《コトキハ》レ有二カ五斂難クレ名ケ両壁易キコトレ似《ヨリ》必禀《ウケ》テ皇明ヲ一長ク質《タヾス》二疑滞ヲ一

爰使　トハ、清原夏野公及南淵朝臣弘貞以下漢部松長ニ至テ、官裁ヲ請テ先儒ノナシタル令條ノ説々ヲ撰集シテ、義解ヲナシ一法ノ定準ヲアゲシムトナリ。○参議従三位行刑部卿兼信

（14ウ）濃守臣南渊朝臣弘貞参議ハ無相當之官ニシテ、位階ノ高下ヲ不論第一ニ置之。故謂之捧物ナリ。刑部卿相當正四位下信濃守相當従五位下各對従三位不相當ナルヲ以テ下ニ書」テ、行兼ヲ加フルナリ。刑部卿ノ上ニ兼行トシルサルハ、参議ニ相當ナキ故ナリ。又姓尸ノ上ニ臣ノ字ヲ加ルハ上ニ献ル故ナリ。下皆倣之所謂弘貞ハ應神天皇ノ御子稚渟毛二派王ノ後坂田奈良麻呂ガ二男ナリ。弘仁十四年十二月乙未、坂田ヲ改テ南渊朝臣ノ姓ヲ賜フ。少シテ学舘ニ遊ビ、百家ニ渉猟シ弱冠ニシテ権文章生ニ補シ、宝亀七年文章生ニ轉正シ、次第昇進シテ天長二年七月任参議八年正月叙従三位十年九月十八日薨。○参議従四位下守右大弁兼行下野守臣藤原朝臣常嗣参議ノ位署准上右大弁相當従四位上ニシテ、本位ヨリ高ガ故ニ守ノ字ヲ加フ。下野守ハ相當従五位下本位ヨリ卑ガ故ニ行ノ字ヲ加ヘ、且右大弁ニ對シテ上ニ兼ノ字ヲ加フ。所謂常嗣ハ房前公ノ玄孫ニシテ、（15オ）曽祖父ハ従五位下鳥養、祖父ハ正二位大納言小黒麿、父ハ正三位中納言葛野麿ト云。常嗣少シテ大学ニ遊ビ譜シテ文選ヲヨミ、好属文兼能隷書。弘仁九年正月昇殿、右京少進ヨリ六位蔵人ニ補スニ起テ、次第昇進シテ天長八年七月任参議、九年十一月任右大弁、承和六年九月叙従三位、七年四月廿三日薨。○正四位下行左京大夫兼文章博士臣菅原朝臣清公《トモ》左京大夫ハ、相當従四位下文章博士。相當従五位下ニシテ本位ヨリ」卑シ。故ニ先位後官ニ列シテ行兼ヲ加フ。所謂清公ハ、天穂日命十四世、野見宿祢ノ裔ナリ。垂仁天皇ノ御宇野見宿祢埴輪ノ功ニ依テ、土師ノ姓ヲ賜ハリテ、然シテ光仁天皇ノ天応元年六月ニ至テ、父遠江介従五位下古人居地名ニ因テ、土師ヲ改テ菅原ノ姓ヲタマフ。事詳ニ續日本紀ニ見タリ。然シテ清公宝亀二年ニ生ル。桓武天皇衣糧ヲ給テ学ヲ勤メシム。料ヲ給フ起コヽニ始ル。延暦年中秀才ニ補シ、其後左京亮大学改弁官式部少輔ニ選任シ文章博士ヲ兼テ、轉大輔左京大夫ニ遷任シ、天長年中正四位下大夫博士如元是此時ナリ。其後承和六年正月七日従三位ニ叙シ、大夫博士猶如元シテ文選ヲ侍読シ奉リ勅シテ牛車ニ乗テ南ノ大庭ノ梨樹

（15ウ）　（16オ）

ノ底ニ到ルコトヲ聴ル。老病行歩艱アルニ依テナリ。九年十月十七日薨年七十。○従四位下行勘解由長官臣藤原朝臣雄敏、于時勘ケ由長官相當従五位下ニシテ本位ヨリ卑シ。是ヲ以テ先位後官ニ列シテ行ノ字ヲ加フ。蓋此官天安元年十一月十日改相當従四位下ナリ。雄敏ハ淡海公ノ玄孫ニシテ、曽祖父ハ贈太政大臣正一位麻呂号京家是也。祖父ハ太宰帥従三位濱成、父ハ従三位刑部卿継彦是也。雄敏ノ任叙其年月未考。従四位下行刑部大輔兼伊豫守臣藤原朝臣衞是亦先位」後官ニシテ行字ヲ加ル位署ナリ。所謂衞ハ房前公ノ曽孫ニシテ、祖父ハ贈太政大臣正一位眞楯、父ハ贈左大臣従一位内广呂ト云。内广呂ノ第十之子ニシテ、二歳ノ時母ヲ喪シ、五歳ニ及ブ。比母氏ノ即世ノ早晩ヲ問哀慕感人大臣甚奇之立テ嫡嗣トシテ七歳斈ニ遊ビ、十八歳文章生ヲ奉リ、試及科時ノ人是ノ漢朝ノ賈誼ニタクラブ。頃之中判事ニ拜シ、後遷テ大学助トシ、次第任叙ヲ歴テ天長十年正月従四位下ニ授シ、轉刑部大輔兼伊豫守任外国則政貴寛静百姓欣然タリ。在内官則朝廷具治化テ善ス。刑部ノ任タル則不法アルヲ見テ必評論之。不避貴戚甚是ヲ器ナリトス。承和嘉祥仁壽斉衡天安ヲ經テ卒スル時、正四位下右京ノ大夫積年五十九。※○正五位上行大判事臣興原宿祢敏久、○正五位下行阿波守臣善通宿祢眞貞以上二人ノ系傳任叙未考。○太宰少貳従五位下臣小野朝臣篁、太宰少貳従五位下ハ是相當ナリ。故ニ先官後位ニ列ス。所謂篁ハ孝昭天皇御子、大足彦国押人命裔ニシテ、征夷副将軍従五位下永見ノ孫父ハ、参議従四位上【イニ作正下】峯守ト云。此一男ニシテ、弘仁十三年文章生ニ補シ、天長元年巡察彈正ヨリ起テ、少忠大内記藏人式部ノ少丞等ヲ歴テ、同九年正月太宰少貳従五位下タリ。是此時ニアタレリ。然シテ次第任叙シテ、承」和十四年正月参議ニ任シ、任壽二年十二月、従三位ニ叙ス。同月廿二日ニ薨年五十一。蓋是ヨリ先承和元年正月廿九日任遣唐副使、五年六月称病遣唐副使不能進発、仍十二月五日止官位配流隠岐、同年四月召返、六月入京被黄衣以拜謝、八年閏九月十九日復本位、其後次第ヲ經テ参議従三位ニ任叙スト云々。

○従六位下行左少史兼明法博士勘ケ由判官臣讃岐公永直左少史ハ、相當正七位上明法博士令外官ニシテ、相當正七位下勘ケ由判官。亦令外官ニシテ、于時相當正七位下【天安元改従六位下者不繋於此】也。然則廾列従六位下行左少史兼勘ケ由判官明法博士也。乎如何トナレバ官位令ノ例ニヨルニ、諸文武官博士同階ノ時、博士ハ必下ニ在ノ故ナリ。恐クハ是誤也。欤所謂永直ノ遠祖ハ、景行天皇第十皇子神櫛ノ命ニシテ、右京ノ人也。本貫ハ讃岐国寒川郡人也。幼シテ大学ニツラナリ、好シテ律令ヲヨミ、甚聡明一タビ聴テ暗ニ誦ス。弘仁六年明法得業生ニ補シ、天長七年明法博士ニ任ジ、同年交右少史トシ博士如元尋テ左少史ニ轉ジ、八年勘ケ由ノ判官ヲナス。于時従六位下、是此時ノコトナリ。承和元年正月授外従五位下大判事ニ任ジ、博士猶如。故是年兼勘ケ由次官三年姓朝臣ヲ賜フ。嘉祥元年刑部輔和気朝臣斉之大不敬ノ罪ヲ犯セルノ縁坐ニ依テ佐渡ノ国ニ配セラル。文徳天皇ノ御宇ニ」至テ召返本位外従五位下復シ、斉衡二年二月明法博士ニ任ジ、三年老骸骨ヲコフ。再三陳請シ、然後許之。猶明法博士ヲ不停家ニ帰休ス。于時諸生彼里第ニ就テ、善説ヲ受読マスト云モノナシ。是依教命也。又先是大判事源敏久ト明法博士額田今人等刑法ノ雑儀數十事ヲ抄出シテ、欲問大唐永直聞之自請テ詳ニ其義ヲ解ス。累年凝滞ルヲ一時ニ氷ノ如クトク。因斯遣唐ノ問止ム。貞観四年八月十七日卒。積年八十四。○従八位上守判事少属臣川枯首勝成判事少属ハ相當正八位下。是本位ニ對シ官勝タリ。仍守ノ字ヲ加ヘ先位後官列ス。所謂勝成其先不分明。蓋川枯臣ハ姓氏録ニヨレバ阿目加枝表命ノ四世。阿目夷ハ沙比止ノ命ノ後ナリ。○明法得業生大初位下漢部松長明法得業生ニ相當ナキ官ニシテ、捧物イレバ第一ノ上ニ列ス。所謂松長其先不分明。但漢部ハ蕃別トテ元異邦皈化人ノ裔ナリ。輙應明詔弁論執義陳家古壁之文採而無遺ト云ナリ。不以名取実ト云ニ至テハ前件ノ人々明詔ニ應ジ諸書ヲ探リモトメ善言ヲ訪テ撰集タルヲ云。其陳家古壁トハ漢ノ陳咸ト云人アリテ成帝哀帝ノ間律令ヲ以テ尚書トナル。是後漢ノ陳

（17オ）

寵ガ曽祖父ナリ。漢ノ平帝ノ時、王莽ト云シモノ政ヲ執テ多帯制ヲ攻ム。陳咸心ニ是ヲソシリ骸骨ヲコヒテ眈ヲ去。王莽」位ヲ簒フニ至テ、咸ヲ召コト再三咸。遂ニ病ヲ称シテ應ゼズ。是ニ於テソノ家ノ律令書文ヲ皆壁藏セリ。是此古事ニヨレル文ナリ。咸ガコト後漢書陳寵ガ傳ニ見タリ。于氏高　　　トハ、漢ノ于公ガ古事ナリ。于公ハ于定国ガ父ナリ。于公縣ノ決曹タリシトキ、于公ガ決スル所皆ウラミス。郡中之ガ為ニ生祠ヲ立ルホドノ人ナリ。于公国其門閭ヤフル父老ト共ニ治之。于公ガ曰少ク門閭ヲ高大ニシ駟馬高蓋ノ車ヲイレシメヨ。我獄ヲ治ルニ陽徳多シ。未曽テ寃ル所アラズ子孫必興ル者アラント云。後ニ定国丞相トナル。此古事ニヨレル文ナリ。于氏高門ノコト漢書于定国ガ傳ニ見タリ。其善者従之トハ、論語述而篇ニ、子曰多聞擇其善者従之ト云ニ本ヅク。不以人棄言トハ、論語衛霊公篇ニ子曰、君子不以言挙人不以人廢言ト云ニ本ヅク。其迂者　　　トハ、マカリタル説ハ略スタトヘ名アル人ノ云フトモ、其実ニアタラズハ不取トナリ。孟子告、子下篇ノ註ニ名ハ声誉ナリ。実ハ事功ナリト。又漢書司馬遷ガ傳ニ、其名実ヲ正シ察セズンバ有ベカラズト云リ。一加一減　　　トハ、是上表ノ中ニ註ルガ故ニ後注セズ。非

（17ウ）

是　　　五剱難名　　　トハ、五剱トハ越王勾践ノ五剱ニシテ、一ニ純鈎二ニ湛盧三ニ勝郈【一名豪曹一名盤郈】四ニ魚腸五ニ巨」闕越絶書ニ詳ナリ。両璧トハ、陶朱公ガ両璧賈誼ガ新書ニ詳ナリ。是コト物ノ決定シガタキハタトヘニトレリ。准南子ニ剱工剱ノ似タルニ惑フ玉工玉ノ似タルニ眩ルト云リ。是此本ニヨリシ文ナリ。必稾皇　　　トハ、物決定シ難キコトハ奏之シテ皇明ヲウケテ　疑ハシキ滞リヲタヾストナリ。

有巣《イウソウ》ノ在昔《ムカシ》大‐壮成シ二其棟宇ヲ一網罟《コ》猶秘テ重‐離照ス二其佃漁ヲ一今乃成テレ之ヲ　聖日ニ一取ル二諸不遠ニ一

臣等遠愧《ハチテ》二虞皐ニ一近ク慙ツ二荀賈ニ一牽レレ拙ニ歴レ稔《トシヲ》　僶俛《ビンヘン》甫《ハシメテ》　畢ス分テ為二一十巻ヲ一名テ曰二令ノ義觧ト一凡其ノ

（18オ）

篇目條類具ニ列ラス二于左ニ一也浅カ深ノ水道共ニ宗ル二於霊海ニ一小大ノ公行同ク帰ス二於天府ニ一謹テ序

有巣ノ在昔ト云ヨリ、重離然其佃漁ト云ニ至テ、異邦往聖大義ノ備リナレル。始ヲ云フ是下ニ令義鮮ノナルヲ云ンガ為ナリ。コノ一聯對偶ノ」繫辭ニ本ヅク。其有巣トハ、上古ノ世人民少ク禽獣多ク人民禽獣虫蛇ニカタズ。聖人有テ木ヲ作リ構テ巣トス。民悦テ天下ニ王タラシム。是ニ有巣氏ト云韓非子ニ見タリ。大壮成　トハ、上古ハ穴居シテ野ヲ処トス。後世ノ聖人易ノ大壮ノ卦ヲ視テ宮室ヲツクリ棟ヲ上ゲ宇ヲ下シテ風雨ヲ待ツ。大壮ノ卦ハ☳☰乾下震上ニシテ已ニ陽気地上ニアラハル、ガ故ナリ。網罟猶　トハ、包犠氏易ノ重離ノ卦ヲ観テ網罟ヲツクレリ。重離卦ハ☲☲離下離上ニシテ陰気陽中ニ交リツクト離ル、ガ故ナリ。今乃成之聖日　トハ、上ノ句ハ物ニタトヘヨリテナルヲ云。今乃令義鮮ノ此聖日ニナルハ、譬ヲ遠ク物ニトラス直ニナルトノ心アリ。聖日トハ、淳和帝ノ時ヲサス。柳文表ノ部ニ當聖日豊年ヲ害スルナシト云モ、其時ヲサシテ云フ文ナリ。臣等遠愧虞皐近慙荀賈トハ、是謙辞ナリ。蓋旧本作皐虞者轉寫ノ誤ナルガ今虞皐ニ改ム。如旧本ハ君臣上下ノ差ナル故ナリ。劉向ガ説苑ニヨルニ尭ノ時ニ舜司徒トナリ。

（18ウ）

皐陶大理トナルト見タリ。又荀賈トハ、晋ノ武帝ノ時荀勗賈充ト云二人ナリ。是共ニ律令ヲ定ル人ナリ。晋書列傳ニ見タリ。牽拙　トハ、是亦謙辞ナリ。歴稔トハ、官裁ヲウケタルヨリ、今令義鮮ノナリタルマデヲ云。僶俛甫畢」トハ、ツトメツトムルコト、甫テオハルコトナリ。詩ノ邸風黽勉同心ト又文選顔延年カ秋胡諸ニ寒暑積テ僶俛栄枯ニ見ト見タリ。分為一十（神宮本是ニ「註別ナシ……トハ」ノ字句有リ）トハ・旧本深浅ニ作ル一本ニ因テ、浅深ニ改ム。是下ノ小大ト云ニ對スレバナリ。宗於霊海トハ、此義鮮ヲ撰集スルコト浅深ノ水道ノ海ニ朝宗スルガ如ク集ルトノ言ナリ。是書ノ禹貢ニヨル。小大公トハ、公行ハ公ノ路ナリ。兵車ノ行列ヲ主トル所ナリト詩ノ魏風汾沮洳ノ篇ニ美ナルコト如。葵殊テ公行ニ異ナリ云、註ニ見タリ。※天府トハ、天子ノ宝玉ヲオサムル所ノ蔵ナリ。周礼ノ地官司徒ノ下ニ郷老及郷大夫郡吏賢能ノ書ヲ王ニ献ヅル王再拝シテ受之。天府ニ登スト云フニ本ヅク。天府又ミヤコトモ訓ス。謹序ノ註別ナシ。

（19オ）

上令義解表

上ハタテマツルト訓ス。天子ニ奏スベキ其情旨ヲ表白スル所ノ文ナリ。是ヨリ先天長十年二月十五日令義解成テ、同十二月十五日是ヲ奏進スル所ノ上表ナリ。職員令中務省ノ義解ニ上表ハ太政官ニヨラズ、直ニ中務省ニ向フ省是ヲ受取至尊ニ奏進スト見タリ。

臣夏野等言ス逖ク聴キ、二列辟ヲ一略閲ルニ二編緗ヲ一躡シレ歴ヲ登リレ皇ニ乗レ圖ニ稱スルハレ帝ト莫乙不ト云下発シレ號ヲ

施シレ令ヲ張テ二經緯ヲ一而理メレ邦ヲ斉ト、ノヘレ礼ヲ畏レレ刑ヲ設テレ堤防ヲ以済セ代者甲也

（19ウ）

臣夏野等言トハ、先上表ノ発端ニハ其人名字ノ上ニ臣ノ字ヲ加フ官位姓名書載サルナリ。其式儀制令ニ見タリ。逖聴ーートハ、」逖ハ遠ナリ、辟ハ君ナリ。遠ク住世ノ君タル列次ヲ聞ニト云心ナリ。漢書司馬相如ガ傳ニ歴選列辟ト見タリ。略閲縑緗トハ、略ハスコシキ心ナリ。閲縑緗トハ、書籍ヲ見ルニトナリ。在昔書記スルニハ竹簡ニアミ又縑帛ヲ以テス。緗モ亦浅黄ノ帛ナリ。因之書籍ヲ縑緗ト云。抑文ニ其筆札拂縑緗賛揚大功ト見タリ。躡歴登皇乗圖祢帝トハ、躡ハ蹈ナリ、歴ハ傳ナリ、次ナリ、又暦日ノ暦ト同ジ登皇ニ乗圖トハ、皇位ヲ皇図トモ云ナレバ皇位ニ登リ乗ルノ心ナリ。※此一句ハ孔稚珪ガ文ニ陛下躡暦登皇乗図践帝天地更築日月再張ト云ルニ本ヅクナルガ、是天中記ニ見タリ。又帝ハ徳合天地モノヲ云。白虎通ニ見タリ。莫不

発　　　　トハ、是皆帝ノナシタマフ所ノ業ヲ云。号令ハ律令ナ
リ。書ノ冏命ニ発号施令ト云ニ本ヅク。經緯モ亦律令ト云ガ如シ。晋ノ張斐ガ律ノ序ニ律令ハ政事ノ經万機
ノ緯ト藝文類聚ニ見タリ。斉礼トハ、民ヲシユルニ徳ヲ以テシ、斉之スルニ礼ヲ以テスレバ則民格心アリ
ト礼ノ緇衣ニイヘルニ本ヅク。畏刑トハ、左傳襄公ノ　ニ古ノ民ヲ治ル者賞ヲ勧テ刑ヲ畏ルト云フニ本ヅ
(20オ)
ク。設堤防トハ、刑」ヲ畏ル、コト隄ノアフル、水ヲ防ガ如クシ代ヲ済ヒタマハズト　云コトナシ
トナリ。是漢書刑法志ニ本ヅキタル文ナリ。
雖レ云二龍鳳異ニシレ紀ヲ文質遞《タカヒニ》典ルト一至テハ二於訓ヘレ俗ヲ庇《メクムニ》レ人ヲ殊ニシレ塗ヲ同スレ致ヲ
竜鳳異紀トハ、竜ハ在昔異邦ノ始大昊伏犠氏ノ時、竜瑞アルヲ以テ竜ヲ名ヅケテ官師ニ紀ス。鳳ハ小昊摯ノ
時、鳳瑞アルヲ以テ鳳ヲ名ヅケテ官師ニ紀ス。故竜鳳異紀ト云。左傳昭公十七年ノ処ニ本ヅク。是ヨリ文質
遞ニ興ルト云ニ至テハ、道ノナル基ヲイフ。文質遞興トハ、虞度ノ質殷周ノ文タガヒニ興ルナリ。礼ノ表記
ニ本ヅク。其文質ハ皆是天地ノ間ノ極盛ノ気運ニシテ倶ニ政教及人上ノ説ニアリ。虞夏ノ質ハ其時ノ風気未
開ケズ世俗方朴ニシテ其治専以テ忠厚ク簡略ニ行フヲ質トイフ。殷周ノ文其時ノ風気已ニ開ケ、人文アラハ
レ制度ヲ以テ其治ヲ行フヲ文ト云フ。蓋虞夏文ナキニアラズ。但文少フシテ其質ニカタス。殷周質ナキニア
(20ウ)
ラズ。但質少フシテ其文ニカタス」トイヘリ。至於訓俗庇人殊塗同致トハ、三代ノオシヘ人ヲ庇ヶ国家ヲ治
メタマフニ、各法ヲ同ウセズ。塗コトナリトイヘドモ徳ヲ建ルニ於テハ一ツナルヲ云。是易ノ一繫辞ニ本ヅ
ク。上ノ文質ニカケテ見ベシ。
伏テ惟レハ聖主道充テ二四表一徳被リ二百王ニ一拱シテ二岩廊ニ一以垂レ衣ヲ臨シテ二寰區ニ一而作ルレ鏡ト彛倫攸レ叙礼
樂交‐通ジ　鴻化所レ覃ヲ萃夷感‐悦ス

（21オ）

聖主トハ、是ニ於テハ淳和帝ヲ指ス。是ヨリ下ノ降哀旨捜揚法家ト云ニ至リ、淳和天皇御在位ノ時ノ御徳ヲアゲ、且令義解ヲ撰マシムルノコトヲイヘリ。道充　トハ、帝ノ政道四海ノ外マデミチアラハレ、御徳百王ノ御来マデモ及ビ被ラシメント尭徳ニ比シテ云リ。四表ハ書ノ尭典ニ本ヅク。拱岩廊　トハ、岩廊ハ殿下ノ外屋ナリ。殿ノ應ナリ。漢ノ董仲舒ガ傳ニ本ヅク。拱スルハ」手ヲコマヌクナリ。垂衣トハ、衣裳ヲ正フシテ、タル、ナリ。是舜ハ徳ニ比シテ、淳和帝南面ニ坐シテ天下太平無為ニ治メタマフヲ云。是易ノコト繋辞ニ本ヅク。臨寰　トハ、天下ニノゾンデ、制令ヲナシテ万民ノ明鏡トナリタマフノ心ナリ。貞観政要ニ大宗貞観ノ初嘗謂公卿曰人欲自照必須明鏡ト見タリ。彝倫攸叙トハ、民ノツ子ノ道理ノ次序スル所ヲ云。是書ノ洪範ニ本ヅク。礼樂交通トハ、礼ハ是孝弟ヲヨクスル実用ナリ。明主天下ヲ治タマフニハ貴賎ヲ明ニシ等礼ヲ正フシタマフニアリ。樂ハ人ノ心ヲ盪滌テ和易専一ナラシム。古ハ民ヲ教ルニ礼樂交々通ス。是孝経ニ本ヅク。鴻化　トハ、鴻化ハ天子ノ大ナル化ナリ。是萃夏夷挟マデニオヨビ、皆聖徳ヲ感ジヨロコブトナリ。宋ノ謝荘ガ孝武帝ノ哀ノ策ニ叡業初遠鴻化方亭《ヒトシ》ト藝文類聚ニ見タリ。又洪化ニ同ジ。又大化ニ同ジ。文選陸士衡演連珠ノ文ニ大化既ニ洽ク百姓心ニ賈コトナシト云ニ同ジ。

（21ウ）

然猶宵ニ衣《コロモキ》二宣室ニ一恐ル二万機之有コトヲレ愆チ晏《ヲソクシテ》食テ二合宮ニ一念シ二兆」庶ガ之不レ愜遂ニ降テ二哀旨ヲ一

捜二揚ス法家ヲ一

然猶宵衣宣室以下ヲ文ハ上ノ文ヲウケテノブ。宣室ハ殿ノ名未央ノ前ノ正室也。漢書賈誼ガ傳ニ見タリ。是叡慮暫モ安カラズ。故ニ明ヲ待ニ及バズ。夜中ニ正服ヲ宣室ニ著御シタマフヲ云。漢書雛陽ガ傳ニ本ヅク。恐万機之有愆トハ、万機ハマツリゴト、訓ス。政ヲ行タマフニイクタビニ〳〵愆アランカトカヘリミタマフヲ云。万機ハ書ノ皐陶謨ニ本ヅク。晏食合宮トハ、文中子ニ合宮ハ明堂ノ異名ト見タリ。是紫宸殿ト云ガ如シ。晏テ食スハ朝夕ノ御膳。其時々ニキコシメスコトアタハズ。朝ノ御膳ヲ日タケテ召夕ノ御膳ヲ夜ニ入テメスト云心ナリ。念兆庶　　トハ、兆庶ハモロ〳〵ノ民ヲイフ。文選陸士衡弁亡論ノ下ニ兆庶与之共患ト見タリ。哀旨ハミコトノリナリ。書ノ湯誥ニ皇タル上帝降哀于下民ト云ニ本ヅク。旨ノ字叡慮ノ意味ナリ。法家ハ明法トテ律令ヲ明スル儒家ナリ。又法儒トモ法曹トモ云。異朝ニハ法名家ト云例アリ。サテ此本文ノ心ハ民ノ心ニカナフヤウニト思シテ、令制アヤマタ」ザルヤウニ勅ヲ下シ法家ヲサグリアゲテ、義鮮ヲヱラマシムルコト之。

（22オ）

以為ヘラク前儒ノ解釋遞ニ有テ二乖《クワイ》向一淺深易クレ混シ軽重難シレ詳ニシ臣等識謝シ二張蒼ニ一業非ニ二陳寵ニ一謬テ以二
庸弊《ヒヲ》一叨《ミタリニ》應シ二明詔ニ一或ハ筆シ或ハ削ル一タヒハ増ム一損ス

以為　　トハ、以為ハ夏野公及諸儒ノオモヘルナリ。前儒ノ解釈ハ、太政官符ノ中ニ云。問答私記ノ二書ヲサス。彼二書或乖或向或浅ヲ深ニトリ、或深ヲ浅ニトリ、区々ナルアツテ一定ノ説ナラザルヲ云ノヘリ。臣等識　　トハ、張蒼ハ初秦ニ仕ヘ、後ニ漢ノ高祖ノ臣トナリ、孝文皇帝立テ亟相タリ。陳寵ハ後漢ノ世人ニシテ、漢成帝ノ時ノ陳成ト云人ノ曽孫ナリ。蒼寵共ニ律令ヲ明セル人ナリ。是ニ對シテ物ヲモシラズワザモ及バズト謙退セル辞ナリ。謬以　　」トハ、庸弊是亦謙辞ナリ。庸ハ常ナリ。弊ハ敗ナリ。悪ナリ。明詔ハミコトノリナリ。或筆　　トハ、義解成マデノ間ノコトヲ云。筆削ハ史記孔子世家ニ筆則筆シ、削則削スト云フニ本ヅク。

（22ウ）

其疑而不レ決闇而未レ明ナラ皆仰テ稟ケ二宸規ヲ一断セリ二之ヲ聖覧ニ一據テレ時ニ制シレ変合ヒレ古ニ便スレ今誠ニ可下
改メ二生靈之視聽ヲ一爲中皇王之模範ト上者也

其疑而　　トハ、是上ノ文ヲウケテ云。皆仰稟宸規断之聖覧トハ、是前儒ノ説ノ疑シフシテ不決闇シテ未

（23オ）

明モノハ皆天覧ニ備テ更ニ制法ヲウクルトナリ。宸聖共ニ至尊ヲサセリ。規ハ法ナリ。覧ハ見ナリ。拠時

トハ、九制法ハ時世ノ人ノ情ニヨツテ節文ヲナスユヘニ古ノ義ニカナフモノヲトリ、今ニ宜キモノニ便シテ義解ヲ撰ブトナリ。誠可

範者也トハ、生霊ハヒトクサト訓ジテ、人民ヲ云。視聴ハ見ルト聞トナリ。生霊視聴トモニ書ノ泰誓ニ本ヅク。模範ハ楊子法言ニ模不模範不範ト云フニヨルガ、此本文ノ心ハ令ノ經ニ応ジ、義ニカナフモノヲ定テ人民ノ視ルトコロ聴トコロヲ改テ天子ノヨキカタノ法トスベキトナリ。

裁成シ㆓十巻ト㆒名フ㆓令ノ義解ト㆒星霜五タビ変シ繕写功遂ゲヌ拝表呈奏ジテ伏テ深ク戦越ト臣夏野等誠惶誠恐頓首謹言

（23ウ）

星霜五変

トハ、天長三年十月ニ官裁ヲ得テ四年ヨリ八九年マデノ間五タビ筆削シテ繕写ノ功トクト云コ、ロナルガ、拝表呈奏トハ、上表ノ詞上ヲ拝シ表ヲサ、ケス、ムト云心ナリ。伏深戦越トハ、謙辞ナリ。戦越ト云ハ震越ト云ガ如シ。オソル、心之。

天長十年十二月十五日右大臣従二位兼行左近衞大将臣清原真人夏野上表

右大臣従二位ハ相當ナルガ故ニ以官書上又大將ハ相當従三位ニシテ不相當ニヨツテ本位ノ下ニ書テ兼行ノ字ヲ加フ。兼ハ此レ」大臣ニ大将ヲ兼玉フ故ナリ。所謂夏野公ハ天武天皇第五皇子舎人親王ノ曽孫ナリ。祖父ハ正三位中務卿三原生、父ハ正五位下小倉王ト申ス。延厂廿三年六月廿一日上表シテ清原真人ノ姓ヲ蒙リ玉フ。夏野公始繁野ト云。弘仁十四年十一月廿五日ニ至テ参議ニ任ジテ時従四位下、十五年正月七日従上ニ叙シ、天長二年正月七日正下ニ叙シ、七月二日中納言従三位ニ任叙、三年八月廿二日左近ヱ大将ヲ兼任シ、五年三月十九日権大納言、七年九月十二日正大納言轉ジ、九年十一月二日右大臣ニ任ジ、大将元

ノ如クシテ十年三月六日従二位ニ叙スル人ナリ。

（24オ）

施行詔

此詔書ハ仁明天皇ノ詔旨ナリ。蓋叔父淳和天皇御在位ノ御時天長三年十月五日、式部省ノ依請太政官符ヲ下シテ諸ノ博士ニ命ジテ令ノ解釈ヲ撰マシム事如前段。同十年二月廿八日天皇御位ヲ仁明帝ニ譲タマヒ、淳和院【元橘太皇太后離宮也。在今之西院】ヲ仙居トシテ遷御シタマフ。同年十二月十五日令ノ解釈撰集ナル名之、令義解然シテ右大臣清原眞人夏野公及諸博士奏進之然ニ是ヲ秘府ニ藏テ未施行ナラザリシヲ、仁明天皇ノ承和元年二月十八日ニ至テ始天下ニ施行シタマフ。是其時ノ詔書ナリ。公式令ノ義解ニ詔書敕旨同ジ。是綸旨ナリ。但臨時ノ大事ヲ詔トシ、尋常ノ小事ヲ敕トスト云ヒ、職員令ニ大内記ニ人詔敕ヲ造リ、凡御所ノ記録ノコトヲ掌トルト見タリ。サテ詔書ニテモ敕書ニテモアレ、内記草ヲ造テ年月ハカリヲシルシテ是ヲ奏進スルニ清書トナレバ天皇御自其當日ヲ書加ヘシメタマフ。是ヲ御畫トイフ。其式ツマビラカニ公式令ニ見タリ。

詔ニ納ル、ハ二諸軌物ニ一王道ノ所レ先スル制スルニ以ス二度量ヲ一皇猷斯ニ在

（24ウ）

詔和訓ミコトノリ。是天子ノ御言ハ天下ノ法トナル義ナリ。軌物ハ法制ト云意ナリ。軌トハ物ト分テイヘバ、軌ハ事ヲ為ニ法度アルヲイフ。物ハソレ〳〵ト色文《イロアヤ》ノ法制ノ立ツヲ云ナリ。納ハ民ヲ其法制ノ中ヘイレテ礼法ニカナハシムルヲ云。是王道ノ第一トスル所ナリ。※納民諸軌物ノ語左傳隠公傳五年ノ処ニイヅ。制以度量トハ、制ハ制作シ玉フヲ云。度ハ物サシ量ハ升ナリ。共ニ法制ノ器ナリ。此句ハ書ノ舜典ニ同律度量衡トアルニ本ヅク。漢書律歴志ニ、虞書ニ曰律度量衡ヲ同スルハ所以斉遠近立民信也ト見タリ。皇猷トハ、大猷ト云ニ同ジ。猷ハ道ナリ。謀ナリ。晋牽秀黄帝頌ニ、皇猷允基地平天成ト云ヒ、韓文ニ皇猷ヲ煥ニスト云ト

（25オ）

同ジ。此二句ハ法度ノ器ヲ作リテ、民ヲ礼法ニシタガハシムルハ王政ノナシタマハデ叶ヌミチナルヲイフ。

故ニ知ル弼二成シ五教ヲ一銜二勤シ万方ヲ一垂拱シテ而理ル其レ法令乎

此三句ハ上ノ文ヲ承テ天下万民ヲ治ルハ、法令ニアリト云意ナリ。弼成五教トハ、父子ノ親君臣ノ義、夫婦ノ別、長幼ノ序、朋友ノ信」此五品ノ教ヲ云。弼成トハ、ソレヲタスケテ成就セシムルヲ云。弼五教ノ字書ノ大禹謨ニ本ヅク。旧解ニ書ノ舜典及管子ヲ引モノハ不合乎。銜勒万方トハ、万方ハ天下ト云ガ如シ。書ノ陽誥ニ万方ノ有衆ト見タリ。銜勒ハ馬ノクツハミナリ。大戴礼ニ以法為銜勒トアリ。是ニ本ヅク。法ヲ以テ天下ヲ治ルハ馬ヲ御スルガ如シト云リ。垂拱而理其法令乎トハ、垂拱ハ衣ヲ垂手ヲ拱クコトナリ。是書ノ武成ニ垂拱而天下治ルト云ニ本ヅク。蓋此ニ於テ法令ト云ハ、泛ク言テ下ノ以為法令ト云文ヲオコスナリ。乎ハ疑ヲ決スル詞ナリ。此句ノ言心ハ天下ヲ治ルコト手ヲモサヾズ不為シテ理ルハ法令ノ立ユヘナリト也。

後太上天皇修メ二機ヲ玄扆ニ一比二徳ヲ丹陵ニ一事勤メ二遠圖ヲ一慮リ在二長策ニ一

後太上天皇ハ、淳和上皇ノ尊号ナリ。嵯峨太上天皇ニ對シテ後ノ字ヲ加フ。夫太上ハ極尊ノ称ナリ。蓋漢制ノ始、只太上皇ト云テ天ノ字ナシ。本邦加天字モノ別ニ拠所アラン。修機玄扆トハ、機ハ政ト云ガ如シ。玄扆ハ黄帝石室ノ名ナリ。此句ハ淳和上皇御在位ノ御時、南面ニ坐シテ万機ヲ修タマフ時ノコトヲ云ナリ。」

（25ウ）

玄扆ノ字ヲ以テ黄帝ニタトヘタリ。春秋合誠図ニ黄帝坐玄扆洛上ト初学記ニ見タリ。又藝文類聚ニモ見ユ。比徳丹陵トハ、丹陵ハ唐尭ノ生レ処ノ名ナリ。此句ハ上皇ノ生質美ナルヲ唐尭ノ徳ニ比シテ云リ。事勤遠図ト云二句ハ、上皇御徳ヲ以テ遠大ノ事業ノ勤テ長久ノ叡慮ノ外他事ナキヲ云フ。遠図ハ謀ヲ云。長策ハ馬ヲ御スル鞭ナリ。賈誼ガ新書ノ過秦上ニ振長策宇内ヲ御ト云ニ本ヅク。

以為法令文義隠約ニシテ難クレ詳ニシ前儒ノ註釋方圓遞ニ執ス

上ノ文ハ上皇御在位ノ徃行ヲ云ヒ、此ヨリ亦藏之秘府ト云ニ至テハ上皇御在位ノ御時義解ノ成タテル始末ヲカタレリ。以為ハ上皇ノオモヘリナリ。令條文義カクレツ、マヤカナルガ故ニ其情理審ニ鮮カタク前儒家々ノ解釈アリトイヘドモ或方ナルモノヲ円ナリトスルガ如クシ、或円ナルモノヲ方ナリトスルガ如クシテ、各一偏ノ説ヲ執リテ其本義ヲ得ザルヲ云。准南子厚道訓ニ、規矩ヲ方円スルコトアタハズト云如シ。旧解劉子ヲ引モノハ不合乎。

(26オ)

豈使ンヤ二二三家異ニシレ説ヲ輕重参差シ一門殊ニシレ躅ヲ舞シレ文ヲ弄ハレ法ヲ

此二三家トハ、家々ト云意ニトレリ。後漢書陳寵ガ傳ニ、律ニ三家アリ。其説各異ト云ニ本ヅク。輕重ハ政事ニ輕重アルヲ云。参差ハカタ、ガヒト訓ス。相ヒトシカラヌ意ナリ。詩ノ国風周南ニ参差タル荇菜ト云。本義参差ハ長短不斉ノ皃ト見タリ。二門トハ、是ハ二法ト云ウガ如シ。後漢書桓譚ガ傳ニ刑開二門ト云ニ本ヅク。殊躅トハ、躅ハ跡ナリ。往聖ノ定置タマフ跡ヲ殊ニスル心ナリ。舞文弄法トハ、是アリフレタル文章ニイロ〱ト事品ノアル異理ヲ付テ定タル法令ヲ押枉テトナブリモノトスル意ナリ。漢書汲黯ガ傳ニ、典事舞文法ト云ヒ、註ニ舞ハ狢弄ト云ニ本ヅク。此二句ノ言心ハ前儒ノ偏説トク〱アルガ上ニ又家々異説ヲナシテ政ヲスルニ事々カタ、ガヒニナリ、異理異法ヲ立テ文ヲ舞シ法ヲ弄ビニシテ雅意ナルサハギスルヤウニナラシメント尤《トガメ》タマヘル文ナリ。〇後漢書ニハ律ニ三家アリ。其説各異ニシ刑開二門トナレドモ、此本文ハ令條ニツキ異説ヲナスカラハ其政事ニ害スルコトアラント泛フ云ルナリ。律ト刑トニカケテ見ルハ悪シ政事ト云ヘバ、律モ刑モ其中ニアリ。

(26ウ)

永ク言シ於レ此固ニ切ナリ二宸衷ニ一爰ニ勅シ二在朝迺チ令二討覈ヤ一」稽ヘ二之ヲ於典籍一参フルニ之ヲ以ス二古今一ヲ迄テハ二于滞疑ニ一祇シテ稟テ二聖断ヲ一咸加ヘ二辯折テ一已盡シ二會通ヲ一裁テ為二十巻ト一名ク二令ノ義解ト一

（27オ）

永ハ長クナリ。言ハ我ナリ。此二字詩ノ大雅文王之篇ニ出ヅ。宸衷ハ天子ノ御心底ヲ云。一本宸沖ニ作ルモ亦同ジ。白氏文集断自宸衷ト云。天中記ニ聖独照宸衷ト見タリ。在朝トハ、群臣ヲサシテ云フ。【礼ノ礼運ニ三公在朝ト云。討ハ討論ナリ。】覈実ヲ考ルナリ。典籍ハ經書ナリ。初学記文部史傳篇張衡表ニ陛下思光先緒以典籍為本ト見タリ。以古今トハ、事迹ニツイテ云ナリ。言心ハ令條ノ異説政治ニ害アランコトヲ御心底ニ大切ニ思召ナシ群臣ニ勅ヲ下シ、其本義ヲ明カニナラシムルトナリ。漢書武帝紀ニ稽諸往古制宜於今ト云ガ如シ。滞疑トハ、義理ノ下ニコホリウタガハシキヲ云。稟聖断トハ、上皇ノ決断ノ叡慮ヲウクルヲイフ。成加弁折トハ、此義ハカクノ如シ。此意ハカクノ如シトソレ〳〵ニ分別スルヲ云。後漢書桓譜ガ傳ニ弁折疑異ト見タリ。旧本作加減辨折者非ナリ。今以正本成加弁折ニ政ム。盡會通トハ、會ハ理ノ聚リタルヲ云。通ハ其理ノアツマリタルウチニ当然ノ一筋ヲ云。此二字易ノ上繋辞ニ出ヅ。旧本作倫通者非ナリ。今以正本改」之裁為十巻トハ、裁ハ切断ツノ意ナリ。義觧已ニ成テ篇類ソレ〴〵ニ分チテ十巻トナスヲイフ。

（27ウ）

屬テ下屈シテ二飛龍之眇轡ヲ一顧ルニ中汾陽之窅然ヲ上未タレ有二施行一藏ス之ヲ秘府ニ

屬ハ會ナリ。上ノ句下ノ句以テ相繫ガ為ニ上ニ置リ。屈飛龍之眇轡トハ、是唐類函帝王部ニ染沈約賀斉明帝登祢啓曰屈飛龍之眇轡紆分陽之遠情運尭心以臨億兆敷舜烈以膺寶命ト云文ニ本ヅク。旧觧漢書ニ易曰飛竜在天ト云者此ニ不合乎。顧汾陽之窅然トハ、是荘子逍遙遊篇ニ、尭治天下之民平海内之政往見四子於藐姑射之山汾水之陽窅然裘其天下焉ト云。偶言ニ本ヅクトイヘドモ、蓋此ニ於テハ淳和帝飛竜ノ馬ニ馭シテ四海ノ外ニ廻周シタマヒ、汾陽ノ窅然タル神人ヲカヘリミテ天下ヲ治メタマフニ、倦テ御譲位アリシコトニトリナシタル文ナリ。汾陽トハ、処ノ名ナリ。窅然ハ深遠貞ナリ。未有施行藏之秘府トハ、上ノ文ノトホリ御譲位アリシ故ニ此義解施行ノ沙汰モナク、秘府ニ蔵ヲカレントナリ。漢書劉歆ガ」傳ニ未及施行藏於秘府ト云ニ本ヅク。又淳和帝ノ御譲位ハ天長十年二月廿八日御位ヲ皇太子ニ譲タマフ。

朕以二冥昧ヲ一臨二馭寰區ヲ一思レ邁ハンコトヲ二明謨ニ一導二揚シ景業ヲ一宣ク下頒天下ニ一普ク使中遵用ヲシテ畫一之訓ヘ垂レ中於萬葉ニ上主者施行ス

朕ハ我ナリ。秦ノ始皇以降天子ノ自称ナリ。此ヨリ仁明天皇義解ヲ施行シ給ノ文ナリ。冥昧ハクラククラトナリ。是仁明帝ノ謙辞ナリ。臨駅寰区トハ、天下ニノゾミオサムルナリ。韓文ニ慰明哀表ニ皇帝功済寰区霑動植ト見タリ。旧本作家区モノハ非ナリ。以正本今寰区ニ改ム。思邁明謨導揚景業トハ、是淳和上皇ノ明ナル謨ニシタガヒ其景ナル業ヲ導揚キタマフコトヲ思シメサシムトナリ。天中記帝王ノ篇ニ、寅畏上靈用膺景業ト見タリ。普使遵用畫一之訓垂於万葉トハ、其畫一ハ政治ノヨク整ナヒ斉シクナリタルヲ形容シテ云。漢

(28オ)

書曹参ガ傳ニ蕭何為法講ト若畫一トアルニ本ヅク。上ノ句邁明」謨ト云ヲ承テ遵月畫一之訓ト云リ。万葉ハ万世ナリ。天中記帝王篇ニ晋詔桓玄蕃衞王家垂固万葉ト見タリ。主者施行トハ、内記詔書ヲ作リテ進リタルニ、天子御自當日ヲシルシタマフ謂之。御畫サテ此詔書ヲ中務省ニ下シタマヘバ、是ヲ案トシテ別ニ一通ヲウツシ太政官ニ送レバ大政官覆奏シテ其後天下ニ施行セリ。故ニ主者施行トアリ。詳ニ公式令ニ見タリ。後漢書莫瓊ガ傳ニ、屬主者施行セシムト見タリ。是主者施行ノ本ナル乎。

承和元年十二月十八日

(28ウ)

右壺井翁之鮮足代弘訓神主之遺書借之于児王《(ママ)》尚高以書寫了

明治元年【戊辰】霜月国魂祝史清生也

又云元本題令義解官符序上表施行文解之數字以為標目且至添壺井先生官位職員令解之語而畫足其不雅可厭然聽

児尚之話其官位職員之稿已脱而不傳之談聞之故先生【弘訓神主】其不幸可憾故依不雅之標目待逸編之見録不幸
之始終以咲畫翼　花押

〈頭注〉
※八丁ゥ朱書
生云
環翠貞永式目抄陰ニハ惨陽ニハ舒云々

※十二丁ォ
隋劉廣傳為平饗七年風教大治獄中無繋囚争訟絶息囹圄皆生草
漢路温叙傳
文帝崇仁義省刑罸囹圄空虚天下太平

※十二丁ゥ
家素瑯邪代酔鏡篇龍域録長安住中宣家素畜宝鏡偏見荘子逍遙遊体希逸註因人之偏見而後此道晦不明

※十五丁ゥ～十六丁ォ
善道宿祢眞貞承和十二年二月廿二日卆傳云右卒人故伊賀守従五位下伊与部連家守又男也年十五入学數年ノ問諸

儒共推其方行補得業生弘仁四年大学助教授十年轉博士
天長之初迂大学助五年上表賜性善道朝臣八年遷阿波守于時正五位下是時有識公卿一両人依詔旨諸儒等修撰令義
解眞貞亦参其事不赴任所五位上明年授四位下云々

※十八丁ウ
日本紀畧天長十年二月甲寅朔辛未右大臣清原眞人夏野等侍殿上校讀新撰令釈疑義起請

※十九丁ウ
孔稚経字徳璋倉稽人孝秀才為宋安成王車騎法曹仁参軍傳在南斉書

※二十四丁ウ
生云
春公時観魚僖伯
　　諫曰○
左傳隱五年○
○君時納民於軌物者也故講事以反軌量謂之軌取材以章物米謂之物不軌不物謂之乱政
制以度量ト云フニ□（原本虫喰）テ見ルベシ

第七章　壺井義知『令義解抄』について

本章では、壺井義知があらわした『令義解序抄』を影印・紹介している。

同書は、さきに、筆者所蔵の一本によって全文を飜刻・紹介した壺井義知の『令義解序表官符詔書解』（拙稿「壺井義知『令義解序表官符詔書解』について」『皇學館論叢』三八－四、平成十七年八月、本書第六章所収）のうち、『令義解』序の注解部分を抜萃したもので、内容は、ほぼ『令義解序表官符詔書解』と一致する。それゆえ、いままた同書の影印を掲げることは、前章との重複の誹りを免れないが、同書は原本を忠実かつ叮嚀に書写した写本であって、『令義解序表官符詔書解』の誤記を訂正できる点も少なくない。しかも、分量もそう多くないので、ここにその影印を掲げた次第である。前章に飜刻した『令義解序表官符詔書解』を繙読する際の参考にしていただければ、幸いである。

ここに掲げた『令義解序抄』も、やはり、筆者所蔵の一本によった。これは、その跋にもあるように、藤原景隆が享保六年（一七二一）に書写したものである。袋綴装で、全一冊。縦二六・六㌢、横一九・二㌢。墨附十六丁（今回の飜刻では遊紙一丁は省略）。関西の豪商小津桂窓（字は久足。一八〇四～一八五八）の所蔵にかかるもので、「西荘文庫」の蔵印がある。おそらくは、壺井義知の所持していた『令義解序表官符詔書解』を直接借覧・書写したものではないかと思うが、だとすれば、同書はすでに享保六年以前に脱稿されていたことになるのであって、『令義解序表官符詔書解』の執筆時期を絞り込むうえで貴重な写本であるといえよう。

なお、ここで取り上げた壺井義知『令義解序抄』については、拙稿「『令義解』受容史覚書──壺井義知の研究を中心に——」（『史聚』三九・四〇合併号、平成十九年三月、本書第五章所収）で『令義解序表官符詔書解』とともに詳しく紹介したので、参照を乞う次第である。

令義解抄
全
西荘文庫

令義解序

序ハ叙ト同シ述ナリ此序ハ清原ノ夏野公義解ヲ撰集セラルヽノ意ヲ叙述シタマヘリ、蓋此文ハ参議従三位小野朝臣篁卿夏野公ノ為ニ草セラルヽ序ナリ本朝文粋ニ見タリ于時篁卿ハ大宰少貳従五位下ナリ

正三位守右大臣兼行左近衛大将臣

清原真人夏野等奉　勅撰

位署ノ式官位相当セザルハ位ヲ以テ先トス官尊ク位卑ハ守ノ字ヲ加ヘ官卑ク位尊キハ行ノ字ヲ加ル法ナリ右大臣ハ相当正従二位大将ハ相当従三位ノ官ナルカ故ニ

（1ウ）

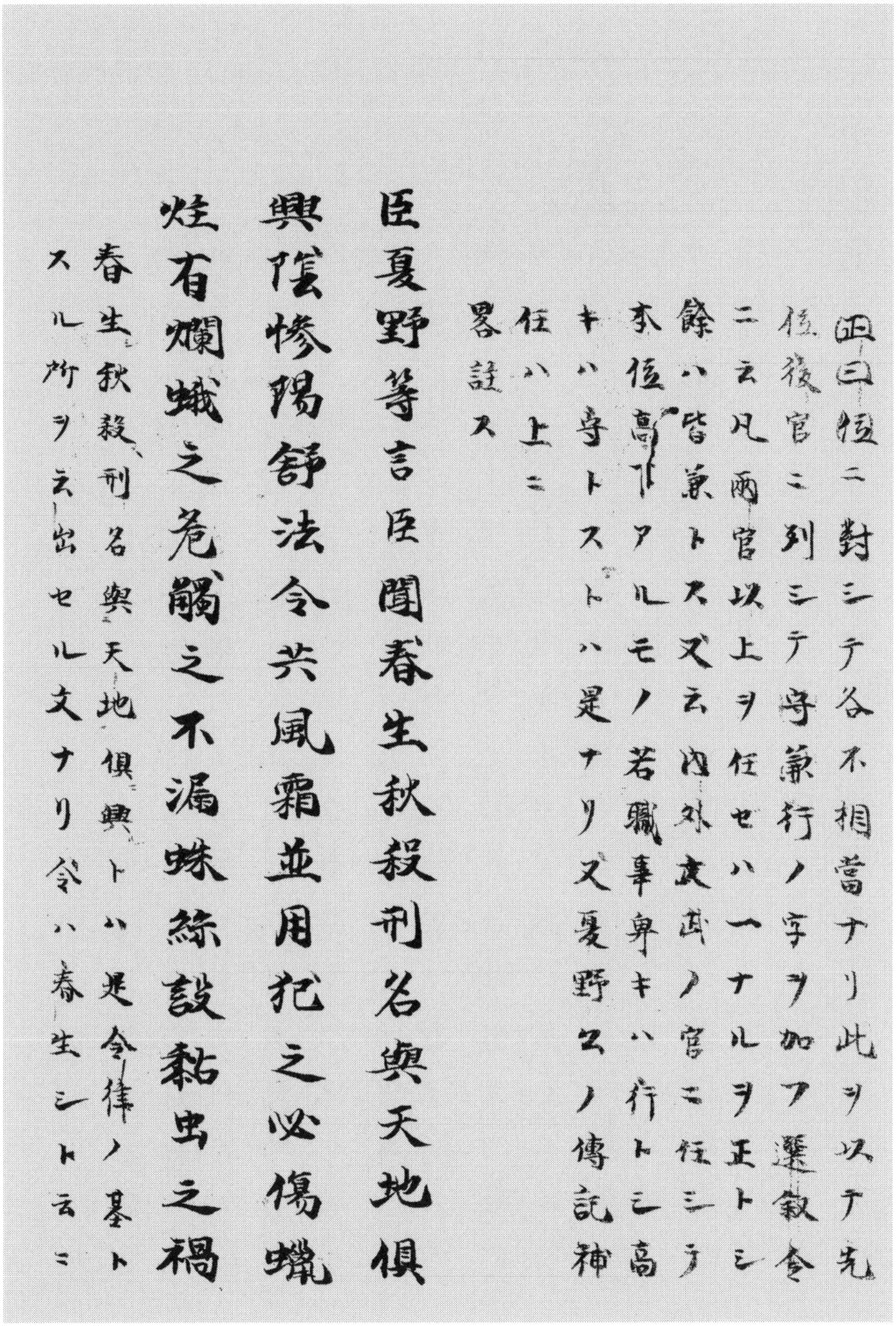
正三位ニ對シテ各不相當ナリ此ヲ以テ先
位後官ニ列シテ守兼行ノ字ヲ加ヘ選叙令
ニ云凡兩官以上ヲ任セハ一ナルヲ正トシ
餘ハ皆兼トス又云内外文武ノ官ニ任シテ
本位高下アルモノ若職事卑キハ行トシ高
キハ守トストハ是ナリ又夏野公ノ傳記神
任ハ上ニ
畧註ス
臣夏野等言臣聞春生秋殺刑名與天地俱
興陰慘陽舒法令共風霜並用犯之必傷蟣
炷有爛蛾之危觸之不漏蛛絲設黏虫之禍
春生秋殺刑名與天地俱興トハ是令律ノ基ト
スル所ヲ云出セル文ナリ令ハ春生シト云ニ

ヨリ律ハ、秋殺スト云ニヨレリ凡聖人ノ法天
地ノ位四時ノ行ニ法テ立玉ヘリ管子ニ春生
於九秋殺於右ト云ニ本ツク春生シ秋殺スル
ハ是天地ノ氣運自然ノ道理ニシテ刑名モ亦
自ラ此道理ニ起リ立ユヘニ刑名與天地倶興
ト云陰惨陽舒法令共ニ風霜並用トハ上ノ句春
生秋殺スト云ヲ兼テ陰惨陽舒ト云是文選西
京賦ニ本ヅク其陽舒ハ萬物春ノ氣ヲ得テ漸
生ス陰惨ハ万物秋ノ氣ヲ得テ漸殺スル故ナ
リ法令ハ万民ノ教制ナリ風霜ハ是モ上ノ句
ニ数シテ云天地ノ氣則萬蒙怒號シテ風トナ
リ陰氣陽勝則凝テ霜トナル是則律ノ心ニ
カナヘリ故ニ法令共ニ風霜並用ト云フ犯之必
傷蠟炷有ニ蠋蛾之危トハ此法令ヲ犯ハ必飛蛾
ノ油火蠟炷ニ身ヲ投テ爛レ死スルガ如クノ
危アリトナリ其蠟炷トハ蠟燭ト云ニ同シ蠟

（２ウ）

之不レ漏蛛絲設ニ黏虫之禍トハ法令ヲ犯ハ元ヨ
リ縁坐ニ觸テモ蜘蛛ノ網ニ觸著タル虫ノ如
ク禍ヲ設クトナリ黏ハ相著ナリ子ヤスナリ
爛蛾蛛絲ハ箸子ニ本ツク舊解ニ荘子トハ箸子
ノ誤
ナリ

背寢繩以往不嚴之敎易從盡服而來有恥
之心難格隆周三典漸增其流大漢九章愈
分其派雖復盈車溢閣里市之姦不勝鑄鼎
銘鍾滿山之弊已甚

背寢レ繩以往不嚴之敎易從トハ異邦ノ在昔世
直ニ人ノ心正キヨリ云ノベリ寢繩ハ身ヲ直

シテ卧ヲ云リ是女媧氏ノ故事ニシテ淮南子
ニ出ツ不嚴之教易従ハ往古ノ人ノ心正キカユ
ヘニ其政キビシカラズシテ治リ其教モツヽ
シマズシテ自然トナルヲ云是春秋ニ本ツク
畫服而來有恥之心難格トハ唐堯虞舜ノ世墨
劓髕宮大辟ノ五刑ヲ立テ其墨ヲ犯ス者ハ其
面ニ黥シ巾ヲ蒙リ其劓ヲ犯ス者ハ其臯ヲ截
テ赭ヲ以テ其衣ニ著ス其髕ヲ犯ス者ハ膝蓋
ノ骨ヲ去リ墨ヲ以テ其髕ニ蒙リ象シテ畫之
其宮ヲ犯ス者ハ其陰ヲ割リ草屨ス其大辟ヲ
犯ス者布衣シテ無領如此シテ彼カ服ヲソレ
くニカヘタマフガ故ニ大ナル恥トシテ罪人ナ
キトナリ、是上ハ徳ト禮ヲ專ニシテ治メタマ
ヒ下民ノ心モ直ナル故ナリ漢書武帝紀ニ詳
ナリ隆周三典衛增其流トハ周ノ隆ナリシ時
輕典中典重典トテ新國ヲ刑スルト平國ヲ刑

（３ウ）

スルト乱國ヲ刑スルトノ三法ヲ立ゼン〱ニ
其流ヲ増テ秦ノ代ニ至リ酷刑滋ヲ含ニテ云
舊本暫ノ字ニ作ルモノ非ナリ今漸ニ改ム太
漢九章分其派トハ漢興テ秦ノ刑法ヲ止テ三
章ニツヾテヨリ又蕭何ニ命シテ九章ヲ立
テ其後ダン〱ニ刑法ノ條數倍々セルヲ派ヲ
分ツト云其九章ハ賊盗詐偽斷獄捕亡名例雜
戸婚擅興廐庫等ノ律謂之九章也群書拾唾ニ
見タリ雖復盗車濫闘坐市之姦不勝トハ武帝
即位ノトキ律令ハナハダ多クシテ其書閣ニ
濫トイヘドモ桑弘羊ガ如ク市列ニ坐シテ物ヲ
興販シテ利ヲ貪ルヤウナル姦究ノ臣盡ザル
ヲ云是漢書刑法志及食貨志ニ本ツリ舊本作
羊市着非也今坐市ニ改ム鑄鼎銘鐘滿山之等
已甚トハ上古鼎ニ刑法ヲ鑄付金石ニ銘スル
ハ一度定テ變セサルガ為ナリ然ニ後世刑法

ヲ立ナガラ上ミ正シカラザルガ故ニ寇盗山ニ
滿ルヤウナル弊ヲ是シキヲ云鑄鼎銘鐘トハ晉
杜預カ奏事ニ本ツク舊解ニ注事記ニ作ルモ
ノハ非ナリ滿山之弊トハ是劉向カ新序ニ本
ツクノ漢ノ孝武帝ノ十年ニアタレリ舊
解秦ノ世ノ文ヲ引モノ不合于此也

降及澆季煩濫益彰上任喜怒下用愛增朝
成夕毀章條費刀筆之辭富輕貧皇憲法歸
賄貨之家嚴科所枉斂戢謝其銘利輕比所
假君父勲其温育故令出不行不如無法教
之不明是爲樂刑

（４ウ）

降及澆季頽盬益彰トハ末世ノ政上古ノ如ク
ナラズシテ上偽テ下貪欲ナルカ故ニ民困窮
スル如此ノワヅラハシキ盬行益アラハル、ナ
リ上ニ在テ喜怒下ニ用愛憎トハ君ハ我喜善スル人
ニ對シテハ還テ其逆ヲ省メ悪怒スル人ニ對
シテハ還テ其良ナルヲモ刑ス臣ハ己カ親愛
スル所ヨリ還テ罪アルヲ生議ニタスケ悲憫
スル所ヨリ罪ナキヲモ刑罰ニオトセリ是縁
ニヨツテ交易スルガ如シ朝ニ成タ毀章條貫刀
筆之辭トハ法令ハ畫一不變ニメ永ク万代ニ行
フヘキヲ惰主庸臣ウツシカヘテ常ナラシ朝ニ
法令ヲナシタニヤフルヤウニ物ノ定ラヌハ
刀筆ノ辭ヲツイヤストナリ刀筆トハ文籌ヲ
作ル吏ヲイフ筆ヲ以テ草案スルニ誤ルコア
レハ刀ヲ以テ削リノゾク故ナリ漢ノ蕭何曹
參等モ秦ノ刀筆ノ吏ヨリ起レリト漢書曹參

カ傳ノ贊ニ見タリ富輕貧重憲法歸賄貨之家トハ漢書蕭望之カ傳ニ富ル者ハ生ヲ得貧キ者ハ獨死是貧富刑ヲ異ニシテ法不壹ト云ヒ又景帝紀ニ死者不可復生吏或不奉法令以貨賂爲市ト云カ如シ嚴科所枉劒戟謝其銛利トハ嚴科ニ行フヘキヲ賄賂ヲ得テ其法ヲ枉ル則劒戟ノ銛利ナルモ不及トナリ銛利ハスルドニトキコトナリ輕比所假君父慈其温育トハ重罪ヲ輕キニ比シテ其温育スル所君父ノ仁愛モ不及之トナリ故令出不行不如無法トハ直ナル法制ヲ出シテモ枉テ事ヲ行フヨリハ一向法ノナキガマシナラニトナリ教之不明是爲樂刑トハ教化明カナラサルトキハ罪ヲ犯ス所ノモノ不止故ニ刑ヲ樂トス是史記秦ノ本紀ニ上樂以刑殺爲威ト云フニ本ツク以上皆法制ノ正シカラヌコトヲイフ

（５ウ）

伏惟皇帝陛下道高五讓勤劇三握類金玉
而垂法布甲乙而施令芟春竹於齊刑銷秋
荼於秦律孔章望斗之郷無復寃宰之氣黄
神脱桔之地唯看香楓之林

伏惟ト云ヨリ下ノ段ノ滚切神襟ト云ニ至テ
ハ淳和天皇ノ御徳ヲアゲテ云皇帝陛下道高
五讓勤劇三握トハ皇帝陛下ハ是淳和天皇ヲ
指ナリ其皇帝ハ秦ノ始皇廿六年ニ始リ漢亦
天子ヲ皇帝ト称ス獨斷ニ皇ハ煌ナリ盛徳煌
々トシテ不照ト云所ナシ帝ハ諦ナリ能天道
ノ事ヲ行ヒ天審諦敬ニ皇帝ト称スルヨシ天
中記ニ見タリ陛下トハ王者必法ヲ執ルヿア

レハ陛階ノ側ニ陳テ羣臣ト至尊ト言フニ敢
テ指シリゾナズ故ニ陛下ニアル者ヲ呼シテ
告之ス故ニ陛下ト云陛ハ堂ニ升ル階級ナリト
漢書高祖紀應劭カ註ニ見タリ道高五譲トハ
漢ノ文帝ノ徳ニ比シテ云爰盎カ傳ニ本ツク
勤劇三握トハ周公一タビ沐シ三タビ髪ヲ握
ルト云ニヨリテ淳和帝朝政ノ事ニ暫モ間断
ナキヲ云類金玉而垂法布甲乙而施令トハ令
律ヲ金科玉條ト云揚雄カ劇秦美新ニ本ツク
甲乙ハ令ノ第一第二ノ次第ナリ又令丙モア
リ漢書宣帝紀ニ本ツリ芟春竹於齊刑銷秋荼
於秦律於齊ノ景公竹ヲ樹テ斬之モノアラ
ハ罪セント刑ヲモウクルガ如キノ法ヲモ秦
ノ秋荼ノ法ヲモ此令ヲ施シテ無ラシムトナ
リ竹ニ對シテ芟ト云ヒ荼ニ對シテ銷トイフ
齊刑ハ晏子春秋ニ本ツキ秦律ハ鹽鉄論ニ本

（６ウ）

晉劉廣傳爲平鄉令七年風教大治獄中無繫囚爭訟絶息囹圄皆生草
漢路温舒傳文帝崇仁義省刑罰囹圄空虚天下太平

ツノ孔章望斗之鉥蕪復寃牢之氣トハ是雷孔章ト云シモノ斗牛ノ間ニ異氣ヲ見テ豊城縣ノ獄ニ尋テ龍泉大阿ノ二剣ヲ得テ其タヨリ復異氣ナシト云語ナリ今此書ノ心ハ法寛ニ刑措シテ囹圄空虚ナレハ寃牢ノ氣ナシト云ニトリナシタル文ナリ寃牢ハ獄舎ヲ云其雷孔章カ望斗ノ語豫章記ニ云リト藝文類聚ニ見タリ黄神脱梏之地唯看ニ香楓之林トハ往昔神農ノ臣蚩尤ト云シモノ黄帝ト涿鹿ノ野ニ戦テ黄帝ノ為ニ得ラレテ殺サレタリ其トキノ桎梏ヲ棄タリシガ化シテ楓木トナルト山海経ニ云ル語ナレ𪜈爰ニハ天下太平ニシテ刑ヲモ用ヒタマハズレハ桎梏モナシト云ニトレリ桎梏ハアシカセ手カセノコトナリ

猶慮法令制法文約旨廣先儒訓詮按據

非一或專守家素或固拘偏見不皆由一孔
之中爭欲出二門之表遂至同聽之獄生死
相半連按之斷出入異科念此辭正激切
神襟

上ノ文ハ淳和帝ノ御德ヨリ天下太平ノヿヲ
云此段ハ令條ノ解釋詳ナラザルヿト刑法ノ下
偏ナラズ區〻ナルヿヲ神襟ニ深クセマリ思
シ召ヲ在ルトテ上ノ文ヲウケテ猶慮ルト云
此慮ハ淳和帝ノ叡慮ニアツ法令制作文約旨
廣トハ令條ヲ稱美シタマフ辭ナリ蓋文約ナ
ルガ故ニ詳ニシガタシ仍テ太政官符ノ文ニ
文略義隱情理難通ト云詔書ノ文ニ法令文義

（７ウ）

家素瑯邪代醉鏡篇
龍城録長安任中宣
家素蓄寶鏡
偏見荘子逍遥遊林
希逸註因人之偏見
而後此道晦不明

德絢難詳ト見タリ先儒剖註按據非一トハ諮
書ノ文ニ前儒註釋方圓遮執スト云ヒ上表ノ
文ニ前儒解釋有乖向淺深易混輕重難詳ト云
ト同ジウシテ是太政官符ノ文ニ云彼舊説或
為問答或為私記トアル問答私記ノ二書ヲサ
シテ先儒剖註按據非一ト云按ハ考驗ナリ據
ハ依ナリ是前儒ノナセル詳釋各執ルト、コロ
同ジカラザルガ故ニ義理ニ按據スルコト異
ニシテ一ニアラザルヲ云或專守家素或固拘
偏見トハ言ハ謬誤ノ説ヲ不辯シテ家ニ素ヨ
リ傳タリトテカタクナニ守之或僻説ニカタ
オチシテ義理ニ通スルヿアタハザルヲ云フ
不皆由一孔之中爭欲出二門之表トハ老子ノ
言ニ萬物ノ總皆闔一孔萬事ノ根皆出二門ト
文子ニ云ルヲ得タル尤ナリ舊解杜預律ノ序
トアケテ其解ハ儁作ナリ杜豫カ奏事ニ法ハ

出二門ト見タリ遂至同聴之獄生死相半連按
之斷出入異科トハ上ニ云ルガ如ク一孔ノ中
ニヨルヿヲ不皆カ故ニ一獄ヲ聴テ論ヲ異ニ
シ姦吏心々ニシテ或生議ニタスケ或死比ヲ
アタヘ或囹圄ニ入ニト或入ラズトイヒテ一
決ナラヌヲ云念此辭正滾切神襟トハ是蓟儒
ノ說々區々ニナリテ法令一定ナラヌコトヲ
ワキマヘタヾすシトオボシテ叡心ニ滾クセ
マリタマフヲ云ナリ神襟ハ宸襟
ト同シ天子ノ胸懐ナリ見初学記

爰使臣等集數家之雜說擧一法之定準臣
謹與参議從三位行刑部卿兼信濃守臣南
淵朝臣弘貞参議從四位下守右大辨兼行

（８ウ）

下野守臣藤原朝臣常嗣正四位下行左京
大夫兼文章博士臣菅原朝臣清公従四位
下行勘解由長官臣藤原朝臣雄敏従四位
下行刑部大輔兼伊豫守臣藤原朝臣衛正
五位上行大判事臣興原宿禰敏久正五位
下行阿波守臣善道宿禰真貞太宰少貳従
五位下臣小野朝臣篁従六位下行左少史
兼明法博士勘解由判官臣讃岐公永直従

八位上守判事少屬臣川枯首勝成明法得
業生大初位下臣漢部松長等輙應　明詔
辨論執義陳家古壁之文探而無遺于氏高
門之法訪而必盡其善者從之不以人棄言
其適者略諸不以名取實一加一減悉依法
曹之舊言乃筆乃削非是臣等之新情猶有
五數難名兩壁易似必稟　皇明長質疑滯
爰使臣等集數家之雜說舉一法之定準卜八清
原夏野公及南淵朝臣弘貞以下漢部松長二至

（９ウ）

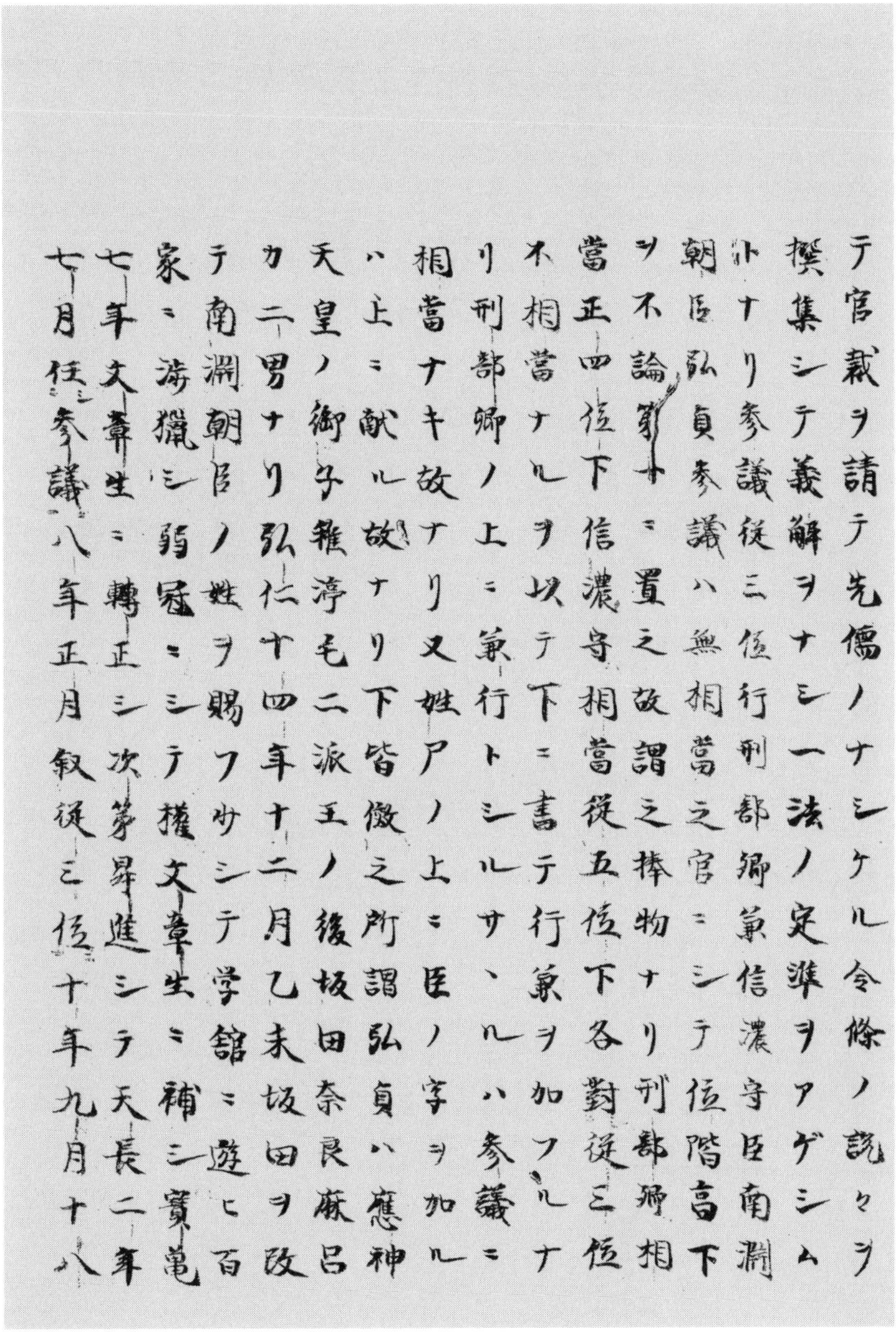
テ官裁ヲ請テ先儒ノナシケル令條ノ説々ヲ
撰集シテ義解ヲナシ一法ノ定準ヲアゲシム
卄ナリ参議従三位行刑部卿兼信濃守臣南淵
朝臣弘貞参議ハ無相當之官ニシテ位階高下
ヲ不論第十ニ置之故謂之捧物ナリ刑部卿相
當正四位下信濃守相當従五位下各對従三位
不相當ナルヲ以テ下ニ書テ行兼ヲ加フルナ
リ刑部卿ノ上ニ兼行トシルサヽルハ参議ニ
相當ナキ故ナリ又姓アノ上ニ臣ノ字ヲ加ル
ハ上ニ献ル故ナリ下皆倣之所謂弘貞ハ應神
天皇ノ御子稚渟毛二派王ノ後坂田奈良麻呂
カ二男ナリ弘仁十四年十二月乙未坂田ヲ改
テ南淵朝臣ノ姓ヲ賜フ少シテ学館ニ遊ヒ百
家ニ涉獵シ弱冠ニシテ擢文章生ニ補シ寶亀
七年文章生ニ轉正シ次第昇進シテ天長二年
七月任参議八年正月叙従三位十年九月十八

日薨参議従四位下守右大辨兼行下野守臣藤原朝臣常嗣参議ノ位署准上右大辨相當従四位上ニシテ本位ヨリ高カ故ニ守ノ字ヲ加フ下野守ハ相當従五位下本位ヨリ卑ガ故ニ行ノ字ヲ加ヘ且右大辨ニ對シテ上ニ兼ノ字ヲ加フ所謂常嗣ハ房前公ノ玄孫ニシテ曽祖父ハ従五位下鳥養祖父ハ正二位大納言小黒麻呂父ハ正三位中納言葛野麻呂ト云常嗣少シテ大學ニ游ヒ諳シテ文選ヲヨミ好属文兼能隷書弘仁九年正月昇殿右京少進ヨリ六位蔵人ニ補ス起テ次第昇進シテ天長八年七月任参議九年廿一月任右大辨承和六年九月叙従三位七年四月廿三日薨正四位下行左京大夫兼文章博士臣菅原朝臣清公左京大夫ハ相當従四位下文章博士相當従五位下ニシテ本位ヨリ卑シ故ニ先位後官ニ列シテ行兼ヲ加フ

（10ウ）

所謂清公ハ天穂日命ノ十四世野見宿祢ノ裔
ナリ垂仁天皇ノ御宇野見宿祢埴輪ノ功ニ依
テ土《ハ》師《ジ》ノ姓ヲ賜ヘリテ然シテ光仁天皇ノ元
應元年六月ニ至テ父遠江介従五位下古人居
地名ニ因テ土師ヲ改テ菅原ノ姓ヲタマフ事
詳ニ續日本紀ニ見タリ然シテ清公寶亀二年
生ル桓武天皇衣粮ヲ給テ學ヲ勤メシム料ヲ
給ノ延マヽニ始ル延暦年中秀才ニ補シ其後
左京亮大學頭辨官式部少輔ニ遷任シ文章博
士ヲ兼テ轉大輔左京大夫ニ遷任シ天長年中
正四位下大夫博士如元是此特ナリ其後承和
六年正月七日従三位ニ叙シ大夫博士猶如元
シテ文選ヲ侍讀シ奉リ勅シテ牛車ニ乗テ南
ノ大庭ノ梨ノ樹ノ底ニ到ルヿヲ聽ル老病行
歩難アルニ依テナリ九年十月十七日薨年七
十従四位下行勘解由長官臣藤原朝臣雄敏等

時勘解由長官捐當従五位下ニシテ本位ヨリ
身シ是ヲ以テ先位後官ニ列シテ行ノ字ヲ加
フ蓋此官天安元年十一月十日改ニ捐當従四位
下ナリ雄敏ハ淡海公ノ玄孫ニシテ曽祖父ハ
贈太政大臣正一位麻呂号京家是也祖父ハ太
宰帥従三位須成父ハ従三位刑部卿継彦是也
雄敏ノ任叙其年月未考従四位下行刑部ノ大輔
兼伊与ノ守臣藤原朝臣衛是モ亦先位後官ニシ
テ行ノ字ヲ加フ位署ナリ所謂衛ハ房前公ノ
曽孫ニシテ祖父ハ贈太政大臣正一位真楯父
ハ贈左大臣従一位内麻呂ト云内麻呂第十ノ
子ニシテ二歳ノ時母ヲ喪シ五歳ニ及フ比母
氏ノ即世ノ早晩ヲ問哀慕感人大臣甚奇之立
テ嫡嗣トシテ七歳學ニ游ヒ十八歳文章生ヲ
奉リ試及科時ノ人是ヲ漢朝ノ賈誼ニタクラ
フ頃之中判事ニ拝シ後遷テ大学助トシ次第

（11ウ）

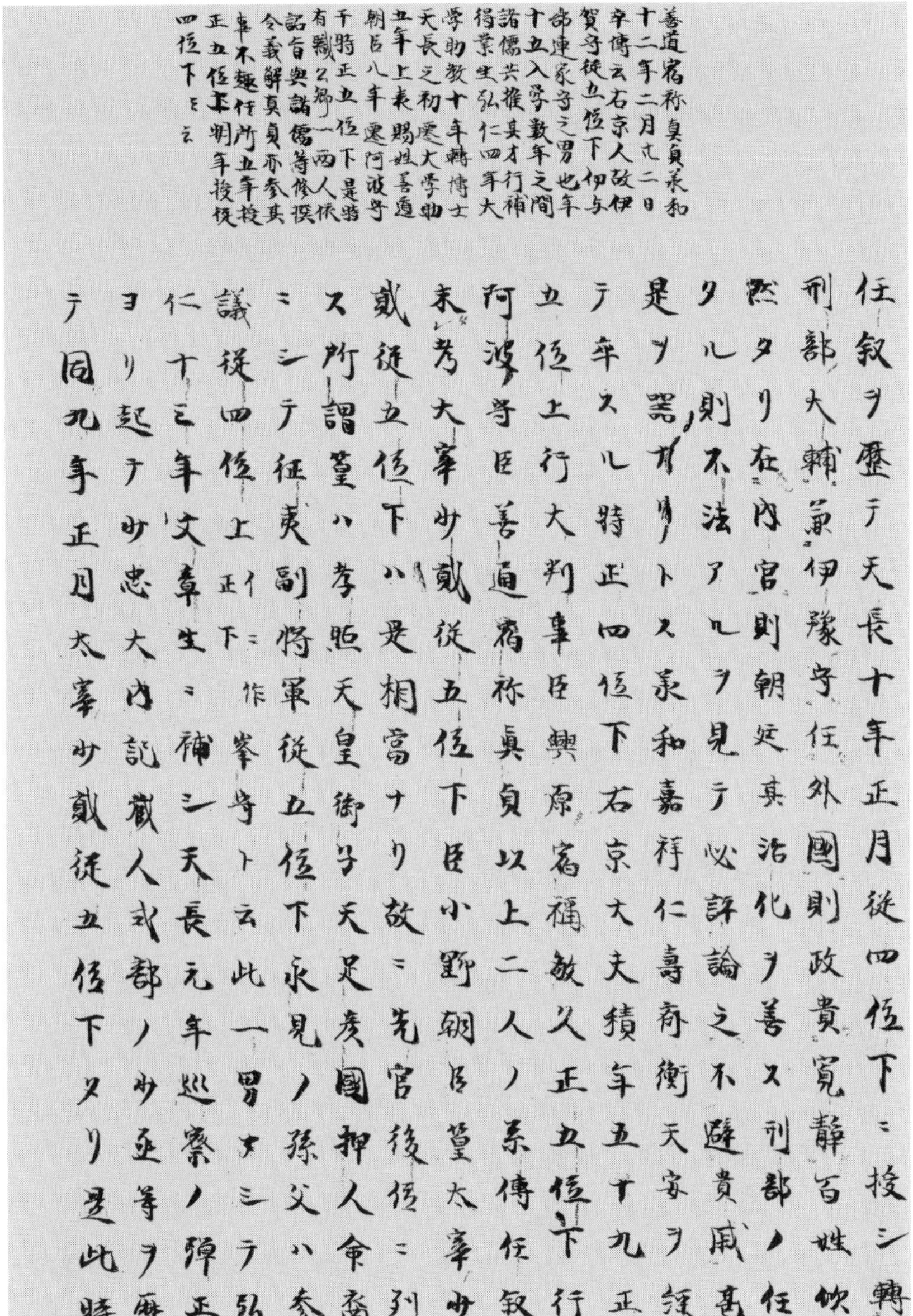

善道宿祢真貞義和十二年二月廿二日卒傳云右京人故伊賀守従五位下伊与部連家守之男也年十五入学數年之間諸儒共推其才行補得業生弘仁四年大学助教十年轉博士天長之初遷大学助五年上表賜姓善道朝臣八年遷阿波守于時正五位下是時有職公卿一两人依詔旨與諸儒等修撰令義解真貞亦参其事不趣任所五年授正五位上明年授從四位下云云

任叙ヲ歴テ天長十年正月従四位下ニ授シ轉刑部大輔兼伊豫守任外國則政貴寛靜百姓欽然タリ在内官則朝廷其治化ヲ善ス刑部ノ任タル則不法アルヲ見テ必評論之不避貴戚甚是ヲ器ナリトス承和嘉祥仁壽斉衡天安ヲ経テ卒スル時正四位下右京大夫積年五十九正五位上行大判事臣興原宿禰敏久正五位下行阿波守臣善道宿祢真貞以上二人ノ系傳任叙未考大宰少貳従五位下臣小野朝臣篁太宰少貳従五位下ハ是相當ナリ故ニ先官後位ニ列ス所謂篁ハ孝照天皇御子天足彦國押人命裔ニシテ征夷副将軍従五位下永見ノ孫父ハ参議従四位上イ正下ニ作峯守ト云此一男ニシテ弘仁十三年文章生ニ補シ天長元年巡察ノ彈正ヨリ起テ少忠大内記蔵人式部ノ少丞等ヲ歴テ同九年正月太宰少貳従五位下タリ是此時

ニアタレリ然シテ次第任叙シテ承和十四年
正月参議ニ任シ仁壽二年十二月従三位ニ叙
ス同月廿四日ニ薨年五十一蓋是ヨリ先承和
元年正月廿九日任遣唐副使五年六月称病遣
唐副使不能進発仍十二月五日止官位配流隠
岐國七年四月召返六月入京被黄衣以拝謝八
年閏九月十九日復本位其後次第ヲ経テ参議
従三位ニ任叙スト ミ ミ 従六位下行左少史兼
明法博士勘解由判官臣讃岐公永直左少史ハ
相當正七位上明法博士ハ令外官ニシテ相當正
七位下勘解由判官亦令外官ニシテ手特相當
正七位下天安元改従六位歟者不繋於此也然則可列従六位
下行左少史兼勘解由判官明法博士也手如何
トナレハ官位令ノ例ニヨルニ諸文武官博士
同階ノ特博士ハ必下ニ在ノ故ナリ恐ラハ是
誤也欸所謂永直ノ遠祖ハ景行天皇第十皇子

（12ウ）

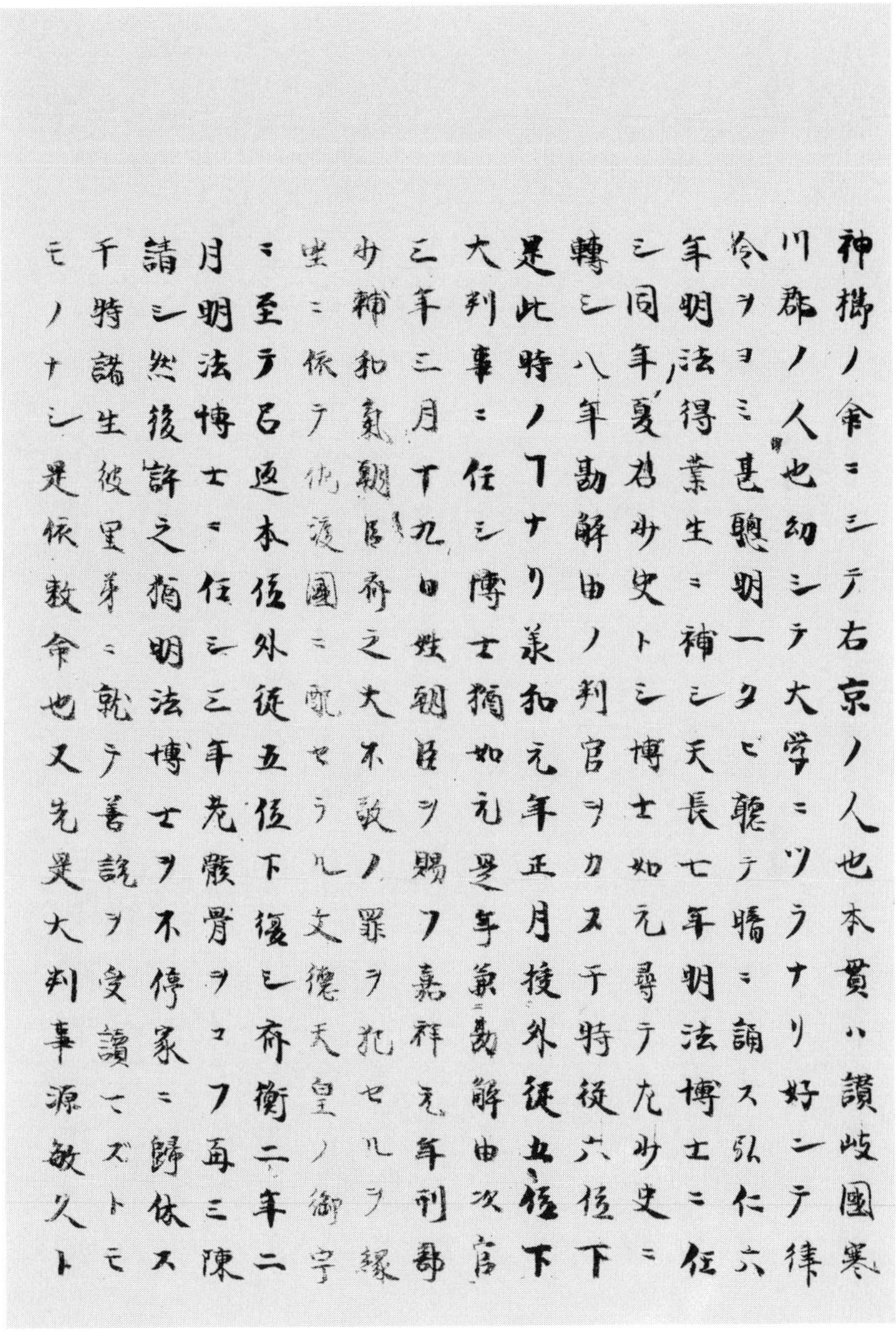
神櫛ノ裔ニシテ右京ノ人也本貫ハ讃岐國寒
川郡ノ人也幼シテ大学ニツラナリ好ニテ律
令ヲヨミ甚聰明一タビ聽テ暗ニ誦ス弘仁六
年明法得業生ニ補シ天長七年明法博士ニ任
シ同年夏右少史トシ博士如元尋テ左少史ニ
轉シ八年勘解由ノ判官ヲカヌテ特従六位下
是此時ノ事ナリ承和元年正月授外従五位下
大判事ニ任シ博士猶如元是年兼勘解由次官
三年三月十九日姓朝臣ヲ賜フ嘉祥元年刑部
少輔和氣朝臣斉之大不敬ノ罪ヲ犯セルヲ縁
坐ニ依テ佐渡國ニ配セラル文徳天皇ノ御宇
ニ至テ召返本位外従五位下復シ斉衡二年二
月明法博士ニ任シ三年老骸骨ヲコフ再三陳
請シ然後許之猶明法博士ヲ不停家ニ歸休ス
于特諸生彼里第ニ就テ善説ヲ受讀セズトモ
モノナシ是依教命也又先是大判事源敏久ト

明法博士額田今人等刑法ノ難儀數十事ヲ抄
出シテ欲問ニ大唐永直聞之自請テ詳ニ其義ヲ
解ス累年凝滯ルヲ一時ニ氷ノ如クトリ同斯
遣唐ノ問止ム貞觀四年八月十七日卒積年八
十四從八位上守判事少屬臣川枯首勝成判事
少屬ハ相當正八位下是本位ニ對シ官勝タリ
仍守ノ字ヲ加ヘ先位後官ニ列ス所謂勝成其
先不分明蓋川枯臣ハ姓氏録ニヨレハ阿目加
枝表命ノ四世阿目夷沙比止ノ命ノ後ナリ明
法得業生大初位下漢部松長明法得業生モ相
當ナキ官ニシテ捧物ナレハ第一ノ上ニ列ス
所謂松長其先不分明但漢ノ部ハ蕃別トテ元
異邦歸化人ノ裔ナリ輙應明詔解餘執義陳家
古壁之文探而無遺ト云ヨリ不以名取實ト云
ニ至テハ前件ノ人々明詔ニ應シ諸書ヲ探リ
モトメ善言ヲ訪テ撰集ナルヲ云其陳家古壁

（13ウ）

トハ漢ノ陳咸ト云人アツテ成帝哀帝ノ間律令ヲ以テ尚書トナル是後漢ノ陳寵カ曾祖父けり漢平帝ノ時王莽ト云シモノ政ヲ執テ多漢制ヲ改ム陳咸心ニ是ヲソシリ骸骨ヲ乞テ職ヲ去王莽位ヲ簒フニ至テ咸ヲ召コト毎ニ咸遂ニ病ヲ称シテ應ゼス是ニ於テソノ家ノ律令書文ヲ皆壁蔵セリ是此古事ニヨレル文ナリ咸カコト後漢書陳寵カ傳ニ見タリ于氏高門之法訪而必盡トハ漢于公カ古事ナリ于公ハ于定國ガ父ナリ于公縣ノ決曹タリシトキ于公カ決スル所皆ウラミズ郡中之カ為ニ生祠ヲ立ルホドノ人ナリ于定國其門閭ヤフル父老ト共ニ治之于公カ曰ミツ門閭ヲ高大ニシ駟馬高蓋ノ車ヲイレシメヨ我獄ヲ治ルニ陰德多シ未嘗テ冤ル所アラス子孫必興ル者アラシト云後ニ定國丞相トナル此古事ニヨ

レル文ナリ于氏高門ノコト漢書于定國カ傳
ニ見タリ其ノ善者、從之トハ論語述而篇ニ子曰
多聞擇其善者從之ト云ニ本ツリ不以人棄言
トハ論語衛靈公篇ニ子曰君子不以言擧人不
以人廢言ト云ニ本ツク其遺者略諸不以名取
實トハアガリタル説ハ略スタトヘ名アル人
ノ云フトモ其實ニアタラスハ不取トナリ盡
孟告子下篇ノ註ニ名ハ聲譽ナリ實ハ事功ナ
リト又漢書司馬遷カ傳ニ其名實ヲ正シ察セ
スニハ右ヘカラズト云リ一加一減悉帳法書
之舊言乃筆乃削トハ是上表ノ中ニ註スルカ
故ニ復註セズ恭是臣等之斟情猶有五斂雜名
兩壁易似トハ五斂トハ越王勾踐ノ五斂ニシ
テ一ニ純鉤二ニ湛盧三ニ勝邪又一名豪曹一名盤郢四ニ
魚腸五ニ巨闕越絶書ニ詳ナリ兩壁トハ陶朱公
カ兩壁賈誼カ新書ニ詳ナリコレ物ノ決定ニ

（14ウ）

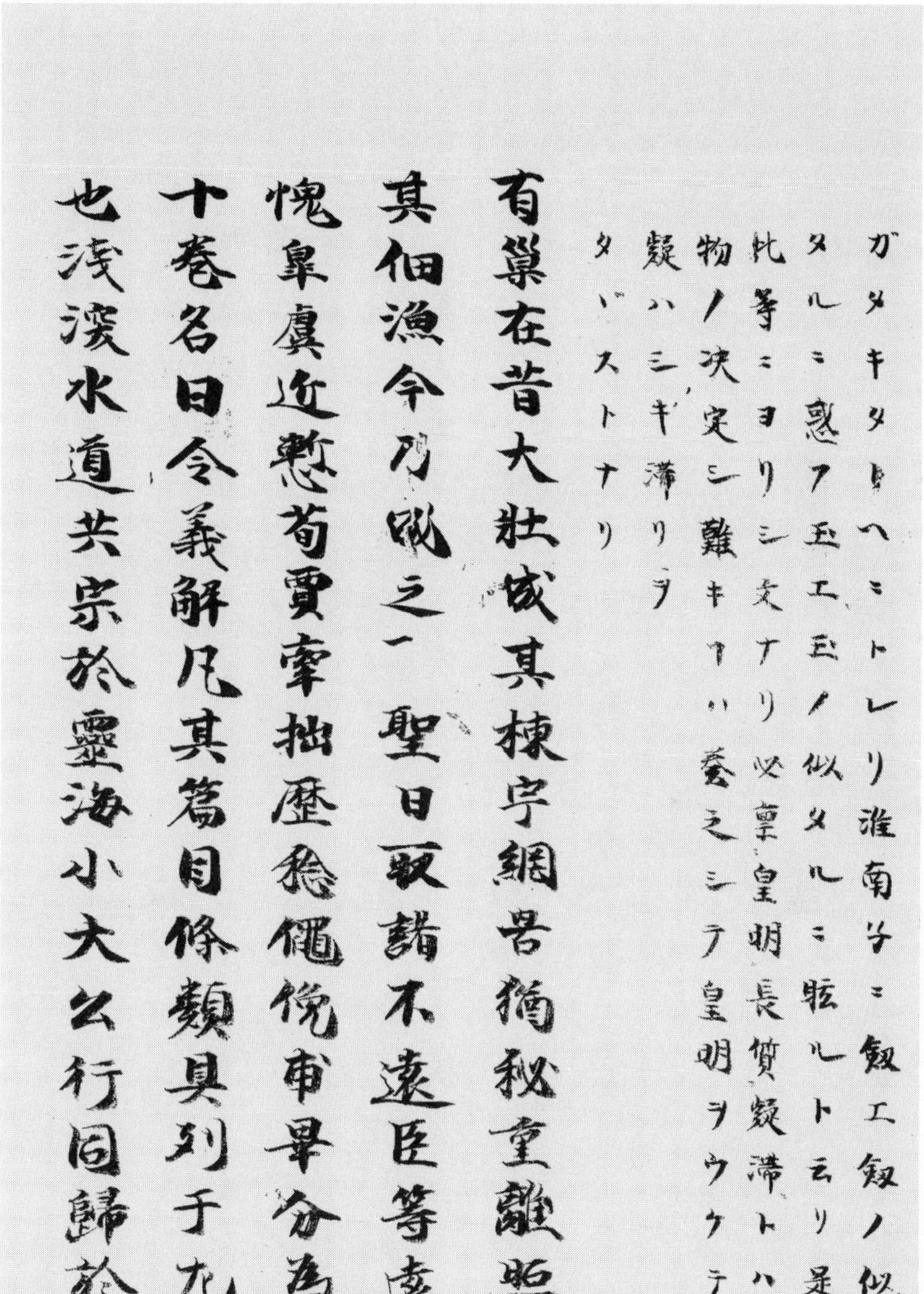

ガタキタトヘニトレリ淮南子ニ鍛工鍛ノ似
タルニ惑ア玉工玉ノ似タルニ眩ルト云リ是
此等ニヨリシ文ナリ必覃皇明長質疑滞トハ
物ノ決定シ難キヤハ發之シテ皇明ヲウケテ
疑ハシキ滞リヲ
タゞストナリ

有巢在昔大壯㦲其棟宇綢呂猶秘堂離照
其佃漁令乃既之一聖日取諸不遠臣等遠
愧臯虞近愆荀賈寧拙歷稔僶俛甫畢分爲一
十卷名曰令義解凡其篇目條類具列于九
也淺深水道共宗於靈海小大幺行同歸於

天府謹序

有巣ノ在昔ト云ヨリ重離照其佃漁ト云ニ至テ異邦ノ往聖大義ノ備リナレル始ヲ云フ是下ニ今ノ義解ノナルヲ云ンガ爲ナリ又ノ一聯對句ハ易ノ繫辭ニ本ツク其有巣トハ上古ノ世人民少ク禽獸多ク人民禽獸蟲蛇ニカツス聖人有テ木ヲ作リ搆テ巣トス民悦テ天下ニ王タラシム是ヲ有巣氏ト云韓非子ニ見タリ大壯成其棟宇トハ上古ハ穴居シテ野處ス後世ノ聖人易ノ大壯ノ卦ヲ觀テ宮室ヲツクリ棟ヲ上ケ宇ヲ下シテ風雨ヲ待ツ大壯ノ卦ハ䷡乾下震上ニシテ已ニ陽氣地上ニアラハルヽガ故ナリ網罟猶秋重離照其佃漁トハ包儀氏易ノ重離ノ卦ヲ觀テ網罟ヲツクレリ重離ノ卦ハ䷝離下離上ニシテ陰氣陽中ニ交

（15ウ）

リツクト離ル、カ故ナリ今乃成之聖曰取諸
不遠トハ上ノ句ハ物ニタトヘヨリテナルヲ
云今乃令義解ノ此聖日ナルハ譬ヲ遠リ物ニ
トラズ直ニナルトノ心ナリ聖日トハ淳和帝
ノ時ツサ石柳文表ノ部ニ當聖日豊年ヲ害ス
ルナシト云モ其時ヲサシテ云フ文ナリ臣等
遠愧ニ皐虞近慙ニ荀賈トハ是謙辞ナリ蓋舊本作
皐虞若轉寫ノ誤ナルカ今虞皐ニ改ム如ニ舊本
ハ君臣上下堯ナル故ナリ劉向カ説苑ニヨル
ニ堯ノ時舜司徒トナリ皐陶大理トナルト見
タリ又荀賈トハ晉ノ武帝ノ時荀勗賈充ト云
二人ナリ是共ニ律令ヲ定ル人ナリ晉書列傳
ニ見タリ牽拙歴稔僶俛事畢トハ是亦謙辞ナ
リ歴稔トハ官職ヲウケタルヨリ今令ノ義解
ノナリタルマテヲ云僶俛事畢トハツトメツ
トムルヿ事ヲオハルヿナリ詩邶風ニ黽勉同

日本紀畧天長十年二月甲寅朔辛未右大臣清原真人夏野等侍殿上披讀新撰令釋疑義起請

心ト又文選顔延年カ秋胡詩ニ寒暑積テ傴俛
栄枯ニ見ト見タリ分為一十巻名曰令義解凡其
篇目條類具列于左也トハ訣別ナシ浅深水道
共宗於靈海ト云舊本深浅ニ作ル一本ニ同テ
浅深ニ改ム是下ノ小大トモニ対スレハナリ
宗於靈海トハ此義解ヲ撰集スルヿ浅深ノ水
道ノ海ニ朝宗スルカ如ク集ルトノ言ナリ是
書ノ禹貢ニヨル小大公行同帰於天府謹序ト
ハ公行ハ公ノ兆ナリ兵車ノ行列ヲ圭トスル所
ナリト詩ノ魏風汾沮洳ノ篇ニ義ナルヿ如英
殊テ公行ニ異ナリ云注ニ見タリ天府トハ天
子ノ寶玉ヲオサムル所ノ蔵ナリ周禮ノ地官
司徒ノ下ニ郷老及郷大夫群吏賢能ノ書ヲ王
ニ献ツル王再拝シテ受之天府ニ登スト云フ
ニ本フクテ天府又ミヤコ
ト訓ス謹序ト訣別ナシ

（16ウ）

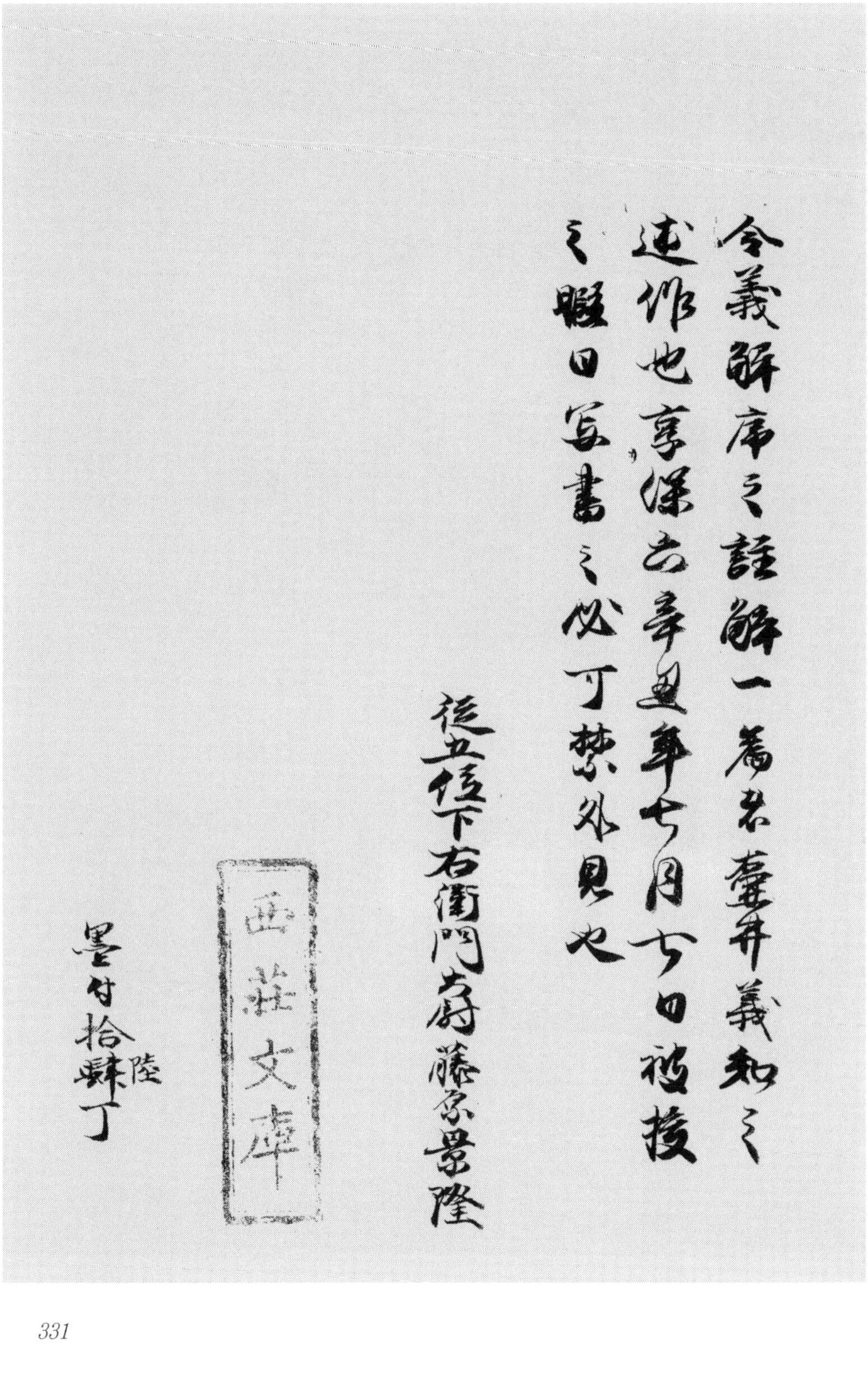

令義解序之謹解一為壺井義知之
述作也享保六年丑年七月七日被授
之暇日写書之以可禁外見也

従五位下右衛門大尉藤原景隆

西荘文庫

墨付拾陸丁

あとがき

本書刊行の趣旨については、本書の「はしがき」に書いたとおりなので、ここでは繰り返さない。ただ、その構成については、編著者として、若干説明を加えておく必要を感じるので、ここではそのことを中心にのべておく。

本書に収録した論文・資料紹介は、いずれも過去に筆者が勤務校の学内誌等に発表したものである。いま、本書に収めた文章の初出を示すと、つぎのとおりである（順不同）。

①「『令義解』序の研究（一）―「令共同研究会記録」（上）―」（『皇學館大学文学部紀要』第四二輯、平成十五年十二月、皇學館大学刊）

②「『令義解』序の研究（二）―「令共同研究会記録」（中）―」（『皇學館大学文学部紀要』第四三輯、平成十七年三月、皇學館大学刊）

③「『令義解』序の研究（三）―「令共同研究会記録」（下）―」（『皇學館大学文学部紀要』第四四輯、平成十八年三月、皇學館大学刊）

④「『令義解』序の研究（四）―「令共同研究会記録」補遺并びに壺井義知『令義解序抄』―」（『皇學館大学文学部紀要』第四五輯、平成十九年三月、皇學館大学刊）

⑤「『令義解』受容史覚書―壺井義知の研究を中心に―」（『史聚』第三九・四〇合併号〈創立三〇周年記念号〉、平成十九年三月、史聚会刊）

⑥「壺井義知『令義解序表官符詔書解』について」(『皇學館論叢』第三八巻第四号、平成十七年八月、皇學館大学人文學會刊)

以上の六篇を再構成したのが本書であるが、一書にまとめるにあたってかなり排列をあらためている。順に説明すると、まず、**第一章「神宮皇學館大学『令共同研究会記録』㈠(第一回〜第四回)」**は、①の「はしがき」と④の前半にあたる『令共同研究会記録』第一〜四回分とからなる。つぎに、**第二章「神宮皇學館大学『令共同研究会記録』㈡(第五回〜第八回)」**は「はしがき」(新稿)と①の『令共同研究会記録』第五〜八回分とからなる。さらに、**第三章「神宮皇學館大学『令共同研究会記録』㈢(第九回〜第十二回)」**は②から、**第四章「神宮皇學館大学『令共同研究会記録』㈣(研究会配布資料)」**は③から、それぞれ構成されている。

紀要への連載にあたって、いきなり第五回の速記録から紹介したのは、第一〜四回分については、すでに渡邊寛氏が「神宮皇學館大學における「令」の共同研究―『令共同研究會記録』―」として『皇學館大学史料編纂所報　史料』一二四〜一二七(平成五年四・六・八・十月)に翻刻しておられたからである。したがって、自分としては、第五〜十二回と当日配布された資料とを翻刻すれば連載を終えるつもりでいた。

しかしながら、複数の研究者から、第一〜四回の部分についても、おなじ体裁で翻刻してほしいとの要望が寄せられた。たしかに、『皇學館大学史料編纂所報　史料』の当該号を完備していない研究機関では、この「令共同研究会記録」を通読することは困難である。

また、「令共同研究会記録」は、粗悪な謄写版印刷であり、ところどころ文字の不鮮明な箇所もあり、判読に苦しむ場合も少なくない。渡邊氏の翻刻でも、どうしても判読できない文字は、缺字のままになっているが、筆者の所蔵分によってそれらを判読できる場合もあるので、この点で、氏の翻刻を補うことが可能である。そう考えて、急遽連載の四回目に第一〜四回の分を追加したので、結果として、『皇學館大学文学部紀要』では原本といちじるしく排列がことなることとなった。このままのかたちで本書に再録すれば、読者の混乱を招くことは目にみえているので、本書では閲覧に便利な、すなわち原本の体裁に戻すことにした。読者諸賢のご諒解を乞う次第である。

ちなみに、連載時に『令共同研究会記録』を四回にわけて紹介したのは、もっぱら紙幅の都合によるもので、特段の理由があったわけでない。今回も、手頃な分量で分割したほうが利便性が高いと判断したので、もとの構成を踏襲した。最後の研究会配布資料については、その資料が配布された回の研究会のところに組み込むことも考えたが、煩瑣になるので、筆者所蔵の原本の綴じかたにしたがって、末尾に一括して掲げた次第である。

つぎに、**第五章「『令義解』受容史覚書**―壺井義知の研究を中心に―」については⑤を、おなじく、**第六章「壺井義知『令義解序表官符詔書解』について」**については⑥をほぼそのまま転載したが、最後の**第七章「壺井義知『令義解抄』について」**は、④の「はしがき」の一部と後半に掲げた同書の写真版とで構成した。

なにぶんにも、公務のかたわら、長い時間をかけて少しづつ飜刻したもので、発表のしかたも掲載誌もまちまちなのは内心忸怩たる思いだが、思いがけず、こうして一書にまとめる機会に恵まれて、体裁を整えることができたのは、望外の悦びである。架蔵の資料は、いずれも偶然の機会に入手したもので、『令義解』にかかわるものという以外は、とくに一貫性もなく、ことさらひけらかすようなものではない。しかし、たとえば、『令共同研究会記録』にしても、架蔵の一本を除けば、全巻を完備しているところを筆者は寡聞にして知らない。ゆえに、この飜刻を通じて、多くの研究者の目にふれることは、それなりに意義のあることではないかと思う。本書によって、埋もれていた先行研究が適正に評価されるとともに、それが今後の研究の推進に役立てば、筆者としてこれにまさる幸せはない。

なお、最後になったが、本書の刊行に際しては、勤務先の皇學館大学から出版助成金の交付を受けることができた。審査にあたってくださった川添裕先生をはじめとする研究委員会のかたがたに感謝申し上げる次第である。皇學館大学の出版助成金によって、本学ゆかりの資料を刊行できたことはまことに感慨深く、筆者の悦びとするところである。

平成二十一年八月二十五日

富山県有志との共同研究『日本書紀〈神代巻〉を読む』完成の日に

著者しるす

索　引

＊ この索引は、目次を補うキーワードを中心に択んで抽出したもので、かならずしも網羅的なものではない。
＊ 語句は、令共同研究会記録の出席者の発言と本文の地の文にあるものに限り、他の飜刻と引用資料とからは原則として採用しなかった。
＊ 目次にあがらない小見出し中の重要語句も適宜採択し、その記述の及ぶかぎり、文中に実際にその字句がなくても、頁数を掲出した。
＊ 令共同研究会記録で議論されている義解中の語句は、「　」に括って他と区別して示しその排列は、慣用音によった。
＊ 典籍については、スペースの都合で巻次・篇目などはいっさい省略した。

あ行

か行

さ行

た行

な行

は行

ま行

や行

ら行

わ行

【著者紹介】
荊木美行（いばらき・よしゆき）

昭和34年和歌山市生まれ。高知大学人文学部卒業，筑波大学大学院地域研究研究科修了。四條畷学園女子短期大学専任講師・皇學館大学史料編纂所専任講師・同助教授を経て，現在，同教授。博士（文学）〔愛知学院大学〕。日本古代史専攻。『初期律令官制の研究』（和泉書院，平成３年）・『古代天皇系図』（燃焼社，平成６年）・『律令官制成立史の研究』（国書刊行会，平成７年）・『古代史研究と古典籍』（皇學館大学出版部，平成８年）・『風土記逸文の文献学的研究』（学校法人皇學館出版部，平成14年）・『記紀と古代史料の研究』（国書刊行会、平成19年）・『風土記研究の諸問題』（同上、平成20年）ほか多数の著書がある。

令義解の受容と研究

平成二十二年二月二十八日　発行

著　者　荊　木　美　行
発行者　石　坂　叡　志
整版印刷　千巻印刷産業株式会社
発行所　汲　古　書　院
〒102-0072 東京都千代田区飯田橋二-五-四
電　話　〇三（三二六五）九七六四
FAX　〇三（三二二二）一八四五

ISBN978-4-7629-4207-5　C3021
Yoshiyuki IBARAKI ©2010
KYUKO-SHOIN, Co., Ltd. Tokyo.